教師のための

教育法規・教育行政入門

古川 治・今西幸蔵・五百住 満 編著

ミネルヴァ書房

はじめに

　本書は、学校教員になってまだ日が浅い若い教員を中心にして、教育法規をもう少し勉強したいとお考えの教員、これから教員をめざす学生諸君、さらにはコミュニティ・スクールや地域学校協働による教育活動に参加・参画されようとしている地域住民のみなさん方に、「学校」とは法律的にどういう所なのかを知っていただくために書かれた書籍です。

　もちろん、みなさん方にはご自身の知識や経験としての「学校」があり、それぞれに思いを抱いておられるに違いありませんが、本書は少し客観的に「学校」をみつめるために、教育法規という視点から「学校」をとらえ、そのあり方や教育の進め方について教育行政という観点から考え、「学校」を真正面から理解することの一助となることを願って書かれたものです。教育の各分野の専門家が、おのおのの知見を踏まえて各法規を解釈し、それを解説しており、「学校」現場に直接関わっておられる方に、本書をとおして教育指導のあり方や進め方について研究・検討していただくことも刊行目的の一つです。

　ところで、学校教育関係者は、なぜ教育法規を学ぶ必要があるのでしょうか。わが国の学校は、学制発布以来、公教育の場として管理・運営されてきており、学校教育行政という位置づけで行政制度の大きな柱としてとらえられてきました。この行政に対するコントロール機能が法律にあり、学校教育においては法治主義の考え方に基づいた管理・運営が実施されることになります。学校教育関係者にとって教育法規についての知識や理解が重要な事項となる理由がここにあります。

　実際、学校の管理・運営は、国の法令や地方公共団

体の条例や規則等によって実施されており、そのなかで学校の管理・運営といった経営的事項が定められています。学校教育関連法規のもとで、職務としての授業が位置づけられ、基準となる学習内容や方法については、学習指導要領（大臣告示）として提示されています。

　教育法規は、学校および教員とは切り離せないものなのです。今日では、学校で起こりうる事件や事故に対する危機管理やコンプライアンスの視点からも教育法規が必要とされています。

　また、学校におけるさまざまな問題は、裁判所の判例や行政実例等の法規範に基づいて対応されていることを現場の教員は案外知ってはいないという現状があります。たとえば、学校の校則の考え方の背景には地方自治法があり、校則裁判の多くはそれを根拠に判例が示されているという事実があります。

　本書の刊行によって読者となられた方におかれては、これまでの「学校」や教育法規理解の視点が大きく変わるかも知れません。日本の学校に根ざした文化に接する可能性もあります。

　まず全体をご一読いただき、その後は疑問や質問について各項目の説明を読み取ってください。本書を活用することによって、みなさん方の教育活動が広く豊かな展開になると確信しています。

2018 年 1 月

今西 幸蔵
五百住 満
古川　治

目 次

II章　学校組織と教育課程

III章　学校運営と研修

IV章　人権教育における法規

Ⅷ章　生涯学習・社会教育と法規

■執筆担当一覧

古川 古川 治　　　　　岡邑 岡邑 衛

今西 今西 幸蔵　　　　中村 中村 豊

五百住 五百住 満　　　　八木 八木 眞由美

冨江 冨江 英俊　　　　藤本 藤本 裕人

松井 松井 典夫　　　　藤田 藤田 敏和

教師のための
教育法規・
教育行政
入門

1 教育法規とは

❶ 法規の意義

　教育法規をはじめて学ぶ際に、誰もが大なり小なり実感するのは、基本的な用語の複雑さである。これらの用語を押さえていくことにしたい。まず、「制定法」（成文法）という用語からみていく。制定法とは、国会や内閣などが、文章の形で定めた法である。教育基本法や学校教育法などは、教育六法に文章として載っているので、もちろん制定法ということになる。制定法と横並びの法としては、判例法（裁判所が下した判例が積み重なって機能している）や慣習法（日常的な慣習が実質的に法のような規範になっている）などがあるが、教育法規を学ぶにあたっては、ほぼ「制定法」のみを対象にすると考えてよいであろう。

　文章となっているということは、当然ながら誰がみても同じ文言である、すなわち客観性が非常に高いということである。もし文章でなければ、自分の好きなように教育を行いたいという教師が、偏った教育を行ったとしても、それをよいか悪いかと客観的に判断する手立てはないのである。この本の読者のなかには、教育六法を手にして「こんな硬い難しそうな膨大な文章が、教師のやりがいや子どもの笑顔に、どう関係するの？」と率直に思う人も少なくないであろう。その答えが、この「制定法」の意義ということである。

❷ 法規の種類

　続いて、法規の種類について述べる。効力の強いものから並べると、次のような順番になる。右図も参照されたい。

憲　法：最高法規。日本国憲法。
法　律：国会が制定。
　　　　例）教育基本法、学校教育法
　　　　　　など
政　令：内閣が制定。
　　　　例）学校教育法施行令
省令・府令：省（府）が制定。
　　　　例）学校教育法施行規則

※なお、教育法規においては、そのほとんどは文部科学省が制定している。

　この序列は、効力が強い順であるのと同時に、より具体的なことが定められているかどうかということを示している。法律の段階では、基本的なこと、理念的なことが定められているのに対して、政令・省令（府令）の段階ではより細かい、

■ 法律の効力関係

```
                      憲法        ● 日本国憲法

                      法律        ● 教育基本法
                                 ● 学校教育法　など

                      政令        ● 学校教育法施行令　など

                  省令・府令      ● 学校教育法施行規則　など
```

注：なお、教育法規においては、そのほとんどは文部科学省が制定している。

実際の教育現場で運用するにあたって必要なことが決められていると考えてよいであろう。

　なお、政令と省令（府令）をあわせて「命令」よび、法律と命令をあわせて「法令」とよぶ。

　また、「法規」という言葉であるが、法令に加えて地方公共団体の条例や規則を表す言葉の場合もあれば、法令とほぼ同じ意味で使われる場合もある。このテキストにおいては、ほぼ「法規＝法令」と考えてよいであろう。

関連資料 坂田仰・黒川雅子・河内祥子・山田知代『図解・表解　教育法規』新訂第三版、教育開発研究所、2017 年

2 文部科学省設置法

関連法 文部科学省設置法

❶ 文部科学省とは

文部科学省は、2001（平成 13）年に、文部省と科学技術庁が統合して発足した国の省庁の一つである。文部省は 1871（明治 4）年から設置されている歴史ある省庁であったが、2001 年の中央省庁再編により、文部科学省として新たなスタートを切った。文部科学省設置法は、「文部科学省の設置並びに任務及びこれを達成するため必要となる明確な範囲の所掌事務を定めるとともに、その所掌する行政事務を能率的に遂行するため必要な組織を定めること」（第 1 条）を目的としている。簡潔に言えば、文部科学省の「任務」「事務」「それらを能率的に遂行するため必要な組織」を定めている、とまとめられるであろう。

文部科学省の組織図は右図のようになる。長（その組織で最も権限をもっているトップにいる人）は文部科学大臣である。組織としては、大きく本省と外局に分かれる。外局にあたるのはスポーツ庁と文化庁で、それぞれの長として長官がいる。

❷ 教育委員会との関係

文部科学省の権限を考えるときに、よくだされる議論が教育委員会との関係である。一つの見方が、「文部科学省が、強い権限をもって教育委員会をコントロールしている」というものである。中央官庁である文部科学省が権限を持っていて、地方の教育委員会は教育のしくみや内容、お金の使い方などをあまり自由に決められない、という状況である。地方より中央に権力が集まっているので「中央集権」と言われる。「中央集権」の逆は「地方分権」で、それぞれの地方が権力を分けてもっているということである。

法律上はどのような規定になっているのか。文部科学省設置法第 4 条第三号には、文部科学省の事務として、「地方教育行政に関する制度の企画及び立案並びに地方教育行政の組織及び一般的運営に関する指導、助言及び勧告に関すること」

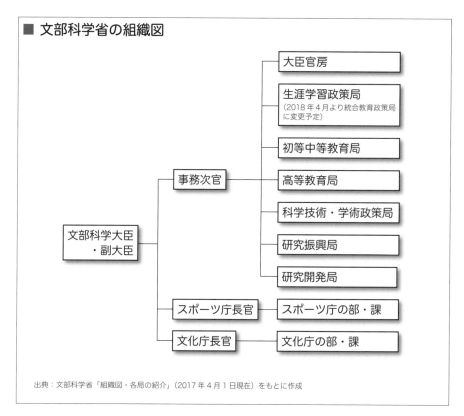

■ **文部科学省の組織図**

- 文部科学大臣・副大臣
  - 事務次官
    - 大臣官房
    - 生涯学習政策局（2018 年 4 月より統合教育政策局に変更予定）
    - 初等中等教育局
    - 高等教育局
    - 科学技術・学術政策局
    - 研究振興局
    - 研究開発局
  - スポーツ庁長官
    - スポーツ庁の部・課
  - 文化庁長官
    - 文化庁の部・課

出典：文部科学省「組織図・各局の紹介」（2017 年 4 月 1 日現在）をもとに作成

と定められている。この「指導、助言及び勧告」という文言にさまざまな解釈があり、「中央集権」か「地方分権」かどちらに実態が近いとは一概にはいえない。ただ、はっきりしているのは「中央集権」が悪で、「地方分権」が善とは必ずしもいいきれないことである。

　地方分権に価値を置く考え方も根強くあるが、たとえば「特色ある学校」づくりがめざされて校長の裁量が高まったとしても、各学校の教育目標や方針は、健康増進・学力向上・いじめゼロといったような、同じようなキーワードが並ぶ。市場原理が基本となる企業の経済活動とは違って、差異化が難しい分野といえよう。一方、「学習指導要領」や「教科書検定」などは、「文部（科学）省が学校の自主性を奪う」と否定的に捉えられることもあるが、これらのしくみがあるおかげで、全国津々浦々の小中学校で、一定水準の教育が保証されているともいえるのである。

3 日本国憲法

関連法 日本国憲法

❶ 日本国憲法の基本的な考え方

　日本国憲法は、1946（昭和21）年に大日本帝国憲法を改正する形で制定され、1947（昭和22）年に公布された。国民主権、平和主義、基本的人権の尊重が、三大基本原理とされており、特に基本的人権思想が憲法原理にあることから、「国民の権利としての公教育」を基調として、教育の機会均等を明示している。教育を受ける権利（受教育権）は社会権の一つとして考えられ、国民が人間らしい生活を営むための権利を国家が保障しているといえよう。日本国憲法は、国の最高法規であると同時に最高教育法規とされ、国会で制定された法律といえども、日本国憲法の規定に違反することはできない。日本国憲法において教育に関係する条項は、幸福追求権（第13条）、法の下の平等（第14条）、思想・良心の自由（第19条）、信教の自由（第20条）、表現の自由（第21条）、生存権（第25条）、公の財産支出・利用制限（第89条）、政教分離原則（第20条・第89条）などがあるが、明確に教育について言及している条項は第23条と第26条である。

❷ 日本国憲法第23条　学問の自由

　「学問の自由は、これを保障する」とあり、この考え方は教育基本法第2条「教育の目標」で、「教育は、その目的を実現するため、学問の自由を尊重しつつ（以下略）」として明記されている。

❸ 日本国憲法第26条　教育を受ける権利

　教育の権利と義務を示した第26条には、いくつかのキーワードがあるが、「法律の定めるところ」（法律主義）「教育を受ける権利」「義務教育の無償」の3点について、ここでは考察することとする。

・法律の定めるところ（法律主義）

　「法律の定めるところにより」の意味は、国民主権下の国会で議決した法律に

■ **日本国憲法第 26 条**

> 第 26 条　すべて国民は、法律の定めるところにより、その能力に応じて、ひとしく教育を受ける権利を有する。
> 2　すべて国民は、法律の定めるところにより、その保護する子女に普通教育を受けさせる義務を負ふ。義務教育は、これを無償とする。

よって教育に関する事項が決定されるということである。明治時代に制定された大日本帝国憲法では、主権は天皇にあり、神勅を受けて天孫降臨した天皇が発する勅令や勅語によって教育目的が示され、特に教育勅語は、家族国家観的な道徳思想によって日本人像を確定していた。

・教育を受ける権利

　基本的人権は、いくつかの種類に分類され、「国家によって実現される自由」としての社会権と、「国家からの自由」を意味する自由権がともにある、複合的権利とされることが定説となっている。「教育の自由」「国民の教育権論」といった主張においては、自由権の側面は、国家ではなく、親や教師に教育権があるとされた。親や教師も一枚岩ではないなどの批判があるものの、最高裁判決（旭川学力テスト事件判決 1976〔昭和 51〕年 5 月 21 日）において、ある程度の自由権論的な性格は認められた。

・義務教育の無償

　義務教育の無償とは財政上の観点からの授業料無償を意味し、国公立学校においては教育基本法第 5 条で「義務教育については、授業料を徴収しない。」とある。しかし、就学に必要なすべての費用を無償とする考え方もあり、「義務教育諸学校の教科用図書の無償に関する法律」が制定されている。1961 年から始まった教科書無償運動の結果であり、日本国憲法第 26 条の精神が体現されている。

❹ 憲法改正の議論と教育の課題

　日本国憲法は、制定以来一度も改正されておらず、戦後の日本政治において、改正論議が繰り返されてきたが、近年、教育権に関することが改憲議論の一つとして挙がっている。「格差社会」「貧困の連鎖」などの状況のなか、経済的理由で教育機会が制限されることが社会問題として認識されるなかで、憲法改正に関わるような議論が出てきたことについては、よく考える必要があろう。

関連資料 伊藤良高・大津尚志・永野典詞・荒井英治郎編『教育と法のフロンティア』晃洋書房、2015 年

4 教育基本法

関連法 教育基本法

❶ 教育基本法とは

　教育基本法は、日本国憲法第26条を踏まえて、わが国の教育の基本である目的や理念等を、日本の教育行政、学校の教育活動の根本方針として18条にとりまとめた法律である。日本には約90万人の教員がいるが、めざす教育目的・目標がバラバラでは困る。日本の教員全体がめざすべき共通の教育の目的・目標として、日本国憲法を具体化して制定されたのが教育基本法である。その性格は、「憲法において教育のあり方の基本を定めることに代えて、わが国の教育及び教育制度全体を通じる基本理念と基本原理を宣明することを目的として制定された」旭川学力テスト事件判決（1976年—最高裁判決）とあるように、准憲法的な位置づけを与えられている18条からなる短いが最も重要な法律である。

　教育基本法は1947（昭和22）年に制定されたが、2000（平成12）年の教育改革国民会議の報告を受け、2006（平成18）年に旧法の11条から18条に全面改訂された。前文では、「個人の尊厳を重んじ、……公共の精神を尊び、豊かな人間性と創造性を備えた人間の育成を期するとともに、伝統を継承し、新しい文化の創造を目指す教育を推進する」「我が国の未来を切りひらく教育の基本を確立し、その振興を図るため」制定すると述べられている。

❷ 18の贈り物としての教育基本法

　旧法を一部残した18条からなる教育基本法は4章から構成され、第1章（教育の目的及び理念）では、第1条（教育の目的）で「人格の完成」「国家及び社会の形成者」「心身ともに健康な国民の育成」、新設の第2条（教育の目標）では①幅広い知識と教養、②能力を伸ばし、創造性を培い、③男女の平等・公共の精神で社会の形成に参画する、④生命を尊び、自然を大切に、⑤伝統と文化を尊重、我が国と郷土を愛するなどが実現すべき具体的目標とされた。第3条（生涯学習の理念）も新設された。

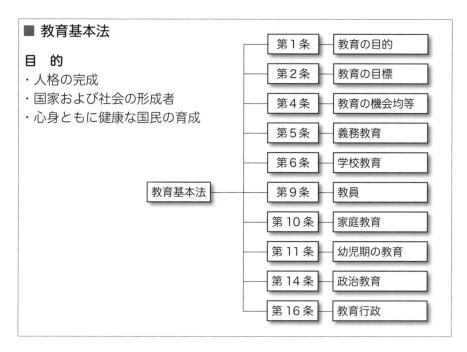

　次に、第2章（教育の実施に関する基本）では、第5条（義務教育）、第6条（学校教育）、新設第7条（大学）、新設第8条（私立学校）、新設第9条（教員）、新設第10条（家庭教育）、新設第11条（幼児期の教育）、新設第13条（学校、家庭及び地域住民等の相互の連携協力）など学校教育、就学前教育、家庭教育、学校・家庭・地域の連携協力など、それぞれの教育機関が担うべき役割の重要性が具体的に掲げられた。また、教員についてもその役割の重要性に鑑み「崇高な使命を深く自覚し、絶えず研究と修養に励み、その職責の遂行に努めなければならない」（第9条）と別立てで設けられた。

　第3章（教育行政）、第16条（教育行政）では、「不当な支配に服することなく、この法律及び他の法律の定めるところにより行われるべきものであり、教育行政は、国と地方公共団体との適切な役割分担及び相互の協力で行う」とし、国・地方公共団体が公教育として教育政策を樹立・実施する役割を有していることを明確にした。新設第17条（教育振興基本計画）では、「政府は教育の振興に関する施策を推進するため教育振興の方針、施策等について計画を定め、国会に報告し公表しなければならない」と教育振興に関して5年間という中・長期的に取り組むべき政策を計画行政として行うよう定めている。

5 教員の資格を定める教育職員免許法

関連法 教育職員免許法　教育職員免許法附則

❶ 教員の資格と免許状

　日本の学校の教員になり、学校で授業を行うには、教員免許状が必要である。教員免許状を取得するには、教職課程を置く大学などで、教職科目、教科科目等必要な科目および単位を修得し、各都道府県教育委員会に教員免許状の授与申請を行うことが必要である。まれな例ではあるが、2016（平成 28）年に、県立高等学校の元先生が 32 年もの間、教員免許状を所持せずに教科を指導していたことが発覚して大きな問題となった。この元先生は、大学で教員免許状取得に必要な単位は取得していたのだが、免許状申請を行っていなかった。

　わが国の教員養成システムは、教職課程の認定を受けている大学が担い（**「大学における教員養成の原則」**）、いずれの大学でも制度上等しく教員養成に携わることができる（**「開放制の教員養成の原則」**）ことになっている。このことは、優秀で多様な人材を教育界に迎えることができるという利点になる一方で、教員免許状は希望すれば容易に取得できる資格であるという、教職の専門性や社会的評価の低下をまねく危惧がある。

　そこで「今後の教員養成・免許制度の在り方について（中央教育審議会答申）」（2006〔平成 18〕年）では、「教員免許状を、教職生活の全体を通じて、教員として最小限必要な資質能力を確実に保証するものへ」として、社会に公証していくことの必要性が述べられている。

❷ 教員免許制度における原則

　教育職員は、学校の種類、教科等に応じた免許状を有していなくてはならないという原則が、**「相当免許状主義」(教育職員免許法第 3 条第 1 項)**である。ただし、いくつかの例外がある。たとえば「特別非常勤講師」は教員免許状を必要としない。したがって、教員免許状をもたない調理師が、高等学校の「家庭」における調理実習の授業を、単独で行うなどの例外が成立する。また、「他校種免許状に

■ 教員免許状の種別と効力

	普通免許状	特別免許状	臨時免許状
職名	教諭・養護教諭・栄養教諭		助教諭・養護助教諭
効力	すべての都道府県において10年間有効	授与権者の置かれる都道府県においてのみ10年間有効	授与権者の置かれる都道府県のみ3年間有効

よる専科担任」では、中学校または高等学校の教員免許状を有する者は、所有する免許状に相当する教科を小学校で担当することができる。特別支援学校の教員においては、それに相当する免許状を所持しなくてはならない（教育職員免許法第3条第3項）が、「当分の間」という条件つきで、幼稚園、小学校、中学校または高等学校の教員免許状を有する者は、特別支援学校において、所有免許状の学校種において教員となることができる。

❸ 教員免許状の種類と欠格事由

　教員免許状は3種類あり、それらは「普通免許状」「特別免許状」「臨時免許状」である。また、普通免許状には専修免許状、1種免許状、2種免許状の区分がある。普通免許状は全国の学校で有効だが、特別免許状と臨時免許状は、授与を受けた都道府県内の学校でのみ有効である。また、教員免許には「有効期限」がある。**普通免許状の有効期限は10年間**となっている。したがって、現職教員は定められた期間内に「免許状更新講習」（→Ⅲ章 p.89 参照）を受講・修了し、教員免許状の有効性を更新しなければならない。

　教育職員免許法の第5条は、教員免許状授与の欠格事由を規定している。これらの欠格事由に該当する者は、いかなる教員免許状も授与されない。また、教員免許状を所有していても、欠格事由を示した第三号（成年被後見人または被保佐人）、第四号（禁錮(きんこ)以上の刑に処せられた者）、第七号（日本国憲法施行の日以後において、日本国憲法又はその下に成立した政府を暴力で破壊することを主張する政党その他の団体を結成し、又はこれに加入した者）に該当するに至った場合は、その免許状は失効する。

関連資料 中央教育審議会「今後の教員養成・免許制度の在り方について（答申）」 2006 年 7 月 11 日

◆ 考えてみよう

◆ 教育法規の体系と意義について

　わが国の法規体系のうち、教育に関する規定が収められているものの総体を「教育法規」と総称しているが、それらを「憲法」「法律」「政令」「省令」「規則」「条例」に分けて整理してみよう。そのうえで、学校教育（教員や児童生徒）における教育法規の役割や意義について述べてみよう。

_____

_____

_____

_____

_____

◆ 文部科学省と教育委員会について

　教育行政は中央教育行政を文部科学省が所管し、地方教育行政を各自治体の教育委員会が所管する。文部科学省と教育委員会のそれぞれの基本理念や任務について、それぞれの関係法規に基づいて整理してみよう。また、文部科学省と教育委員会の関係性における「是正の要求」と「指示」について、具体的な場面を想起して論じてみよう。

_____

_____

_____

_____

_____

◆ 日本国憲法と教育基本法

　日本国憲法と教育基本法は、教育法規の基礎を形成するものであり、互い
に関連し合うものである。そこで、「学問の自由」「男女の平等」「義務教育」
に関する日本国憲法と教育基本法のそれぞれの条文を調べ、その関連性につ
いて述べてみよう。

_____

_____

_____

_____

_____

◆ 教育職員免許法について

　教育職員免許法は、教育職員の資質の保持と向上を図るために、教育職員
の免許に関する基準を定めた法律である。この法律に定められている、わが
国の教員免許制度の特徴の一つである「開放制免許制度の原則」について、
その目的と効果、また、生じうる社会的課題について論じてみよう。

_____

_____

_____

_____

_____

6 地方教育委員会の組織と役割
(地方教育行政の組織及び運営に関する法律)①

❶ 学校と教育委員会の関係を規定した重要な地教行法

　教員にとって学校と教育委員会に関連する法律である**地方教育行政の組織及び運営に関する法律**（以下、「地教行法」）がどのように関係するのか。地教行法の趣旨は第1条に、「この法律は、教育委員会の設置、学校その他の教育機関の職員の身分取扱その他地方公共団体における教育行政の組織及び運営の基本を定めることを目的とする」、基本理念は第1条の2「地方公共団体における教育行政は、教育基本法の趣旨にのっとり、教育の機会均等、教育水準の維持向上及び地域の実情に応じた教育の振興が図られるよう、国との適切な役割分担及び相互の協力の下、公正かつ適正に行われなければならない」と規定している。法律の趣旨・基本理念から理解できるように、教育行政に関する法律であり学校の教員にとって関係がないように思われるが、学校や教員にとっても重要な法律であり、おおむね理解しておく必要がある。

　柱は、①教育委員会の組織と権限、②教育委員会の学校管理との関係、③文部科学大臣と教育委員会相互の関係などである。1948（昭和23）年に教育委員会法が成立し教育委員の公選制度が設けられたが理念通り機能せず、1956（昭和31）年に、教育委員の公選を廃止し、地方自治体の首長が議会の同意を得て教育長および教育委員を任命する教育委員会制度に変更し、現在の地方教育行政の組織及び運営に関する法律として立法化された。近年、地方分権、規制緩和が進み、1998（平成10）年に、中央教育審議会答申「今後の地方教育行政の在り方について」がだされ、国－地方教育行政（都道府県教委、市町村教委）－学校の関係の見直し、改正が答申された。1999（平成11）年に地教行法が改正され、教育長の任命承認制度が廃止されるなど柔軟な教育行政制度になった。

❷ 教育委員会の性格を改め、教育長の責任を明確にした改正地教行法

　特に近年のいじめ問題など重大、緊急事態への対応をめぐり、「従来の教育委

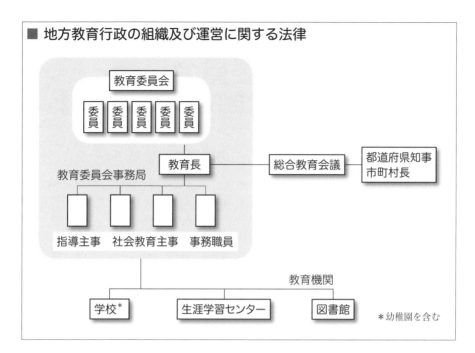

■ 地方教育行政の組織及び運営に関する法律

員会制度は速やかに対応できていない」「教育委員長と教育長との関係が明確でない」等の批判を受け、2014（平成26）年6月、教育委員会制度を見直した結果、地教行法の改正が行われ、第1条の3で「地方公共団体の長は……教育、学術及び文化の振興に関する総合的な施策の大綱を定め」、第1条の4では「地方公共団体の長は、（筆者注：教育委員会と）協議・調整するため両者により構成された総合教育会議を設ける」ことになった。

　また、これまでの広義の合議体の教育委員会組織を残しながらも、教育委員長と教育長を一本化して責任体制を明確にし、教育委員会を代表する新たな教育長を置き（第3条）、新たな教育長は地方公共団体の長が直接任命・罷免する（第4条、第7条）。合議体の教育委員会は、教育長および4人の委員で組織する（第3条）、任命については第4条で、教育委員の人選については人格が高潔で、教育、学術および文化に関して識見を有するもののうちから、地方公共団体の長が議会の同意を得て、任命する（第4条第2項）とともに、保護者が含まれなければならないとした（第4条第5項）。教育長の任期は3年、教育委員の任期は4年、再任は可能と改められた（第5条）。さらに、文部科学大臣は、教育委員会の事務の管理・執行が法令違反の場合には違反に関し、是正・指示ができるようになった（第50条）。

7 学校と教育委員会
（地方教育行政の組織及び運営に関する法律）②

❶ 指導主事の学校訪問は地教行法の職務権限に基づく

　地教行法は 6 章からなり、第 1 章は総則、第 2 章は教育委員会の設置・組織、第 3 章は教育委員会・地方公共団体の長の職務権限という順になっている。具体的には第 2 章の第 18 条第 1 項、第 2 項で都道府県、市町村の教育委員会事務局に「指導主事」その他の職員を置き、第 3 項で「指導主事」は「上司（教育長）の命を受け学校における教育課程、学習指導その他学校教育に関する専門的事項の指導に関する事務に従事」すると規定している。

　次に、第 3 章、教育委員会の職務権限に関して、教育委員会事務局が処理する事務はおおむね、第 21 条に関する次のものになる。①所管する学校・教育機関の設置・管理・廃止、②学校・教育機関の用に供する財産管理、③学校・教育機関の職員の任免、その他の人事、④学齢児童生徒の就学、生徒・児童・幼児の入学・転学・退学、⑤学校の組織編制・教育課程・学習指導・生徒指導・職業指導、⑥教科書・教材の取り扱い、⑦校舎・施設、教具その他の設備の整備、⑧校長・教員等教育関係職員の研修、⑨校長・教員等教育関係職員、生徒・児童・幼児の保健・安全・厚生・福利、⑩学校・教育機関の環境衛生、⑪学校給食、⑫青少年教育、女性教育・公民館事業その他社会教育、⑬スポーツ、⑭文化財の保護、⑮ユネスコ活動、⑯教育に関する法人、⑰教育に関する調査・統計、⑱所掌事務に関する広報、教育行政に関する相談、⑲当該地方公共団体の区域内の教育に関する事務等である。

❷ 県費負担教職員の服務上の監督権限は市町村教育委員会

　さて、小・中・高の教員が採用される際の任命辞令は、都道府県教育委員会から受け取るが、小学校、中学校、義務教育学校等（県費負担教職員）の服務上の監督権限は、第 43 条で「市町村委員会は、県費負担教職員の服務を監督する」として教育委員会に付与されている。したがって、県費負担教職員は当該市町村の

■ 教育委員会と指導主事

```
┌─────────────────┐
│ 都道府県・市町村    │
│ 教育委員会事務局    │
└─────────────────┘
        │
┌─────────────────┐
│ 指導主事          │
│ 社会教育主事       │
└─────────────────┘
```

- 上司の命を受け、学校における教育課程、学習指導その他学校教育に関する専門的事項の指導に関する事務に従事（地教行法第18条第3項）
- 指導主事は、大学以外の公立学校の教員をもって充てることができる（地教行法第18条第4項）

地方教育行政の組織及び運営に関する法律第21条
（教育委員会の職務権限）

① 所管する学校、教育機関の開設、管理・廃止
② 学校、教育機関の用に供する財産管理
③ 学校、教育機関の職員の任免、その他の人事
④ 学齢児童生徒の就学、児童・生徒・幼児の入学・転学・退学
⑤ 学校の組織編制、教育課程、学習指導、生徒指導・職業指導
⑥ 教科書、教材の取り扱い
⑦ 校舎・施設、教具その他の設備の整備
⑧ 校長、教員等教育関係職員の研修
⑨ 校長、教員等教育関係職員、児童・生徒・幼児の保健、安全、厚生、福利
⑩ 学校、教育機関の環境衛生
⑪ 学校給食
⑫ 青少年教育、女性教育、公民館事業その他社会教育
⑬ スポーツ
⑭ 文化財の保護
⑮ ユネスコ活動
⑯ 教育に関する法人
⑰ 教育に関する調査・統計
⑱ 所掌事務に関する広報、教育行政に関する相談
⑲ 当該地方公共団体の区域内の教育に関する事務

7 学校と教育委員会（地方教育行政の組織及び運営に関する法律）②

条例ならびに教育委員会の学校運営規則に従わなければならない。服務監督権限は市町村教育委員会、しかし体罰など服務違反をした場合の処分・任免権限や勤務条件等は都道府県教育委員会と分かれている。次に、教員は都道府県の教育センターで研修を受けるが、同時に小・中学校教員は市町村の教育センターでも研修を受けることができる。これは第45条の「県費負担教職員の研修は、地方公務員法第39条第2項の規定にかかわらず、市町村委員会も行うことができる」という規定によるものである。また、地教行法第47条の6で、「指定する学校の運営に関して協議する機関として学校運営協議会を置くことができる」としている。これは地域住民が学校運営に関して関与できる新しいシステムの公立学校である「コミュニティ・スクール」の規定（2004〔平成16〕年の改正）が整備されたことによるものである。

教育内容と信教の自由
（神戸市立工業高等専門学校事件）

■事件の概要

　神戸市立工業高等専門学校（以下、「神戸高専」）の生徒であったＡは、信教上の理由により体育における剣道実技の履修を拒否した。Ａはそれに代わるレポート課題の提出を何度も求めたが、認められなかった。必修である体育の単位を取得できなったためにＡは原級留置（留年）となった。翌年も同様の理由で原級留置となったＡは、「連続して２回原級に留まることはできない」という神戸高専の規定により、退学処分となった。Ａは、被告が、信教上の信条に反するために参加できない原告に剣道実技の履修を強制し、それを履修しなかった原告らに代替措置を採らずに欠席扱いをして体育の単位を認定せず、原告らを原級に留置する処分までするのは、信教の自由を侵害するものであり、信条による不当な差別を禁じて教育の機会均等をうたった旧教育基本法第３条、第９条第１項、日本国憲法第14条に違反し、ひいては原告らが神戸高専の学生として教育を受ける権利や学習権を侵害するもので違憲違法であると主張して、退学処分の取消しを求めた。

　一審（神戸地裁判決平成５年２月22日）ではＡの請求は棄却されたが、二審（大阪高裁判決平成６年12月22日）ではＡの主張が認められ、処分は取り決された。この上告審である。

■争点

　信教の自由が公立学校においてどこまで認められるのか。

■判決要旨

　上告は棄却。Ａの勝訴となった。信仰上の理由による剣道実技の履修拒否を、正当な理由のない履修拒否と区別することなく、代替措置が不可能というわけでもないのに、代替措置について何ら検討することもなく、体育科目を不認定とした担当教員らの評価を受けて、原級留置処分をし、２年続けて原級留置となったため進級等規程及び退学内規に従って学則にいう「学力劣等で成業の見込みがないと認められる者」に当たるとし、退学処分をしたという上告人の措置は、考慮すべき事項を考慮しておらず、又は考慮された事実に対する評価が明白に合理性を欠き、その結果、社会観念上著しく妥当を欠く処分をしたものと評するほかはなく、本件各処分は、裁量権の範囲を超える違法なものといわざるをえない。

■コメント

　教育現場の「信教の自由」のとらえ方についての代表的な判決である。宗教についての教育に関してさまざまな議論があるなか、個人の信教は尊重されるべきという日本国憲法、教育基本法の理念が示された判決といえよう。

参考：最高裁判所　平成８年３月８日（平成7〔行ツ〕74）

◆ 考えてみよう

◆ 学校と教育委員会、地教行法について

（1）各学校を所管する地域の教育委員会の権限を明記した法律として地方教育行政の組織及び運営に関する法律（地教行法）があり、第3章では教育委員会が学校について処理する職務権限が規定されている。第21条を中心にその概略を述べてみよう。

_____

_____

_____

_____

_____

（2）地教行法において、これまで「教育委員長と教育長との関係が明確でない」などと批判を受けていた狭義の教育委員会の組織はどのように改善され、その役割は、どのように規定されたのかについて述べてみよう。

_____

_____

_____

_____

_____

8 学校教育法

❶ 幼稚園から大学まで、学校教育に関する法律を統一する基本法

学校の設置、義務教育、授業料の徴収、懲戒と体罰、出席停止措置、各学校の目標、教育課程の編成、教員の資格、学校運営と校長の権限や各教諭の役割、学校評価、特別支援教育、中等教育学校まで学校教育制度の基本について規定を定めているのが、1947（昭和22）年に教育基本法と同時に制定された学校教育法である。構成は、第1章「総則」、第2章「義務教育」、第3章「幼稚園」、第4章「小学校」、第5章「中学校」、第5章の2「義務教育学校」、第6章「高等学校」、第7章「中等教育学校」、第8章「特別支援教育」、第9章「大学」、第10章「高等専門学校」、第11章「専修学校」、第12章「雑則」、第13章「罰則」となっている。

❷ 学校、授業料の徴収、教員の欠格事由、懲戒等（第1章）

学校教育法第1章第1条では、**学校の定義**を「幼稚園、小学校、中学校、義務教育学校、高等学校、中等教育学校、特別支援学校、大学及び高等専門学校とする」と規定している。これらの学校は「1条校」とよばれるが、それ以外の私立のインターナショナルスクールや民族学校、各種学校・専門学校は学校教育法に規定する「1条校」には該当しない。第2条では**学校の設置者**について、国、地方公共団体、私立学校は学校法人しか設置できないと規定している。第6条では**授業料の徴収**について、学校では徴収することができるが、国公立の小中学校、義務教育学校、中等教育学校前期課程、特別支援学校小学部・中学部は「授業料を徴収できない」と規定している。第9条では**校長・教員の欠格事由**として、禁錮以上の刑に処せられた者等は校長・教員になることができないと明記。近年、民間人校長の採用が可能になったが、これについては別途、学校教育法施行規則第22条で校長の任命・採用の特例として認められている。第11条では**児童・生徒・学生の懲戒**について、校長および教員は教育上必要があるときは懲戒を加えることができるが、体罰を加えることはできないと規定している。

■ 学校教育法

第1条	学校の定義
第6条	授業料の徴収
第11条	児童・生徒・学生の懲戒・体罰禁止
第17条	就学義務
第29条	小学校教育の目的
第30条第2項	育成する学力
第34条	教科用図書・教材の使用
第35条	児童の出席停止
第37条	職員（校長・教諭の職務）
第42条	学校運営評価
第43条	学校運営情報提供義務
第45条	中学校教育の目的
第50条	高等学校教育の目的
第72条	特別支援学校の目的

❸ 健康診断、義務教育年限、就学義務、義務教育の目標（第1章）

　　第12条では、**健康診断等**について、幼児・児童・生徒・学生・職員に健康診断等の措置を講じなければならないとしている。第16条では**義務教育年限**について、保護者は子に9年の普通教育を受けさせる義務を負い、期間は**就学義務**を規定する第17条で満6歳からは小学校・義務教育学校前期課程・特別支援学校小学部へ、小学校等を修了後満15歳までは中学校・義務教育学校後期課程・中

等教育学校前期課程・特別支援学校中等部に就学させる義務を負うとしている。さらに第21条では**義務教育の目標**について、教育基本法第5条第2項の教育の目的を実現するため、自主・自律、自然尊重、愛国心、家族、読書、数量、自然現象、健康安全、音楽、美術、職業等に関する知識・技能等10の能力を養い、目標を達成するよう求めている。

❹「教育の目標」を新設し、思考力・判断力・表現力等の能力をはぐくむ

第3章では「幼稚園」の目的・目標・保育内容等を定め、教育課程・保育の内容については文部科学大臣が定めるとして幼稚園教育要領に委任した。第4章「小学校」においても、教育課程は「第29条及び第30条の規定に従い、文部科学大臣が定める」（第33条）（中学校について定めた第48条、高等学校について定めた第52条に準用）として学校教育法施行規則ならびに学習指導要領に委任した。特に改正された学校教育法第30条では**小学校教育の目標**について第2項（中学校、高等学校に準用）を新設し、「基礎的な知識及び技能を習得させるとともに、これらを活用して課題を解決するために必要な思考力・判断力・表現力その他の能力をはぐくみ、主体的に学習に取り組む態度を養うこと」をめざすと追加した。**教科書（教科用図書・教材の使用）**については第34条で、「文部科学大臣の検定を経た教科用図書を使用し、教科用図書以外の図書で有益適切なものは使用することができる」と規定しており、教科書を主たる教材としつつ補助教材も有益適切であれば使用できるのである。しかし、教員の中には有益だからと無届けで補助教材を使用する者もいるが、その場合はあらかじめ教育委員会に届けでなければならない。第35条では**児童の出席停止**について、性行不良でほかの児童の教育に妨げがあると認めるときは、出席停止を命ずることができると定めている（中学校について定めた第49条に準用）。

❺ 校長は校務をつかさどり、教諭は児童の教育をつかさどるとは何か

教職員については、**職員（各教諭の役割）**として第37条で、④校長は校務をつかさどり、所属職員を監督する。⑪教諭は児童の教育をつかさどる、などと教頭、主幹教諭、指導教諭、養護教諭等について19項目にわたり役割と任務が記され

ている。「校長は校務をつかさどり、所属職員を監督する」という使い慣れない用語の意味するところは、「校務」には教諭の教育実践も含まれると理解されるので、校長は教諭の職務上の上司として教諭の教育活動を監督する権限が認められていると解し、指導・助言・監督するのが学校現場を踏まえた実際的な解釈になる。

❻ 学校運営評価・運営情報提供義務などアカウンタビリティーが課せられた学校

　第42条**学校運営評価**の改正により、これまで学校運営について意見をいうのは職員会議等で発言する校内教職員だけであったが、職員会議関係の省令改正（学校教育法施行規則等の一部を改正する省令の施行について〔通知〕〔文教地第二四四号　2000年1月21日〕）と並行して地域の代表が学校理事会（決定権をもつ）や学校協議会・学校評議員（意見をいう）として出席して学校運営に関して発言できるようになった。第43条では**情報提供**について、「小学校は保護者・地域住民とその他の関係者の理解を深め、連携・協力の推進に資するため、学校の教育活動その他の学校運営の状況に関する情報を積極的に提供する」とされた。学校は第42条に基づいて**評価**をし、第43条に基づいて**情報提供**して説明責任を果たし、保護者や住民の信頼を得ることが当然の時代になった。

　各学校教育の各法律を統合的に集め、統一的に示した法律である学校教育法は、2007（平成19）年にp.21のように改正されたが、学校の種類、就学義務などの機会均等、児童・生徒への懲戒体罰、学校が育てるべき学力、校長・教職員の権限と役割、学校の保護者・地域への情報提供、連携・協力等学校教育に関する基本法としての性質を定めた、きわめて重要な法律である。

9 スクールコンプライアンス（法令遵守）

❶ 学校の慣習では立ちいかなくなった法令遵守

　一般企業では、法令を遵守して企業の社会的責任を果たすことを「コンプライアンス」と称するので、学校でも学校の社会的責任を「スクールコンプライアンス」と称するようになってきた。

　教育が教員と児童・生徒との信頼関係や愛情で成立する学校では、法律は冷たいもので、いわば「水と油」のように思われてきた。2012（平成24）年、大阪市立桜宮高等学校バスケットボール部の顧問の教諭が練習で男子生徒の顔を十数回殴打し、全治3週間の傷を負わせ、生徒が体罰を苦にして自殺する体罰事件があった（p.88の判例コラム⑤参照）。2013（平成25）年に大阪地方裁判所は元教諭（大阪市教育委員会による懲戒免職、すでに傷害罪、暴行罪で有罪確定）に対して、懲役1年、執行猶予3年の判決を下し、また2016（平成28）年には「体罰が自殺の原因だった」として、東京地裁が7,500万円の賠償を命じた。

　また、近年は教科書会社が公立学校の教員・校長に検定中の教科書を見せる「編集会議」を開き現金の謝礼、宿泊代、懇親会費等を渡す問題が発覚し、当該の教育委員会は教科書採択の公正・透明性に疑念を生じさせるとして、参加した教員を無許可の兼職・兼業として懲戒処分を行っている。このように、増加する体罰やいじめ、教科書採択問題等への批判を通して、学校でも法令遵守としてのスクールコンプライアンスの要求が強くなってきた。法令化されていないのに実質的に「最高決議機関」とされてきた職員会議の位置づけしかりである。学校ではこれまで、各種教育活動が学校の慣習として行われて、法令に基づかないで行われてきた点があった。

❷ 他の公務員よりも高いモラルと法令遵守が強く求められる教員

　毎年、文部科学省から教育職員の懲戒処分などの「公立学校教職員の人事行政状況調査について」が発表されるが、それによると違法行為を行い、懲戒処分を

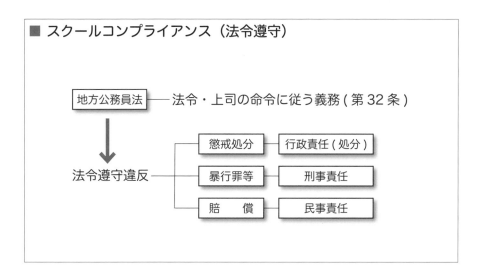

受けた教職員は、毎年千人前後で推移し減少傾向ではない。生徒の個人情報や秘密の漏洩、飲酒運転、無許可で教科にかかる兼職・兼業、セクハラ行為等の学校教員の不祥事が生起し、教育委員会や校長は、教員に法令を守って教育活動を行うよう「スクールコンプライアンス」（法令遵守）を厳しく求めている。

　かつては、教員が刑事責任を追及される事案は少なかったが、1993年の兵庫県立神戸高塚高等学校での朝の登校指導で校門を閉鎖し女子生徒を圧死させた事件における教員の業務上過失致死罪（禁固1年、執行猶予3年）をはじめ、大阪市立桜宮高等学校体罰事件のように暴行罪、傷害罪に問われる事案が増加してきた。教員には、懲戒処分などの行政責任、刑事罰の刑事責任、損害賠償などの民事責任、の3つが厳しく問われることになってきた。

　2006（平成18）年11月、福岡高等裁判所は教員による酒気帯び運転にともなう懲戒免職処分取り消し訴訟において、「地方公務員たる教員について他の公務員よりも重い懲戒処分の指針を定め」「児童生徒と直接触れ合い、これを教育・指導する立場にある職責に照らし」「高いモラルと法及び社会規範の遵守の姿勢が強く求められる」とした。世間の学校教員に対する「スクールコンプライアンス」（法令遵守）の要求は強くなっている。ますます、法令遵守に基づく教育活動が求められるようになったことを自覚しなければならない。

10 私立学校

関連法 私立学校法　私立学校振興助成法

❶ 私立学校の特徴としくみ

　私立学校法の第1条に「私立学校の特性にかんがみ、その自主性を重んじ、公共性を高めることによつて、私立学校の健全な発達を図ることを目的とする」とある。この「自主性」と「公共性」について考察していくことにする。

　「自主性」とは、建学の精神や教育理念に基づいて、独自の教育活動や学校経営を行うことで、行政権力のコントロールを抑えることによって成り立つと考えてよい。公立学校を管轄しているのは都道府県や市町村などの教育委員会であるが、私立学校は、大学は文部科学大臣、それ以外の幼稚園や小中高等学校などは都道府県知事が「所轄庁」となる。所轄庁は私立学校の設置認可や解散命令を行う。しかし、私立学校法第5条には、学校の設備や授業が規定に違反したときにその変更を命ずることができるとした学校教育法第14条の規定は、私立学校法第5条にあるように私立学校には適用されないことが定められている。ただし、私立学校においても公立学校に適用される法律が準用されるケースが多いことに留意されたい。

　次に「公共性」であるが、端的にいって、私立学校も公立学校と同じく「公教育」を担っているので、一定の水準を保つために、さまざまな規定があるということである。「公教育」を厳密に定義するのは難しいが、家庭教育や民間の塾で行われる「私教育」とは違って、法律や制度に基づいたうえで行われる教育と考えてよい（「公教育－私教育」という関係と「公立－私立」という関係がよく混同されるが、違うものであるので留意すること）。

　私立学校の「公共性」を高めるための基本的なしくみは、私学助成制度と、私立学校を設置している学校法人という組織の規定である。私学助成制度は、国や地方公共団体が公的な資金（すなわち税金）を助成するもので、その是非にはさまざまな議論はあったが、1975（昭和50）年に私立学校法第59条において助成が明記され、私立学校振興助成法が制定された。学校法人という組織について

■ 各校種において、私立が全体に占める割合 (2017 年 5 月現在)

校　種	私立の占める割合	全体の児童生徒などの数
幼稚園	83.5%	1,271,931
幼保連携型認定こども園	87.4%	505,541
小学校	1.2%	6,448,657
中学校	7.2%	3,333,317
義務教育学校	0.0%	22,370
高等学校	31.9%	3,280,307
中等教育学校	21.9%	32,618
大学	73.6%	2,890,942
短期大学	94.6%	123,950
高等専門学校	3.9%	57,601

注：児童生徒などの数によって算出している。
出典：文部科学省「平成 29 年度学校基本調査」2017 年 12 月 22 日

10

私立学校

は、私立学校法第 35 条において「役員として、理事 5 人以上及び監事 2 人以上を置かなければならない」と規定されており、ほかの条文に役員の職務や選出方法などが規定されている。私立学校という公教育の一部を担うのであれば、それ相応の組織を整備する義務がある、ということである。

❷ 公立学校と私立学校との役割分担

　公立学校と私立学校の違い、役割分担についてはさまざまな意見がある。私立学校について、「公立学校の補完物」「エリートの子どもが通うところ」「お金持ちのみを相手にしている」といった偏ったイメージをもたれることも、少なくないのではないか。量的なシェアでみれば、今日の日本の学校において、私立学校に通う子ども（生徒や学生）が占める割合は、上記の表のとおりである。一部の人だけを対象とした教育機関でないことは明らかであろう。

　日本の教育や学校、あるいは教育改革が語られるとき、実質的に公立学校しか視野に入っていない議論もあるが、「自主性」と「公共性」をもつ私立学校も含めた現状把握や改革提言でなければ、大した意味をなさないことは、いうまでもない。

11 義務教育学校制度

❶ 小中一貫教育を行う新たな学校の制度

　2016（平成 28）年 4 月より学校教育法の一部が改正・施行され、第 5 章の 2 が新設され、第 49 条の 2 ～ 8 まで、義務教育学校に関する規定が追加された。法律改正を受けて都道府県、都道府県教育委員会等に出された「小中一貫教育制度の導入に係る学校教育法等の一部を改正する法律について（通知）」（2015 年 7 月 30 日）によると「学校教育制度の多様化及び弾力化を推進するため、小中一貫教育を実施することを目的とする義務教育学校の制度を創設するもの」（施設一体型、施設分離型の両者がある）であると説明されている。

　まず、第 49 条の 2 は義務教育学校の目的として、「義務教育として行われる普通教育を基礎的なものから一貫して施す」とし、第 49 条の 3 は目標として、「小学校教育及び中学校教育と同様に、学校教育法第 21 条に規定する義務教育の目標を達成するように行われる」とし、第 49 条の 4 および 5 では「修業年限は 9 年」とし、9 年間の課程区分については「前期 6 年の前期課程及び後期 3 年の後期課程に区分する」と規定した。教育課程については、第 49 条の 7 で「教育課程に関する事項は文部科学大臣が定める」とした。

　さらに、第 57 条で義務教育学校卒業者は「中学校卒業者等と同様に高等学校への入学資格を有するもの」とした。

❷ 新しい可能性と蓄積された知見を既存の小・中学校へ積極的に普及を

　文部科学省の前掲の通知の留意事項では、「9 年間の義務教育学校では、活発な異学年交流を図り、地域ぐるみで支えるしくみとして、保護者・地域住民が参画するコミュニティ・スクールとして推進することが期待される」と要望し、地域挙げての学校づくりを期待している。

　しかし、2016 年 4 月から実施された義務教育学校制度はかつての中高一貫教

■ **義務教育学校制度（学校教育法第 49 条の 2 ～ 8 に規定）**

公立小・中学校

義務教育学校

＊通知に基づけば下のようにすることも可能

育をめざした中等教育学校制度ほど、国会での議論にもならなかったが、実は第二次世界大戦前（明治・大正・昭和前期）のエリート養成を行った複線型教育制度を反省し、誰にでも平等に開かれた教育の機会均等を理念として創設された戦後の単線型の学校教育制度や義務教育制度の根幹にかかわる問題点を含んでいる。

　また、実務的な課題も山積である。9 年間の系統的なカリキュラムづくり、小・中学生の発達段階に応じた行事等の内容構成、校務運営体制の構築、校務分掌の効率化、小・中学校部の教員間の連携などである。義務教育学校の設置は、市町村・市町村教育委員会による選択的実施であり、同一市内在住であっても、「中 1 ギャップ」の解消や「学力の向上」など「よい教育」を受けられる子どもたちと従来の小・中学校に通学する子どもたちの間で、平等な機会の公平性が保たれなくなる可能性もある。

　設置者は市町村内の一部の学校を義務教育学校にするだけなのか、それとも、いずれ市町村内すべての学校を義務教育学校にしていくのかという展望が問われる。文部科学省の通知でも、「通学する学校により格差が生じないよう、市町村教育委員会は保護者のニーズを踏まえ、対外的な説明責任にも留意しつつ対応し、小中一貫教育で蓄積された知見を既存の小・中学校へ積極的に普及を図ること」と格差を払拭するよう注意を促している。

12 中等教育学校制度

❶ 生徒の個性を重視した教育を実現するための学校制度の導入

　1999（平成11）年度に学校教育法の一部が改正され、第7章に中等教育学校の章が設けられ、おおむね定着した。1997（平成9）年の中央教育審議会「21世紀を展望した我が国の教育の在り方について（答申）」（第二次）で中高一貫教育の導入を提言した。導入のよい点として、①高等学校入学者選抜の影響を受けずにゆとりのある学校生活が送れる、②6年間の計画的・継続的な教育指導が展開でき効果的な一貫した教育が可能となる、③継続的に生徒を把握することにより、生徒の個性を伸長し優れた才能が発見できる、④異年齢集団による活動により、社会性、豊かな人間性を育成できるとした。また、留意点として①受験競争の低年齢化、②受験準備に偏った教育が行われるおそれ、③長期間同一メンバーに固定されることで、学習環境になじめない生徒が生じるおそれなどをあげた。1998（平成10）年の学校教育法の改正に関する文部省（現：文部科学省）通知でも、「生徒の個性をより重視した教育を実現するため、現行の義務教育制度を前提としつつ、中学校と高等学校の制度に加えて中・高一貫教育制度を選択的に導入する」とした。そのため、公立の中等教育学校の入学については、受験競争を一層加速しないように学力検査を実施せず、面接、推薦、抽選等を行うことにした。文部科学省は2010年に中央教育審議会中高一貫教育特別部会を開催し、中高一貫校の数も当初めざした1学区に1校という「全国500校プラン」に近づき、「目標は概ね達成された」と報告書にまとめた。

❷ 保護者の学校選択の実現と中等教育制度の複線化

　中等教育学校の目的は第63条「小学校の教育の基礎の上に、義務教育として行われる普通教育並びに高度な普通教育及び専門教育を一貫して施す」、目標は第64条で、「豊かな人間性、創造性」「個性に応じて将来の進路決定」「個性の確立」をあげ、第65条で「修業年限6年」、第66条で課程の区分けは「前期、後

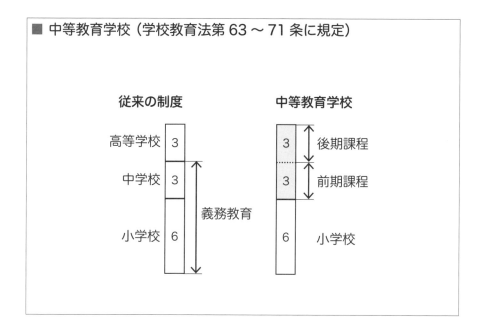

■ 中等教育学校（学校教育法第 63 ～ 71 条に規定）

期各３年」と規定した。第 71 条では一貫教育について「同一の設置者であれば、中等教育学校に準じて、中学校における教育と高等学校における教育を一貫して施すことができる」とした。中高一貫教育制度の実施形態としては、６年間の一体型の中等教育学校、私学などの中学校と高等学校の併設型、さらに山村、へき地などに多くみられる独自性を保ちながらそれぞれの中学校と高等学校の両者が連携する連携型に分かれる。近年は連携型から併設型、一体型が増加してきた。

　このような背景としては、都市部を中心に激しい受験競争の低年齢化の結果、中学生の４分の１程度が私立学校に進学する実態を迎え、不人気の公立学校が特色を出し、公立学校の復権をかけなければならない状況のなかでは、経済的理由から進学できない生徒にとって、国公立の中高一貫教育学校への進学の機会を確保しようとする観点も見逃せない点である。

　東京都では、2005（平成 17）年度から保護者に一般の中学校、高等学校への進学、あるいは中高一貫学校のどちらでも選択できるよう中等教育の複線化を実施し、この流れは大都市圏を中心に全国各地の国公立学校（私立学校の併設型を含め）にも広がりつつある。

13 学校運営協議会制度
（コミュニティ・スクール）

❶ 任命権者に対して意見を述べることができる権限をもつ制度

　学校運営協議会制度は 2004（平成 16）年 6 月に地方教育行政の組織及び運営に関する法律（地教行法）を改正し、第 47 条の 5 に追加され、創設された制度である。この制度成立の背景には、2000（平成 12）年にスタートした教育改革国民会議最終報告書で、「教育を変える 17 の提案」の一つとして「地域の信頼にこたえる学校づくり」「新しいタイプの学校の設置」として「コミュニティ・スクール構想」が提案されたことがある。その後 2004 年の中央教育審議会「今後の学校の管理運営の在り方について（答申）」に「新しいタイプの学校（"コミュニティ・スクール"等）の設置を促進する」との提言が盛り込まれ、近年の保護者、地域住民の意見を学校運営に生かす開かれた学校づくりのもとに進められてきた学校の自己評価、学校評議員制度などを発展させる制度として「学校運営協議会制度」が導入され、文部科学省は学校運営協議会制度を設置した学校を「コミュニティ・スクール」とよび、知られるようになった。

　改正された地教行法に追加された学校運営協議会制度の権限としては、第 47 条の 6 で、①「教育委員会は教育委員会規則で定められた学校には学校の運営に関して協議する学校運営協議会を置くことができ」、②「校長は教育課程の編成その他教育委員会規則で定める事項について、基本的な方針を作成し、当該学校の学校運営協議会の承認を得なければならない」、③「学校運営協議会は、学校（コミュニティ・スクール）の運営について教育委員会、校長に対して意見を述べることができる」、④「学校運営協議会は、職員の採用その他の任用に関する事項について任命権者に対して意見を述べることができる」等がある。

❷ コミュニティ・スクールは保護者や地域住民の声を反映するしくみ

　似た名称の制度として「学校評議員制度」があるが、これは「学校教育法施行規則」に基づき、校長の求めに応じて学校評議員が学校運営に関する意見を述べ

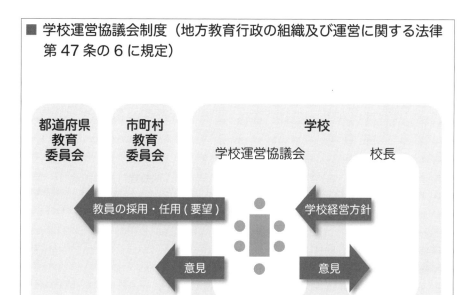

■ 学校運営協議会制度（地方教育行政の組織及び運営に関する法律
　第47条の6に規定）

る制度である。これに対して学校運営協議会制度は、校長や教育委員会に意見を
述べたり、教職員の任用など人事を含めて学校運営に関して直接関与し、決定を
行ったりするなどの権限を有する合議制の機関であり、「地域運営学校」（コミュ
ニティ・スクール）ともよばれる。学校がコミュニティ・スクールになるには、
学校の主体的な意思表明から始まるが、実際には市区町村教育委員会の方針や検
討が行われてからになる。

　コミュニティ・スクールに指定された全国の学校は2017（平成29）年4月1
日現在、3,600校（幼稚園115園、小学校2,300校、中学校1,074校、高等学
校65校―全国の学校の1％未満）であり、全国の21.1％の学校設置者（地方公
共団体・組合など）がコミュニティ・スクールを導入している。なお、東京都三
鷹市、京都市など自治体と地域の結びつきの強いところでの導入が目立つ。コミュ
ニティ・スクールは、税金を納付する保護者や地域住民の声を反映するしくみで
ある。保護者や地域住民などの多様な意見が取り入れられることで、学校の教育
活動が活発になるとともに、地域住民の学校理解も深まり「おらが学校」という
意識が深まることも期待できる制度である。

教育の機会均等と各種学校の扱い
（朝鮮学校無償化をめぐる議論）

■事件の概要

公立高等学校に係る授業料の不徴収及び高等学校等就学支援金の支給に関する法律（高校無償化法）が 2010（平成22）年に施行され、公立高校や私立高校に通う生徒に、就学支援金が支給されることになった。

高等学校以外の学校については、「文部科学大臣が定めるところにより、高等学校の課程に類する課程を置くものと認められるものとして、文部科学大臣が指定したもの」には支給されることとなった。これに該当するものは学校教育法第134条でいう各種学校がある。各種学校とは、学校教育法の第1条に掲げるもの（一条校）でなく、学校教育に類する教育を行うもので、インターナショナルスクールや朝鮮学校などの外国人学校が含まれる。インターナショナルスクールについては支給の対象となったが、朝鮮学校については「北朝鮮や朝鮮総連との密接な関係が疑われ、就学支援金が授業料に充てられないことが懸念される」として、対象から外れた。

これを不服とした朝鮮学校を運営する学校法人やその卒業生は、無償化の対象から外した国の処分の取り消しや、慰謝料を求めた。広島朝鮮初中高級学校を運営する広島朝鮮学園と、大阪朝鮮高級学校を運営する大阪朝鮮学園が訴えを起こし、それぞれ広島地裁、大阪地裁で判決が下された。

■争点

教育の機会均等、文部科学省の裁量。

■判決要旨

広島地裁と大阪地裁で、判断が分かれる形となった。2017（平成29）年7月19日の広島地裁の判決では、朝鮮総連による学園への強力な指導が見直されたとはみえないと指摘し、対象から外した文部科学相の判断に、裁量権の逸脱は認められないと判断し、国の勝訴となった。

一方、2017年7月28日の大阪地裁の判決では、朝鮮学校側の勝訴となった。国の決定は、教育の機会均等とは無関係な、外交的・政治的意見に基づき、朝鮮高級学校を排除しており、高校無償化法の趣旨を逸脱し違法、無効と解すべきであるとした。国に処分取り消しと無償化の指定を命じたのである。

■コメント

本稿を執筆している時点（2017年11月）において、敗訴した側が控訴して係争中であることなどから、ここでは支給の是非を直接考察することはしない。

そのうえで、この裁判は「教育の機会均等とは？」「どのような教育機関を『学校』と認定するのか？」「政治権力が、自らの価値やイデオロギーを教育行政に持ち込んでよいのか？」といった、教育基本法や学校教育法の根本理念に関わる事例といえるであろう。

参考：広島地方裁判所 平成29年7月19日（平成25〔行ウ〕27）、大阪地方裁判所 平成29年7月28日（平成25〔行ウ〕14）

◆ 考えてみよう

◆ 学校評議員、コミュニティースクールについて

（1）近年、保護者、地域住民の意見を学校運営に生かす開かれた学校づくり
　　の方法として、学校評議員制度がある。これは、学校運営協議会制度（コミュ
　　ニティースクール）とどのように性格が違うのか述べてみよう。

_____

_____

_____

_____

_____

（2）学校評議員制度と違い、学校運営協議会制度（コミュニティースクール）
　　はどの法律に規定されているのか、また内容はどのようなものか、地域学校
　　協働本部との関係はどうかを述べてみよう。

_____

_____

_____

_____

_____

①学校組織と教育活動

14 教職員間の役割分担「校務分掌」

関連法 学校教育法第 37 条第 4 項　学校教育法施行規則第 43 条

❶ 校務と教員の勤務実態

　授業のための教材研究に時間を費やしたいが、校務に追われてその時間がとれないなど、教員の多忙、あるいは多忙感に関する問題はいつの時代にも指摘されていることである。2013 年に実施された OECD 国際教員指導環境調査（TALIS2013）では、教員の勤務時間の内わけに関して、日本の場合、事務業務が調査参加国平均に比して 2 倍近い時間数（日本 5.5 時間、参加国平均 2.9 時間）を占め、このことも教員の多忙感の一因になっているという指摘がある。このような背景があることから、文部科学省では「教育の情報化に関する手引」の第 6 章「校務の情報化の推進」のなかで、ICT を有効に活用した校務の情報化によって、校務の効率化を図り、そのことによって教職員が、児童生徒の指導により多くの時間を費やすことができるようにという指針を出している。

　学校は一つの組織体である。**校務とは、その組織体としての学校が、教育目標を達成するために、学校全体で行うべき業務全体のこと**であり、組織的、効率的、かつ調和的に行われなければならないものである。

❷ 校務分掌とは

　校務とは具体的に、教育課程や指導計画の作成や編成、出席簿の作成、教科担任や学級担任の決定、また、学校の運営状況や教育活動状況を保護者や地域に公開し、意見や要望を聞くことも重要な校務である。

　それら校務を、「調和のとれた学校運営が行われるために」（学校教育法施行規則第 43 条）、**組織を整え、個々の教員に分担させることを校務分掌**という。

　右図に校務分掌のモデル図を示したが、本来の実質的な校務分掌は、この図からさらに詳細に役割が分化する。したがって、一つの学校においては一人の教員が複数の校務分掌を担っていることが多い。

■ 校務分掌モデル

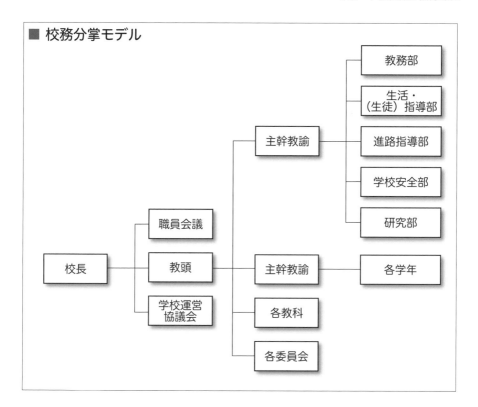

❸ 校長の責任と権限

　校務の多くは校長以外の教職員に分担されるが、これら校務の最終的な権限と責任を有するものとして位置づけられているのが校長である。学校教育法第37条第4項には「校長は、校務をつかさどり……」とあるが、これを、**校長の校務掌理権**という。また、同項に「……所属職員を監督する」とあり、校長は学校の教職員に対して職務命令権を有する。このことにより、学校運営上必要な一切の事柄は、校長の責任と権限に基づいて処理されなければならず、また校長は、上司として所属職員に対し、校務を分担させるとともに、校務の処理のしかたについて必要に応じて指示するなど、職務命令を発することができるのである。

　学校が教育目標の達成に向けて前進するためには、教職員が、個々の自主性や創意工夫を発揮することができる、**適正な校務分掌の編成**が重要であり、そのためには校長のリーダーシップが極めて重要であるといえるのである。

関連資料 文部科学省「教育の情報化に関する手引」2010年10月

15 校長と教諭の職務

関連法 学校教育法第37条　学校教育法施行規則第48条

❶ 教職員の種類と職務

　一般的に「教員」「教職員」「教師」「教諭」「教育職員」とさまざまな呼称があるが、「教師」という用語だけは法令用語ではない。そして、「教職員」と呼称する場合は教員と事務職員、学校医等も含めている。また、本節で取り扱う「教諭」とは、教職員のなかの「職種」あるいは職階の呼称である。たとえば、教員の職種とその職務内容の概略、それらを示す根拠となる条文をあげると以下のようになる。

❷ 校長の職務

　学校教育法第37条第4項で、「**校長は、校務をつかさどり、所属職員を監督する**」と規定している。校長の具体的な職務について、形式的に分類すると、①**法令によって定められているもの**と、②**教育委員会が校長に委任、または命令**した職務とがある。

　①については、法令別に分けると以下のようなものがある。

・教育課程の編成（学習指導要領総則）
・授業終始時刻の決定、入転学許可、退学または休学の許可、出席状況の把握、就学猶予免除を受けた児童生徒の編入決定、高校進学に際しての調査書等の送付、課程修了及び卒業の認定、卒業証書の授与、非常災害時などの臨時休業（学校教育法施行規則）
・感染症予防のための出席停止（学校保健安全法）
・勤務場所を離れての研修の許可（教育公務員特例法）
・教職員の任免その他進退に関する意見の具申（地方教育行政の組織及び運営に関する法律）

　②については、たとえば学校施設の目的外使用の許可、所属職員に対する出張命令、研修命令など、多くのものがある。

■ 教職員の職種と職務内容

職種	職務内容
校長	**校務をつかさどり、所属職員を監督**する。 （学校教育法第 37 条第 4 項）
副校長	**校長を助け**、命を受けて校務をつかさどる。 （同第 37 条第 5 項）
主幹教諭	**校長**（副校長を置く小学校にあつては、校長及び副校長）**及び教頭を助け**、命を受けて校務の一部を整理し、並びに児童の教育をつかさどる。 （同第 37 条第 9 項）
指導教諭	児童の教育をつかさどり、並びに**教諭その他の職員に対して**、教育指導の改善及び充実のために**必要な指導及び助言**を行う。 （同第 37 条第 10 項）
教諭	**児童の教育をつかさどる。** （同第 37 条第 11 項）

❸ 教諭の職務

　教諭の職務に関しては、学校教育法第 37 条第 11 項で「**教諭は、児童の教育をつかさどる**」と規定されている。したがって、学習指導・生活指導や進路指導、教育評価など、児童生徒に対する教育活動全体を示すものである。

　しかし、教諭の職務は児童生徒に対する教育活動に限定されるものではない。学校には、処理するべきさまざまな校務が存在する。すなわち、**学校においては、学校の実情や実態に応じて種々の校務があり、その校務は教諭が分担して取り組む必要がある**。過去の判例においても、「第 28 条第 4 項（筆者注：学校教育法、判決当時）の規定を根拠として児童に対する教育活動以外は一切教諭の職務に属しないものと断ずることは許されない」（1967〔昭和 42〕年 9 月 29 日　東京高裁判決）とあるように、教諭の職務の認識に留意する必要がある。

[関連資料] 学校管理運営法令研究会編著『新学校管理読本』第五次全訂版、第一法規、2009 年

16 司書教諭の職務

関連法 学校図書館法

❶ 学校図書館と司書教諭

　学校図書館とは、小学校・中学校・高等学校において、「図書、視覚聴覚教育の資料その他**学校教育に必要な資料を収集し、整理し、及び保存**し、これを児童又は生徒及び教員の利用に供することによつて、**学校の教育課程の展開に寄与**するとともに、児童又は生徒の健全な教養を育成することを目的として設けられる学校の設備」（学校図書館法第2条）のことである。学校では便宜上、「図書室」と呼称する場合も多いが、それらは法的には学校図書館である。また、1997（平成9）年の学校図書館法の一部改正により、「学校図書館の専門的職務を掌らせるため」（学校図書館法第5条第1項）、12学級以上の学校には**司書教諭**を置くことが義務づけられた。司書教諭は、教諭として採用されたものが、校内におけるひとつの役割として（校務分掌）、その職務を担当し、学校図書館の運営、活用について中心的な役割を担う。また、司書教諭は所定の機関で講習を受講して資格を取得し、教諭として採用された学校で学校内の役割として命じられた者が担当するものであり、教員免許状以外の免許等が必要なわけではない。

❷ 学校司書と司書教諭

　2014（平成26）年の学校図書館法の一部改正のなかで、教諭による教務分掌の一つではなく、学校図書館の職務に専門的に従事する職員として、**学校司書**が法制化された。そして、「……学校司書の資質の向上を図るため、研修の実施その他の必要な措置を講ずるよう努めなければならない」（学校図書館法第6条第2項）とされ、学校司書への研修等の実施について規定された。

　2016（平成28）年度4月1日時点においては、全国の国公私立学校における司書教諭の発令状況は、小学校で99.3％、中学校で98.3％、高等学校で96.1％であった（いずれも12学級以上の学校における発令状況）。一方、学校司書の配置状況は、全国の国公私立学校において、小学校は59.2％、中学校では58.2％、

■ 司書教諭、学校司書の職務

	司書教諭	学校司書
設置根拠	〜12学級以上の学校には必ず置かなければならない。（11学級以下の学校については当分の間設置を猶予。）	〜置くよう努めなければならない。《学校図書館法第6条第1項》
業務	学校図書館の専門的職務を掌る。	専ら学校図書館の職務に従事する。
資格（養成）	司書教諭の講習を修了した者《学校図書館法第5条・公費負担第2項後段》	資格について制度上の定めはない。
給与等の負担	公費負担	公費負担（一部私費負担の場合もある。）
定数措置	教諭等について定数措置　※ 司書教諭のための特別の定数措置はなし（司書教諭は教諭等の定数の中で配置）。	①学校司書の配置について地方財政措置　②学校事務職員の複数配置により、一定規模以上の学校に設置。

出典：文部科学省「司書教諭といわゆる「学校司書」に関する制度上の比較」（2017年11月22日アクセス）をもとに著者作成

高等学校では66.6％であった。学校図書館が十分にその機能を発揮するためには、司書教諭と学校司書が、それぞれに求められる役割・職務に基づき、連携・協力し、協働して管理運営にあたることが求められている。

❸ これからの学校図書館の役割

　2020年度からの新しい学習指導要領の実施にともなって**主体的・対話的で深い学び（アクティブ・ラーニング）**を効果的に進めていくうえで、**学校図書館の果たす役割**はますます重要になっている。児童生徒は、学校図書館の資料や情報を活用して、調べ学習等の探究的な学習を繰り返し経験することにより、情報を適切に収集・選択・活用する技能を身につける。また、今後一層進展する情報化社会においては、情報を主体的にとらえながら、多面的・多角的に吟味し見定め、何が重要かを主体的に考え、見いだした情報を活用しながら他者と協働して新たな価値の創造に挑んでいくことが重要である。そのような、次の世代を生きる**情報活用能力の育成においても、学校図書館が担う役割は大きい**。急速に変動する社会、学校教育に求められる教育方法、内容の充実のなかで、司書教諭と学校司書は協働しながら、有効な学校図書館の活用、運営に努めなければならない。

関連資料 文部科学省「これからの学校図書館の整備充実について（報告）」2016年10月／文部科学省「平成28年度『学校図書館の現状に関する調査』結果について（概要）」2016年10月

17 職員会議の性格と機能

❶ 学校教育法施行規則の改正により法制化された職員会議

　多くの学校では定例的に「職員会議」が開催され、学校の教育課題や児童生徒に関する重要な事案について議論し、ときには教職員の挙手により賛否を意思決定する場合もあり、校長が困惑する場合もみられた。このような状況を法的に整備したのが以下の法令である。

　学校教育法施行規則第48条は、「小学校には、設置者の定めるところにより、校長の職務の円滑な執行に資するため、職員会議を置くことができる」、第2項「職員会議は、校長が主宰する」と規定している。職員会議は設置者である市町村等が校長が学校の職務の円滑な執行に資するため置くことができるという任意設置（義務設置でない）の機関であるが、通常どの学校においても設置され、教職員の重要な共通理解と合意形成の役割を果たしている。職員会議が法定化されたのは比較的新しいことである。きっかけとなったのは、1998（平成10）年の中央教育審議会「今後の地方教育行政の在り方について（答申）」で学校の職員会議運営の適正化について問題提起されたことを受け、2000（平成12）年1月に学校教育法施行規則が改正された。

　改正された施行規則の通知文には5項目にわたる留意事項として、①学校教育法第37条に「校長は校務をつかさどり、所属職員を監督する」と規定されている校長の職務を円滑にするためのものである、②学校の教育方針、教育課題への対応方策等、職員間の意思疎通、共通理解の促進、職員の意見交換を行う、③学校の実情に応じてすべての職員が参加できるようその運営のあり方を見直す、④校長が主宰するものであり、校長みずからが職員会議を管理、運営すること、⑤企画委員会や運営委員会等を積極的に活用し、組織的、機動的な学校運営に努めることなどがつけられた。

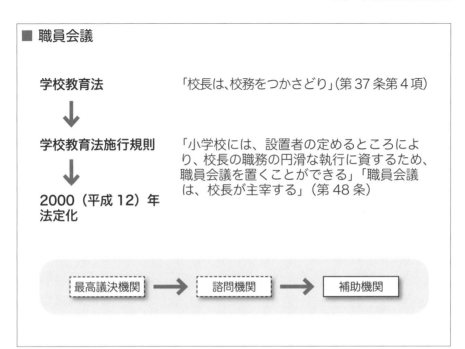

❷ 職員会議の性格と機能

　これまで、職員会議の性格をめぐり教職員の立場によりそれぞれ独自の解釈がなされてきた。そのため、校長が「報告事項」として職員朝礼で報告しても、教職員側から「その件は職員会議に諮ってください」など教職員と校長の齟齬から学校運営が機動的に進まない場合が報告されていた。職員会議をめぐる認識のズレとしては、①最高議決機関と考える人、②諮問機関と考える人、③補助機関と考える人などである。これは法人化される前の大学の教授会が最高議決機関として強い権限を有していたからだと考えられる。

　つまるところ、学校教育法施行規則第48条第2項にある職員会議を「校長が主宰する」とは、単に教職員を「招集」するのではなく校長として職員会議に関する運営の権限を有するということであるので、校長は、①学校の管理・運営に関する方針を周知し、②校務の決定にあたり教職員の意見を聞き、③教職員間の相互連絡・共通理解を図るということをねらいとしている。つまり、校長には、職員会議を有効に活用し、チームワークのとれた学校運営をすることが期待されているということなのである。

18 学校備付表簿

❶ 学校備付表簿の種類と保存期間

　学校には、学校教育法施行規則第28条の定めにより備えなければならない各種表簿類がある。これを「学校備付表簿」と称している。保護者、卒業者からの表簿の開示請求が増加する折から、どのようなものが「学校備付表簿」か、保存期間は何年か規定を見ておかなければならない。

　学校教育法施行規則第28条は、「備付表簿、その保存期間」として、「学校において備えなければならない表簿は、概ね次のとおりとする」として①学校に関係のある法令、②学則、日課表、教科用図書配当表、学校医執務記録簿、学校歯科医執務記録簿、学校薬剤師執務記録簿および学校日誌、③職員の名簿、履歴書、出勤簿ならびに担任学級、担任の教科または科目及び時間表、④指導要録、その写しおよび抄本ならびに出席簿及び健康診断に関する表簿、⑤入学者の選抜および成績査査に関する表簿、⑥資産原簿、出納簿及び経費の予算決算についての帳簿ならびに図書機械器具、標本、模型等の教具の目録、⑦往復文書処理簿が規定されている。

　具体的に、出席簿は、学校教育法施行規則第25条で、「校長は、当該学校に在学する児童等について出席簿を作成しなければならない」、健康診断に関する表簿（健康診断票）については、学校保健安全法施行規則第8条で、「学校においては、（学校保健安全法）第13条第1項の健康診断を行つたときは、児童生徒等の健康診断票を作成（保存期間は5年間）しなければならない」と規定されている。なお、職員健康診断票は第15条で作成を義務づけ（保存期間は5年間）ている。

❷ ていねいに理解しておかなければならない指導要録

　次に、公文書として保護者や卒業生本人から自己情報開示請求権に基づき開示請求がしばしば行われるので、ていねいに理解しておかなければならない表簿として指導要録がある。学校教育法施行規則第24条は、「校長は、その学校に在学

■ 学校備付表簿（学校教育法施行規則第 28 条に規定）

学校備付表簿		保存期間	法令
指導要録	学籍に関する記録	20 年	学校教育法施行規則第 24 条
	指導に関する記録	5 年	同　第 24 条
学則・日課表		5 年	同　第 28 条
教科用図書配当表		5 年	同　第 28 条
学校医・学校歯科医執務記録簿		5 年	同　第 28 条
児童・生徒出席簿		5 年	同　第 25 条
職員名簿・出勤簿		5 年	同　第 25 条
健康診断に関する表簿		5 年	学校保健安全法施行規則第 8 条

する児童等の指導要録を作成しなければならない。②校長は、児童等が進学した場合においては、その作成に係る当該児童等の指導要録の抄本又は写しを作成し、これを進学先の校長に送付しなければならない。③校長は、児童等が転学した場合においては、その作成に係る当該児童等の指導要録の写しを作成し、その写し（転学してきた児童等については転学により送付を受けた指導要録の写しを含む。）及び前項の抄本又は写しを転学先の校長、保育所の長又は認定こども園の長に送付しなければならない」と規定されている。指導要録には、「学籍に関する記録」（様式 1）、「指導に関する記録」（様式 2）と別葉になっており、保存期間は「学籍に関する記録」が 20 年間、「指導に関する記録」は 5 年間とされ、その期間がくると廃棄処分することになっているので注意しなければならない。指導要録は、指導ならびに外部に対する証明等に用いる原簿でもあり、取り扱いは厳重に行わなければならない。なお、指導要録は学習指導要領の改訂にともなって改訂される際、文部科学省が様式を示すが、あくまでも「参考様式」であり、学習指導と評価の充実を図る観点から作成様式等を工夫・充実させる権限は各教育委員会（地方教育行政の組織及び運営に関する法律）に委任されている。

19 進学生徒の調査書等の作成・送付義務

❶ 法令で定められた調査書の提出義務

　年度末になると学校は、備付表簿の指導要録や受験のため上級学校へ提出しなければならない調査書の作成など文書作成が多くなる。提出で慎重さが要求される文書が法令で定められた調査書である。

　調査書の提出義務については、学校教育法施行規則第78条で、「校長は、中学校卒業後、高等学校、高等専門学校その他の学校に進学しようとする生徒のある場合には、調査書その他必要な書類をその生徒の進学しようとする学校の校長に送付しなければならない。ただし、第90条第3項（第135条第5項において準用する場合を含む。）及び同条第4項の規定に基づき、調査書を入学者の選抜のための資料としない場合は、調査書の送付を要しない」と規定されている。入学の許可、入学者の選抜について規定した第90条は、「高等学校の入学は、第78条の規定により送付された調査書その他必要な書類、選抜のための学力検査の成績等を資料として行う入学者の選抜に基づいて、校長が許可する」とし、第3項で「調査書は、特別の事情のあるときは、入学者の選抜のための資料としないことができる」と特例を規定している。調査書は、内申書ともよばれるが、調査書の様式は指導要録に準拠して、都道府県教育委員会が定めている。

❷ 個人情報保護法の開示請求に耐えられる調査書の作成

　様式の内容は、多くの都道府県の場合、①学習の記録、②特別活動の記録、③行動の記録、④総合所見及び指導上参考となる事項、⑤出欠の記録などが主なものであるが、生徒や保護者の関心は調査書の「学習の記録」欄である。その理由は、学習の記録の評定が内申点となって受験校の合否判定に影響するからである。調査書が重視されるようになったのは、学力検査だけでの入学者選抜を避けることや、下級学校での生徒の日常的な諸活動を把握し評価することなどであるが、逆に教師から在学中「調査書に書くぞ」と学校生活を拘束する印象を生徒たちに与

■ 進学生徒の調査書の作成・送付義務

条文	法令
校長は、中学校卒業後、高等学校、高等専門学校その他の学校に進学しようとする生徒のある場合には、調査書その他必要な書類をその生徒の進学しようとする学校の校長に送付しなければならない。	学校教育法施行規則第 78 条
調査書を必要としない場合は送付しなくてよい。	
入学選抜の資料としないことができる。	学校教育法施行規則第 90 条

えることにもなり、その評価方法や本人開示をめぐり学校側と生徒側との争点になってきた。

　1960 年代に入り偏差値による受験競争が加熱し、文部省（現：文部科学省）は 1966（昭和 41）年に学力検査だけでなく調査書を重視する通知をだした。ところが、1972（昭和 47）年に東京都麹町中学校男子卒業生が「行動及び性格の記録」にマイナス評価されたことが原因で高等学校の受験に不合格したという理由で、調査書開示請求を学校に要求した「麹町中学校内申書裁判」が生起したが、開示請求は認められなかった。

　開示請求は 1991（平成 3）年には大阪府「高槻市中学校内申書非開示処分取り消し訴訟」など各地の学校で生起した。高槻市立芝谷中学校では女子生徒が入学願書提出前に調査書開示を市教委に請求していたが、市教委は受験する上級学校に提出し「不存在」であるとした。生徒は高槻市情報審査会の「開示」答申を根拠に大阪地方裁判所に提訴し、地裁判決では、「生徒の出願に間に合うよう部分開示すべき」とし、高裁も「予め開示請求はできる」と判決した。近年、生徒の個人情報請求に対して、個人情報保護法を根拠に学校・教育委員会が後追い的に拒否しても、個人情報審査会が認め、教委が後追い的に開示に応じるようになってきた時代の変化を踏まえ、調査書作成をしなければならない時代になった。

20 学校評価
（自己評価、関係者評価、第三者評価の３点セット）

❶ 2007年の学校教育法改正により法制化された学校評価

　学校評価は2002（平成14）年、小学校設置基準等の制定により法制化された。これを受け、2006（平成18）年に文部科学省は小・中学校を対象に「義務教育諸学校における学校評価ガイドライン」を策定した。その後、2007（平成19）年に学校教育法を改正して「学校評価」を法制化した。翌年には、高等学校も対象に加えた改訂版「学校評価ガイドライン」を策定した。続けて、2010（平成22）年には、学校と利益関係のない第三者による学校評価も取り入れた「学校評価ガイドライン（平成22年改訂）」として、さらに2016（平成28）年に改訂法的整備したのが、この間の経過である。

　さて、学校評価は2007（平成19）年６月、学校教育法の改正（平成19年12月文部科学省令第40号）により新しい規定が第42条として新設されたことによる。第42条の学校評価の規定は「小学校は、文部科学大臣の定めるところにより当該小学校の教育活動その他の学校運営の状況について評価を行い、その結果に基づき学校運営の改善を図るため必要な措置を講ずることにより、その教育水準の向上に努めなければならない」というものである。

　これを受け、同年10月には学校教育法施行規則第66条が新設され、小学校の教育活動その他の学校運営の状況について、自ら評価を行い、その結果を公表するものとする、第67条で小学校は第66条の評価結果を踏まえた小学校の保護者、関係者による評価を行い、その結果を公表するよう努める、第68条は小学校は第66条の評価結果、第67条で行った評価結果を、当該小学校の設置者（教育委員会）に報告するものとする、とされたことを受けて、各学校で行うことになった。

❷ 学校評価のねらい

　「学校評価ガイドライン（平成28年改訂）」によると学校評価のねらいは以下

■ 学校評価

学校の説明責任
（アカウンタビリティ）　→　開かれた学校

法制化された内容	法令
学校運営評価 　教育活動、学校運営の評価、教育水準向上を図る	学校教育法第 42 条
学校運営情報提供義務 　学校の教育活動、運営状況の情報を保護者・地域 　住民等に情報提供する	学校教育法第 43 条
自己評価・公表（各学校が行う）	学校教育法施行規則第 66 条
学校関係者評価・公表（学校関係者評価委員会）	学校教育法施行規則第 67 条
評価結果の学校設置者への報告 （第 66 条・第 67 条により）	学校教育法施行規則第 68 条

のとおり 3 つを目的としている。

①「各学校が、自らの教育活動その他の学校運営について、目指すべき目標を設定し、その達成状況や達成に向けた取組の適切さ等について評価することにより、学校として組織的・継続的な改善を図ること」

②「各学校が、自己評価及び保護者など学校関係者等による評価の実施とその結果の公表・説明により、適切に説明責任を果たすとともに、保護者、地域住民等から理解と参画を得て、学校・家庭・地域の連携協力による学校づくりを進めること」

③「各学校の設置者（教育委員会）等が、学校評価の結果に応じて、学校に対する支援や条件整備等の改善措置を講じることにより、一定水準の教育の質を保証し、その向上を図ること」

　その際、①校長のリーダーシップと教職員による自己評価、②保護者・地域住民等学校関係者が自己評価の結果について評価、③第三者が自己評価結果、学校関係者評価結果を踏まえて専門的観点から行う第三者評価の 3 点セットの順にていねいにすることが大切である。特に、留意事項として、小中一貫校、義務教育学校の視点を取り入れた。

21 教育課程の編成

❶ 教育課程の編成方針は教育基本法および学校教育法に基づく

　教育課程とは学校の教育計画であり、教育課程編成の一般方針について、2017（平成 29）年に告示された小学校学習指導要領の「総則」で、「各学校においては、教育基本法及び学校教育法その他の法令……に従い、児童の人間として調和のとれた育成を目指し、児童の心身の発達の段階や特性及び学校や地域の実態を十分考慮して、適切な教育課程を編成する」と規定されている（教育課程の定義については小・中・高等学校各学習指導要領の「総則」に規定）。

　さて、そこで各学校が独自に教育課程を編成するにあたって遵守しなければならない法令を整理しておくと、すべて教育基本法の目的を実現することを前提に、義務教育としての小学校・中学校の教育目標は学校教育法第 21 条「義務教育として行われる普通教育は、社会的活動、自然的活動、わが国の郷土の現状と歴史、家族と家庭の役割、読書、数量的な関係、自然現象、健康安全、音楽、美術、文芸、職業の知識と技能」等の 10 項目を示し、次に小学校教育の目的は学校教育法第 29 条「義務教育として行われる普通教育のうち基礎的なものを施す」、中学校は第 46 条「義務教育として行われる普通教育を施す」、高等学校は第 50 条「心身の発達及び進路に応じて、高度な普通教育及び専門教育を施す」と目的を掲げている。

　そのうえで、教育目標を小学校教育の場合は第 30 条で「第 21 条の目標を達成するよう行う」（中学校－第 46 条、高等学校－第 51 条）と規定している。特に、2008（平成 20）年版学習指導要領では、「確かな学力の中で生きる力の育成」を教育課程の重要方針としたことから、第 30 条第 2 項を新設し、「基礎的な知識及び技能を習得させるとともに、これらを活用して課題を解決するために必要な思考力、判断力、表現力その他の能力をはぐくみ、主体的に学習に取り組む態度を養う」と追加した。主体的・対話的で深い学びの実現に向けた授業改善を通して、創意工夫を生かした特色ある教育活動を展開するなかで、児童に生きる力を育む

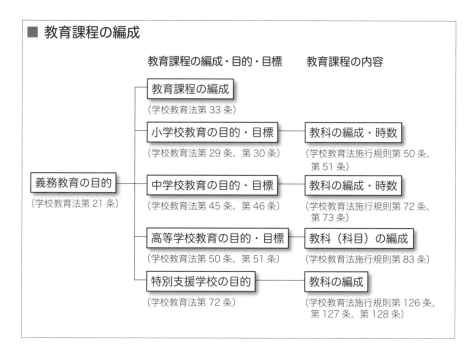

ことをめざすとした。

❷ 教科構成や授業時間数等は学校教育法施行規則に任せる

　次に、教育課程の具体的な教科構成や教育課程の基準や授業時間数等に関しては法律を受けた法令としての学校教育法施行規則の第4章第2節「教育課程」で示している。教科構成については、学校教育法施行規則第50条で「小学校の教育課程は、国語、社会、算数、理科、生活、音楽、図画工作、家庭及び体育の各教科、道徳、外国語活動、総合的な学習の時間並びに特別活動によつて編成するものとする」(中学校－第72条、高等学校－第83条) とし、第51条「授業時数」は「……それぞれの授業時数並びに各学年におけるこれらの総授業時数は、別表第一に定める授業時数を標準とする」と詳細に別表に掲げている。

　「教育課程の基準」については、第52条「小学校の教育課程については、この節に定めるもののほか、教育課程の基準として文部科学大臣が別に公示する小学校学習指導要領によるものとする」と規定(中学校－第74条、高等学校－第84条)して、文部科学大臣が独自に定め法的拘束力を有する学習指導要領に任せている。

22 教育課程の基準としての学習指導要領

❶「教育課程の基準」としての学習指導要領の法的根拠

　各学校が教育課程を編成する際の「教育課程の基準」について学校教育法第33条は「小学校の教育課程に関する事項は、第29条及び第30条の規定に従い、文部科学大臣が定める」と規定し、文部科学省の省令である学校教育法施行規則第52条は「小学校の教育課程については、……教育課程の基準として文部科学大臣が別に公示する小学校学習指導要領によるものとする」と規定（中学校－第74条、義務教育学校－第79条の6、中等教育学校－第109条、高等学校－第84条、特別支援学校－第129条）し、文部科学大臣が独自に作成した学習指導要領に任せている。日本国憲法第26条は、「教育の機会均等」を述べているが、これは「入学機会の機会均等」だけではなく、「学習内容の機会均等」をも確保しようというものであり、児童・生徒が全国のどこにいても、どこの学校でも、どの教員でも、同質同等の平等な教育が実現されなければならないという考え方からである。

❷ 学習指導要領の性格と法的拘束力

　学習指導要領の性格は、2003（平成15）年の中央教育審議会答申のなかで、「国が学校教育法等の規定に基づき各教科等の目標や大まかな内容を告示として定めているもの」と明確にされたように、学習指導要領で示した内容は、あくまで全国的な一定の水準維持と機会均等の立場から基準として尊重される弾力的な基準である。

　第二次世界大戦後の1947（昭和22）年にはじめて作成された学習指導要領は「試案」として公布されたが、1958（昭和33）年の学習指導要領からは文部省（現：文部科学省）の「告示」として示され、学校教育法の委任命令を受けた「法規命令」として法的な根拠が与えられ、「法的拘束力」をもつようになった。昭和30〜40年代、学校現場の一部で学習指導要領を拒否し教科書を用いない自主編成

■ 学習指導要領

法的拘束力をもつ全国水準を維持する大綱的基準

教育課程の基準　「文部科学大臣が定める」
（学校教育法第 33 条）

学習指導要領　「文部科学大臣が別に公示する」
（学校教育法施行規則第 52 条）
中学校第 74 条、義務教育学校第 79 条の 6、
中等教育学校第 109 条、高等学校第 84 条、
特別支援学校第 129 条

「国が学校教育法等の規定に基づき、各教科等の目標や
大まかな内容を告示として定めたもの」（大綱的な基準）

学習指導要領
＝ 法的拘束力を有する（必要最小限度の基準）

運動が行われ、裁判で学習指導要領の法的拘束力が議論された。1976（昭和 51）年、最高裁判所における旭川学力調査反対事件をめぐる裁判において、判決は「教育の機会均等の確保と全国的な一定水準の維持という目的のために、必要かつ合理的と認められる大綱的な基準」と判示し、「必要最小限度の基準」としての法的拘束力を有することを認めた。

❸「最低基準」としての学習指導要領の性格の変化

　上記のように基準性に関してかつては、法的拘束力をめぐって議論されたが、2003（平成 15）年、文部科学省は学習指導要領を一部改訂して、学習指導要領総則で内容の程度や範囲に関して、学校において特に必要がある場合は「これらにかかわらず（学習指導要領）示していない内容を加えて指導することができる」と内容の取り扱いに発展的な学習内容を認め、実質的にこれまでの「はどめ規定」をなくし、学習指導要領に示された内容は「すべての児童・生徒に対して指導すべき内容」でそれらは、最低基準であるとして学習指導要領の性格を最低基準であるということを明確にした。

教科書使用義務と学習指導要領の法的拘束力
（福岡伝習館高校事件）

■事件の概要

福岡県立伝習館高校の社会科担当教諭3名が、「自分の考え方と違う」などの立場から年間を通じて教科書を使用せず、「スターリン思想とその批判」などの特定思想を中間考査の問題としてだすなど、学習指導要領にあるその科目の目標や内容から著しく逸脱した授業や考査を行っていた。福岡県教育委員会は、「生徒に対して特定思想を鼓舞し、教科書を使用せず、一律評価を行うなど職務上の義務に違反した」として、この教諭3名を1970年6月に懲戒免職とした。元教諭3名は、この処分の取り消しを求めて、福岡県教育委員会を訴えた。

■争点

学習指導要領の法規的性質、教科書の使用義務、教師の教育の自由。

■判決要旨

県教委の処分は、社会観念上著しく妥当を欠くものとはいえず、懲戒権者の裁量権の範囲を逸脱したものとはいえないとして、すべて請求を棄却。教諭側の全面敗訴。

学習指導要領については法規的性質があるとし、学校教育法第21条、第51条（当時）にある教科書使用義務に違反しており、その違反の程度は「決して軽いものではない」。

高等学校において、教師が生徒に対し相当な影響力、支配力を有しており、生徒の側には、いまだ教師の教育内容を批判する十分な能力は備わっておらず、教師を選択する余地も大きくない。これらの点からして、国が、教育の一定水準を維持しつつ、高等学校教育の目的達成に資するために、高等学校教育の内容および方法について遵守すべき基準を定立する必要があり、特に法規によってそのような基準が定立されている事柄については、教育の具体的内容および方法につき高等学校の教師に認められるべき裁量にもおのずから制約が存する。

また、当該教諭に争議行為参加による懲戒処分歴があることは、法秩序軽視の態度を示す事情として考慮されなければならない。

■コメント

学習指導要領や検定を経た教科書を、学校現場において教員はどのように扱わなければいけないのか。地方分権の流れ、総合学習の創設などで、学習指導要領が教師の教育の自由を制約する意味合いは、当時に比べて弱まっているのかもしれない。しかし、国が一定の教育水準を維持するためのしくみとして、学習指導要領や教科書があるという「大前提」は今日まで変わらないと考えるべきである。

参考：最高裁判所　平成2年1月18日　（昭和59〔行ツ〕46）

◆ 考えてみよう

◆ 校務分掌、学校備付表簿について

（1）校長や教諭に関する職務についてはどの法律に規定されているか。また
その職務とはどのような内容か述べてみよう。

_____

_____

_____

_____

_____

（2）学校には児童生徒の記録に関して備え付けておかなければならない「学
校備付表簿」について法令で規定されている。保護者、卒業生からの開示請
求が増加している折からも、表簿の作成・保管・廃棄等は法令に従って行わ
なければならないが、これらを規定した法令名は何か。また、どのような内
容のものが「学校備付表簿」として規定され、保管期間は何年と規定されて
いるか述べてみよう。

_____

_____

_____

_____

_____

23 道徳教育の教科化
——「特別の教科　道徳」

❶ 中央教育審議会答申と学校教育法施行規則の改正

　これまで教育課程上では教科外の領域に位置づけられていた「道徳」が2018（平成30）年度から「特別の教科　道徳」へと法令改正により実施されることになった。これは、学校教育法施行規則及び学習指導要領一部改正に基づくものである。法令改正に至る「特別の教科　道徳」の経過の背景としては、大津市いじめ自殺問題の結果を経て設置された、専門家による「道徳教育の充実に関する懇談会」が2013（平成25）年に「特別の教科　道徳」の教育課程上への位置づけが適当であると提言した。これを受け、中央教育審議会が設けられ、同審議会は2014（平成26）年に「道徳に係る教育課程の改善等について」という答申を発表した。改善方策として①「特別の教科　道徳」として位置づける、②目標を明確で理解しやすいものにする、③内容を発達段階を踏まえた体系的なものにする、④道徳に検定教科書を使用する等の改善策を提言した。以上の経過を受け、文部科学省は2015（平成27）年3月に、学校教育法施行規則の教育課程の編成（小学校第50条、第51条）、（中学校第72条、第73条）、（特別支援学校第126条、第127条）の一部改正を行うと同時に小・中学校学習指導要領の一部改訂も告示され、1958（昭和33）年の学習指導要領で特設された道徳は、2018（平成30）年度から「特別の教科　道徳」として評価等諸課題を抱えながらも順次実施されることになった。

❷ 教科書の使用にともなう評価は記述式と報告

　学校指導要領一部改正後の2015（平成27）年3月には、「特別の教科　道徳」解説書（指導要領解説書として刊行されず、現在はインターネット上で閲覧することになっている）が作成され、これまで総則でふれられていた目標等が、総則を受けて新たに第3章として設けられ、目標、内容、教材、指導方法について体系的に記述された。目標は「よりよく生きるための基盤となる道徳性を養うため、

■ 道徳教育の教科化

道徳を「特別の教科」とし、道徳科に検定教科書を導入

特別の教科

学級担任が担当
※通常の「教科」であれば、専門免許の教員が担当

検定教科書を使用

数値による評定はなじまない。
※通常の「教科」であれば、数値による評定

これにより、道徳教育の理念を教員が共有し、
検定教科書を活用した道徳科（週１時間）を確実に実施

出典：文部科学省「道徳教育について」（2016 年 5 月 27 日）をもとに作成

道徳的諸価値についての理解を基に、自己を見つめ、物事を多面的・多角的に考え、自己の生き方についての考えを深める学習を通して、道徳的な判断力、心情、実践意欲と態度を育てる」と明確になった。指導においても、発達段階に応じた指導（小、中の重複をなくす）、現代的課題への対応（情報、持続発展可能な社会、生命倫理等）、生き方を考えるとともに社会的判断力を育てるなど「能力」の育成に重点を置いた。内容も「A　主として自分自身に関すること」、「B　主として人との関わりに関すること」、「C　主として集団や社会との関わりに関すること」、「D　主として生命や自然、崇高なものとの関わりに関すること」と内容は自分から自然界へと拡張する同心円的な配列に整理された。指導方法も読み物の主人公の心情理解中心から、劇化、話し合い、役割演技など問題解決的な学習へと姿を変えることになった。教科書の使用にともなって評価の課題も、2016（平成 28）年 7 月に「道徳教育に係る評価等の在り方に関する専門家会議」より「『特別の教科　道徳』の指導方法・評価等について」とする報告書がだされ、学習状況や成長の様子を個々でなく大くくりなまとまりの「数値による評価でなく、記述式」とする、「励ます個人内評価として行うこと」などが方針化された。

24 教科書使用義務と補助教材の利用

❶ 教科書の使用義務

　「教科書」とは、「小学校、中学校、義務教育学校、高等学校、中等教育学校及びこれらに準ずる学校において、教育課程の構成に応じて組織排列された教科の主たる教材として、教授の用に供せられる児童又は生徒用図書であつて、文部科学大臣の検定を経たもの又は文部科学省が著作の名義を有するものをいう」と教科書の発行に関する臨時措置法第2条第1項で規定している。次に教科書の使用義務については、学校教育法第34条第1項で、「文部科学大臣の検定を経た教科用図書又は文部科学省が著作の名義を有する教科用図書を使用しなければならない」と規定している。つまり、「検定を経たもの」とは文部科学省の教科用図書検定基準に合格した教科書会社発行の教科用図書を指し、著作教科書とは民間教科書会社発行の教科用図書都は別に、文部科学省が直接著作した生徒指導用の「生徒指導提要」などが該当する。かつて、教科書を使わずに授業を行い、「教科書使用義務違反」を理由に懲戒処分に問われた福岡県立伝習館高等学校教諭の訴訟でも、最高裁判所は教科書の一般的使用義務を肯定し、教科書使用義務違反処分を妥当（1990〔平成2〕年1月）とした。教科書の使用義務は、学習指導要領等により確保しようとする教育の機会均等および教育水準の維持向上などを教材レベルで保障しようとする考えが根底にある。ただし、例外として（学校教育法附則第9条）で、高等学校や中等教育学校後期課程、特別支援学校において、検定教科書がない場合または特別な教育課程のため検定教科書が適切でない場合は、学校設置者の判断でほかの教科用図書を使用することができると定められている。

❷ 補助教材の利用

　学校教育法第34条第2項では、「前項の教科用図書以外の図書その他の教材で、有益適切なものは、これを使用することができる」と補助教材の使用を認めている。特に近年は、「生きる力」を育てるために児童・生徒の学習への興味・関心

■ 教科書使用義務

教育課程の構成に応じて組織排列された教科の主たる教材
（教科書の発行に関する臨時措置法第2条第1項）
- 文部科学大臣の検定を経たもの
- 文部科学省が著作の名義を有するもの

教科書の使用義務（学校教育法第34条第1項）
- 文部科学大臣の検定を経た教科用図書
- 文部科学省が著作の名義を有する教科用図書

補助教材（教科書以外の教材）
「教科用図書以外の図書その他の教材で、有益適切なものは、これを使用することができる」
（学校教育法第34条第2項）

教育委員会への届け出義務
使用にあたって教育委員会に届け出、承認を受けること」
（地方教育行政の組織及び運営に関する法律第33条第2項）

を高め、主体的な学習を実現するためには授業展開を多様にする必要があり、ますます補助教材の助けが必要になってきた。したがって、教科書の使用義務という解釈は、教科書を主たる教材として使用することを求めたもので、教科書のみを使用しなければならない、教科書をすべて教えなければならないということではない。つまり、教師には「教科書を教える」のではなく、「教科書で教える」という「カリキュラムユーザー」ではなく、「カリキュラムメーカー」としての主体的な姿勢が求められる。ただし、補助教材を使用する場合には、まず選定にあたって児童・生徒の学習負担、難易度、経済的負担等の観点から適切か検討したうえで決定し、そのうえであらかじめ補助教材の使用に関して各市町村の教育委員会の管理運営規則等の規則に基づいて承認を受けたり、届け出をしておいたりしなければならない。

25 教科書の無償

関連法 義務教育諸学校の教科用図書の無償に関する法律　義務教育諸学校の教科用図書の無償措置に関する法律

❶ 教科書無償の歴史

　義務教育段階の学校に在籍する児童生徒には、教科用図書（教科書）が無償で給付される。公立学校・国立学校だけにとどまらず、私立学校も対象となる。「小学校1年生になった時、教科書を買うことはなく、もらった」ということは、多くの人にとって「あたり前すぎて意識にも上らない」ことかもしれないが、第二次世界大戦後しばらくはこの制度はなかった。この制度の根拠となっている法律は、**義務教育諸学校の教科用図書の無償に関する法律**と**義務教育諸学校の教科用図書の無償措置に関する法律**であるが、施行されたのはそれぞれ1962（昭和37）年、1963（昭和38）年である。そこから学年進行方式によって毎年拡大され、1969（昭和44）年度に小・中学校の全学年に対する無償給与が完成し、現在に至っている。

　この義務教育段階での教科書無償制度は、日本国憲法第26条にある義務教育無償の精神をより広く実現するものとされている（くわしくは、本書「3 日本国憲法」のページを参照）。2017（平成29）年度政府予算には、義務教育教科書購入費等として、約416億円が計上されているのである。

❷ 教科書無償給与のしくみと意義

　文部科学省のホームページにおいて、右図のような教科書無償給与制度のしくみが説明されている。

　右図の⑤の段階において、納入された教科書は、児童生徒に給与されるが、その際校長は、教科書の無償給与制度の趣旨を児童生徒に十分説明して給与することとされている。

　近年、子どもの家庭の経済力が子どもの学力に直結する「教育格差」が、教育界における問題としてよく取り上げられる。そのなかで、教科書無償給与制度は機会均等の理念を体現している一つの典型的な制度であるといえよう。

■ 教科書無償給与の流れ

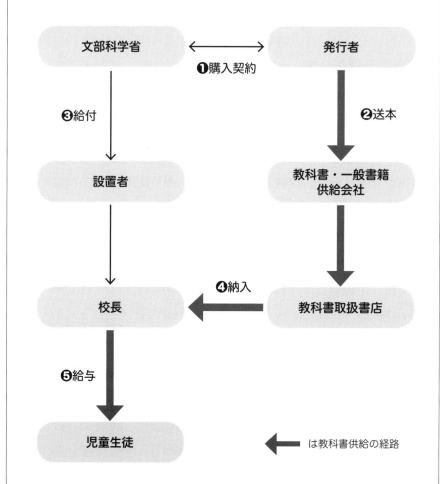

文部科学省　←❶購入契約→　発行者

❸給付

設置者

❷送本

教科書・一般書籍
供給会社

❹納入

校長　←　教科書取扱書店

❺給与

児童生徒

←　は教科書供給の経路

出典：文部科学省「教科書制度の概要」（2017年6月）をもとに作成

26 教科書の採択権限

❶ 教科書の採択権限

　学校の授業で使用する教科書の採択に関する権限は誰がもっているのか。

　公立学校の場合は、その学校を設置する市区町村や都道府県の教育委員会にある。**地方教育行政の組織及び運営に関する法律**の第21条は教育委員会の職務権限を示し、その第六号で、「教科書その他の教材の取扱いに関すること」と規定している。高等学校の教科書の採択については、義務教育諸学校の教科書とは違い、**義務教育諸学校の教科用図書の無償に関する法律**（以下、「無償法」）のような規定は定められていないので、各採択権限者が文部科学省、都道府県教育委員会から送付されてきた「教科書内容に関する調査研究資料」等を参考に独自に採択を行う。

❷ 教科書採択地区の決定と教育委員会の独自採択権

　義務教育諸学校で使用される教科書については、無償法、**義務教育諸学校の教科用図書の無償措置に関する法律**（以下、「教科書無償措置法」）で無償にすることと、教科書無償措置法第11、12条に基づいて各都道府県教育委員会は採択・発行の円滑化のため「教科用図書選定審議会」を置くとともに、「採択地区」の区域を設定しなければならないことになっている。2011（平成23）年、沖縄県八重山地区教科書問題が起きた。採択地区内の石垣市などの市町村は「教科用図書選定審議会」で協議した採択決定に従って育鵬社の公民教科書を採択した。しかし、竹富町は決定に従わず東京書籍の教科書を独自採択した。文部科学省も採択地区の決定を認めたが、竹富町は教科書の採択権限は地教行法の第23条第六号により教育委員会にあるという解釈をした。その結果竹富町は教科用図書の無償給付対象地域外になり、町の予算で教科書を購入した。その後、市町村の教科書の採択権限と広域採択という制度上の権限の調整を行われなければならないことになり、結果として文部科学省は、市町村の負担であれば独自の教科書採択が

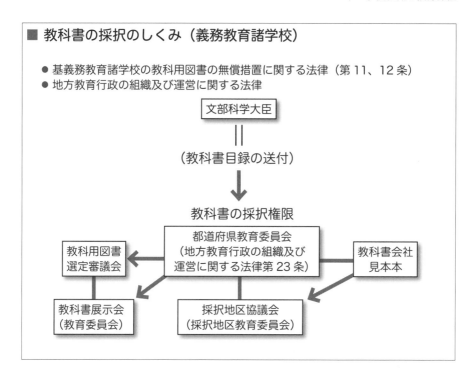

可能であるとして解決した。

❸ 協議会設置、結果公表義務等無償措置法の改正

　2014（平成26）年に、文部科学省は教科書無償措置法の改正を行い、教科書無償措置法の第13条第4項（第1項の場合において、採択地区が2以上の市町村の区域を併せた地域であるときは、当該採択地区内の市町村の教育委員会は、協議により規約を定め、当該採択地区内の市町村立の小学校、中学校及び義務教育学校において使用する教科用図書の採択について協議を行うための協議会〔以下、「採択地区協議会」〕を設けなければならない。）が設けられ、共同採択地区内の市町村教育委員会は、「採択地区協議会を設けること」が義務づけられ、市町村教育委員会は、採択地区協議会の協議の結果を踏まえ、同一の教科書を採択しなければならなくなった。また、採択地区の単位が「市郡」から「市町村」（第13条）に改められるとともに、市民の関心の高さを反映して、教科書採択の結果及び理由等を「公表するよう努める」と努力義務規定（第15条）などが新設されることになった。

校長の職務命令と思想および良心の自由
（東京都君が代不起立訴訟）

■事件の概要

東京都内の公立学校の教職員らが、各所属校の卒業式、入学式または記念式典において国歌斉唱の際に国旗に向かって起立して斉唱すること、または国歌のピアノ伴奏を行うことを命ずる旨の各校長の職務命令に従わなかった。このため教職員は東京都教育委員会からそれぞれ懲戒処分（1名は減給処分，それ以外は戒告処分）を受けた。処分を受けた教職員は、上記職務命令は違憲、違法であり上記各処分は違法であるなどとして、上記各処分の取消し及び国家賠償法第1条第1項に基づく損害賠償を求めていた。

■争点

校長の職務命令、思想および良心の自由。

■判決要旨

一部の教職員にのみ、処分取消を認める。

まず、卒業式の国歌斉唱において、起立せよという職務命令は、日本国憲法第19条の思想および良心の自由に違反しない。

そして、教職員の不起立行為は職務命令違反であり、式典の秩序や雰囲気を一定程度損ない、生徒にも影響がある。しかし、不起立行為は個人の歴史観や世界観に基づくもので、積極的妨害ではなく式の進行を妨げるものでもない。

重きに失しない範囲での懲戒処分は裁量の範囲内であるが、不起立行為に戒告を超えて、より重い減給以上の処分を選択することは慎重な考慮が必要である。

たとえば過去の1回の卒業式で不起立行為による懲戒処分を受けただけでは、その後の不起立行為に減給処分をするのに相当性があるとはいえない。また過去1、2年に不起立行為等の処分歴があるだけでは、その後の不起立行為に停職処分をする相当性を基礎づけるのに足りない。

そうすると、上記のように過去に戒告1回の処分歴があることのみを理由に同教職員に対する懲戒処分として減給処分を選択した東京都教育委員会の判断は、処分の選択が重きに失するものとして社会観念上著しく妥当性を欠き、上記減給処分は懲戒権者としての裁量権の範囲を超えるものとして違法の評価を免れないと解するのが相当である。

■コメント

いわゆる「日の丸・君が代」問題は、全国各地の教育現場で、一時期大変な問題になった。イデオロギー的な側面から語られることも多いが、この訴訟は「校長の職務命令に、教員が従わなければどうなるのか」という点について、重要な事例となっている。この判決は、「重すぎる処分は違法」と明確に示した点において、特筆されるべきであろう。

参考：最高裁判所 平成24年1月16日（平成23（行ツ）242等）

◆ 考えてみよう

◆ 教育課程、教科書の使用義務について

（1）教育課程の編成について、文部科学省の学習指導要領総則には、「教育基本法及び学校教育法その他の法令……に従い……編成する」と規定されているが、「その他の法令」とはどのような法令か、法令名をあげるとともに、法令に規定された内容を概説してみよう。

_____

_____

_____

_____

_____

（2）教員が授業で使用する教科書は法律で義務づけられている。それは、どのような法律か、また法律では教科書とはどのようなものと規定されているかを述べてみよう。

_____

_____

_____

_____

_____

27 校則

関連法 日本国憲法第 13 条

❶ 校則とは

文部科学省によると、校則とは「児童生徒が健全な学校生活を営み、よりよく成長・発達していくために、各学校の責任と判断の下に定められる一定の決まり」のことである。また、「校則自体は教育的に意義のあるものですが、その内容と運用は、児童生徒の実態、保護者の考え方、地域の実情、時代の進展などを踏まえたものとなるよう、各学校において積極的に見直しを行うことが大切です」との説明がなされている（文部科学省「平成 22 年度文部科学白書」2011 年）。ここで確認をしておきたいことは、**校則の内容が法令等で一律に定められている訳ではない**というということである。そのために、特に全国的に学校の「荒れ」が問題化した 1970 年代末以降、各学校はおのおのの校則で頭髪や服装等の細部にわたり規定するようになり、それに関する訴訟もいくつか起こされている。その際、最も参照される法規の一つは日本国憲法第 13 条の**幸福追求権**である。

これらの訴訟では、多くの場合において、校則の内容については学校の判断が尊重され、「社会通念上合理的と認められる範囲で、校長は校則などにより児童生徒を規律する包括的な権能を持つ」と考えられている（文部科学省「生徒指導提要」2010 年）。

❷ 校則の見直し

そもそも、戦後教育は戦前教育への反省から、改正前の教育基本法前文にあるように「民主的で文化的な国家」を建設しうる人材を育成することに、その強調点の一つを置いていた。その願いは 2006（平成 18）年に改正された教育基本法にも脈々と受け継がれており、児童・生徒の自発性や自主性は生徒指導において最も尊重すべき児童・生徒の性質といえる。

しかしながら、先に示したように、現実には全国的な「荒れ」を背景として、学校の判断のもと、厳しすぎると思われる校則やそれに関わる指導で生徒たちを

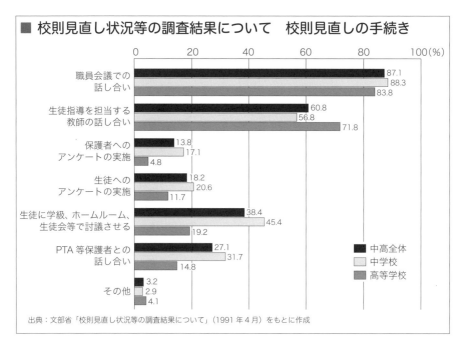

■ 校則見直し状況等の調査結果について　校則見直しの手続き

出典：文部省「校則見直し状況等の調査結果について」（1991年4月）をもとに作成

27
校則

押さえつけていることが問題視され、全国的に校則の見直しが求められたことも事実である。1991（平成3）年、文部省（現：文部科学省）は「校則見直し状況等の調査結果について」のなかで、「近年、中学校及び高等学校における校則等の内容ならびに校則等にかかわる指導の在り方をめぐって、学校の姿勢がともすると人間味ある指導に欠けたり、社会の常識とずれ、生徒の自発性や自主性を尊重していないとの指摘がなされ、校則等の見直しと指導の改善が求められてきた」としている。1990（平成2）年度に、全日本中学校長会ならびに全国高等学校校長協会が文部省の委託を受け実施した「日常の生徒指導の在り方に関する調査研究」によると、上図が示すとおり、校則の見直しの手続きとして「職員会議での話し合い」や「生徒指導を担当する教師の話し合い」を行った割合は「生徒に学級、ホームルーム、生徒会等で討議させる」の割合を大きく上回る結果となっている。実際は難しいことも多いと思われるが、生徒の自発性や自主性を尊重するのであれば、校長に最終権限があることを十分に踏まえたうえで、生徒らに自由に討議をさせることが望ましいことはいうまでもない。また、**シティズンシップ教育**や**主権者教育**が叫ばれる現在、校則を生徒たちに見直させるという教育実践は、今後より一層重要視されるべきことがらであると考えられる。

28 いじめの防止と救済

関連法 いじめ防止対策推進法

❶「いじめ」についての考え方

　現在、日本の学校教育現場では、生徒指導上の諸問題の一つであるいじめへの対応が喫緊の課題となっている。従来のいじめは、研究者により定義されてきた。たとえば、日本を代表するいじめの研究者である森田洋司や、世界的ないじめの研究者であるダン・オルベウス、国立教育政策研究所生徒指導・進路指導研究センター総括研究官の滝充等による定義がある。

　文部科学省は、「いじめ」とは、「当該児童生徒が、一定の人間関係のある者から、心理的、物理的な攻撃を受けたことにより、精神的な苦痛を感じているものとする。なお、起こった場所は学校の内外を問わない。」と、2006（平成18）年に定義を修正した。また、「児童生徒の問題行動・不登校等生徒指導上の諸課題に関する調査」において「個々の行為が「いじめ」に当たるか否かの判断は、表面的・形式的に行うことなく、いじめられた児童生徒の立場に立って行うものとする」基準を示した。

　2013（平成25）年に成立した**いじめ防止対策推進法**の第2条では、「児童等に対して、当該児童等が在籍する学校に在籍している等当該児童等と一定の人的関係にある他の児童等が行う心理的又は物理的な影響を与える行為（インターネットを通じて行われるものを含む。）であって、当該行為の対象となった児童等が心身の苦痛を感じているもの」と定義している。現在は、この法の定義が用いられている。

❷「いじめ」を未然に防止するための指導および教育活動

　いじめは、どの学校でも起こりうることを前提とし、教員には、**いじめの早期発見・早期対応**が求められている。また、いじめの未然防止を推進していくためには、いじめが起こりにくい集団づくりが必要である。つまり、集団内にいじめが起こったとき、そのいじめを止めることができる自浄作用が機能する集団を育むことが、いじめ防止には不可欠なのである。そのために必要な指導および教育

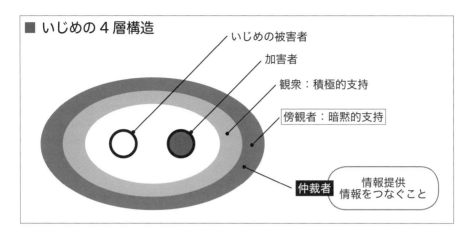

活動例を以下にあげておく。

①教職員のいじめに対する正しい理解といじめを認知しようとする努力

②教育相談の活用と児童生徒相互および児童生徒と教師間の人間関係づくり

③保護者および地域社会との信頼関係に基づいた情報共有

④発達促進・開発的な生徒指導の積極的な側面の充実

⑤いじめに関するガイダンス等、児童生徒の発達の段階に即した指導等

❸「いじめ被害者」の救済の視座

　いじめは、加害者、被害者、観衆、傍観者の4層構造でとらえることができる。いじめを認知した段階で、まず必要なことは、**被害者には非がなく、徹底的に守り抜くという約束を示す**ことにある。そのためには、加害者はもとより周囲でいじめを見聞している児童生徒に対する指導がカギとなる。つまり、個別的な対症療法的指導ですませることではなく、集団の問題として徹底した取り組みが不可欠なのである。そのためには、いじめを止めたあとの児童生徒間の心理状態に留意し、新たないじめの発生を防ぐとともに、人間関係の修復に向けたていねいな取り組みが必要となる。

　また、いじめに起因する保護者の不安、保護者同士の対立、学校不信ならびに教員不信等、それぞれに対応しながら信頼関係を取り戻すことも大切である。

関連資料　文部科学省「いじめの防止等のための基本的な方針」最終改定、2017年3月／文部科学省「平成28年度児童生徒の問題行動・不登校等生徒指導上の諸課題に関する調査（速報値）」2017年10月／文部科学省「生徒指導提要」2010年3月

29 いじめ防止対策推進法

関連法 いじめ防止対策推進法

❶ いじめ防止対策推進法成立までの経緯

いじめに起因する児童生徒の自殺が社会問題となって久しい。たとえば、「中野富士見中学いじめ自殺事件」（1986年2月1日）、「愛知県西尾市中学生いじめ自殺事件」（1994年11月27日）、「大津市中2いじめ自殺事件」（2011年10月11日）等は、大きく報道され、その都度、学校のいじめ対応について、その瑕疵^かが指摘されてきた。特に「大津市中2いじめ自殺事件」では、学校のいじめ対応に関するあり方が厳しく問われ、その結果、いじめ防止対策推進法が成立するに至った。

しかし、**いじめ防止対策推進法**（2013〔平成25〕年法律第71号）が施行されたあとも、児童生徒の自殺事案が発生しており、本法施行4年を過ぎた現在、「いじめ防止等のための基本的な方針」（2013年）に加えて「いじめの重大事態の調査に関するガイドライン」が策定（2017〔平成29〕年3月）されている。

❷ いじめ防止の基本と「学校いじめ防止基本方針」の策定について

いじめ防止対策推進法における「いじめの定義」（第2条）は、「一定の人的関係にある者」と示されている。ここには、いじめが、児童生徒の集団内における人間関係の問題であり、学校が日常生活のなかで児童生徒相互のよりよい人間関係を構築していくことが、いじめ防止の基本であることを示唆している。これを踏まえ、**本法第13条には、いじめを防止するために「学校いじめ防止基本方針」を策定することが規定されている。**そのために必要なことを、以下に示す。

ア）未然防止の視点：いじめ防止に関する指導では、体系的・計画的に取り組むことが大切である。そのためには、生徒指導全体計画および年間指導計画の検証と、いじめ防止のために特化した計画を作成することが必要である。

イ）早期発見・早期対応の視点：まず、教職員のいじめに関する正しい理解と共通行動が不可欠である。次に、家庭や地域社会との連携等、いじめ発見の具体的な方策を年間計画に位置づけて実践していくことが必要である。

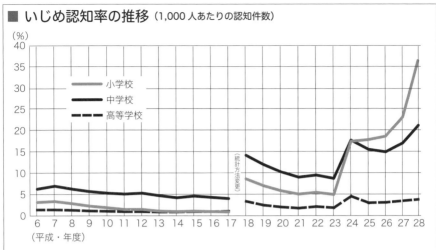

■ いじめ認知率の推移（1,000人あたりの認知件数）

注：2005（平成17）年度までは発生件数、2006（平成18）年度からは1,000人あたりの認知件数を表す。
出典：文部科学省「平成28年度『児童生徒の問題行動等生徒指導上の諸問題に関する調査』結果（速報値）について」（2017年10月26日）をもとに作成

❸「いじめ防止対策組織」の設置について

　上述したように**本法第13条により各学校では基本方針を策定し、本法第22条により、いじめの防止対策のための組織を設置することが学校の義務として定められている**。この組織には、以下の機能を発揮することが期待されている。

　いじめの防止に関する校内研修の実施、教育相談の取り組み、いじめの防止に資する多様な教育活動の実践、保護者や地域社会へのいじめの気づきを高める啓発活動等。第23条では、いじめの事実があると思われるときは、学校へ通報するなど措置をとると定められた。第28条では、いじめを重大事態として調査を行うものとすると対処を求めた。

　また、学校に設けられた組織は、基本方針に基づく計画が実行されているかどうかの確認、その効果に関する検証、実施内容の改善等を担当することになる。そこでは、PDCAサイクルに基づいたマネジメントが求められている。

　学校には、すべての児童生徒を対象に、いじめに向かわせないための未然防止に取り組むことが強く求められている。反面、いじめを認知したときには、加害児童生徒に対して、関係者との連携協力に基づき、毅然とした指導が欠かせない。その際、**個々の教員が指導するのではなく、組織として対応していくことが重要である**。

関連資料　文部科学省「いじめの防止等のための基本的な方針」最終改訂、2017年3月

30 懲戒と体罰問題

関連法 学校教育法第11条　学校教育法施行規則第26条

❶ 懲戒と体罰

　文部科学省『生徒指導提要』によると、学校で行われる懲戒とは「児童生徒の教育上必要があると認められるときに、児童生徒を叱責したり、処罰したりすること」である。また、この懲戒には「**法的効果を伴う懲戒**」と「**事実行為としての懲戒**」がある。前者は、**学校教育法施行規則第26条**で定められている、退学、停学および訓告である。たとえば、退学に関しては児童生徒（学齢児童、学齢生徒を除く）が「①性行不良で改善の見込がないと認められる者、②学力劣等で成業の見込がないと認められる者、③正当の理由がなくて出席常でない者、④学校の秩序を乱し、その他学生又は生徒としての本分に反した者」であった場合、校長が行うことになっている。一方、後者はそれ以外の懲戒を指し、たとえば、授業態度が悪い児童生徒を起立させ、反省を促す等の教員の行為をいう。

　懲戒の法的根拠としては、**学校教育法第11条**「校長及び教員は、教育上必要があると認めるときは、文部科学大臣の定めるところにより、児童、生徒及び学生に**懲戒を加えることができる。**ただし、**体罰を加えることはできない**」をあげることができる。この条文でポイントとなるのは、第一に「教育上必要があると認められるとき」に懲戒を加えることができるという点である。学校教育が児童生徒の「人格の完成」（教育基本法第1条）をめざしている以上、教育的に必要と認められない限り、それは懲戒とはいえないのである。

　第二に「体罰を加えることはできない」という点である。このポイントに関して、まず、体罰は法律で明確に禁止されているということが重要である。次に、どこまでが懲戒でどこからが体罰であるのかという両者の境界線がわかりにくいということに注意しなければならない。1点目と関連して、その行為が個々の具体的な状況に応じて、教育上必要であると認められれば懲戒であり、そうでなければ体罰ということになる。各学校において一定の基準を設ける必要はあるが、そのうえでも懲戒か体罰かは状況依存的であり、特に「事実行為としての懲戒」にお

■ 公立学校における「体罰時の状況」の変化

(件)

		小学校				中学校				高等学校			
		H24	H25	H26	H27	H24	H25	H26	H27	H24	H25	H26	H27
場面	授業中	904	643	154	103	594	430	158	91	272	233	65	53
	放課後	69	48	16	13	293	231	39	35	116	102	21	19
	休み時間	256	166	38	37	283	214	47	30	110	81	18	11
	部活動	21	10	1	4	1,023	701	111	94	576	454	80	58
	学校行事	43	32	5	3	66	53	23	17	76	66	10	14
	ホームルーム	59	42	14	5	74	55	11	23	43	33	11	4
	その他	166	107	41	29	219	135	43	36	104	76	12	20
場所	教室	1,031	717	184	124	623	418	135	103	292	262	65	51
	職員室	2	1	1	1	35	19	6	4	53	34	4	7
	運動場・体育館	209	128	27	21	1,075	742	136	105	566	456	74	68
	生徒指導室	7	7	0	2	90	75	15	10	32	24	3	2
	廊下・階段	152	115	34	31	322	254	60	51	106	80	21	17
	その他	117	80	23	15	407	311	80	53	248	189	50	34

出典：文部科学省「平成27年度体罰の実態把握について」2016年12月

30

懲戒と体罰問題

いて教員の知識と判断力、そして児童生徒理解力が問われることとなる。次に体罰についてさらにくわしく述べる。

❷ 近年の体罰問題

　2012年12月に公立高校で発生した、部活動顧問による体罰に起因する男子生徒の自殺は社会に大きな衝撃を与えた。この事案を受け、文部科学省は翌年1月に体罰の実態把握調査を実施し、3月に「体罰の禁止及び児童生徒理解に基づく指導の徹底について」を通知した。この通知は部活動についてもふれており、勝利至上主義ともいえる一部の部活動のあり方について問題提起をしている。

　上の表は2012（平成24）〜2015（平成27）年度の公立学校（小、中、高）における「体罰時の状況」の変化である。特に、中学校、高等学校において部活動時に体罰が多く発生していることがわかる。その後の文部科学省および各学校の対応により、数は減ってきているとはいえ、いまだに体罰は絶えない。その理由には、体罰を積極的、消極的両面から肯定する考えが根底にあると考えられる。体罰の良し悪しを問題にする以前に、体罰は学校教育法により禁止されているのであるから、いかなる理由があれ、法治国家の公務員である教員が法を破ることは許されることではない。すでに述べたように、懲戒と体罰の境目は曖昧であるものの、状況に応じてそれを見極め、体罰ではなく、懲戒によって教育上必要に応じて適切に処分が下される必要がある。

関連資料 文部科学省「体罰の禁止及び児童生徒理解に基づく指導の徹底について（通知）」2013年3月

31 児童・生徒の出席停止

関連法 学校教育法第 35 条

❶ 出席停止制度の現状

　出席停止制度は学校教育法第 35 条に位置づけられており、文部科学省から「出席停止制度の運用の在り方について（通知）」がだされている。しかしながら 2016（平成 28）年度「児童生徒の問題行動・不登校等生徒指導上の諸課題に関する調査」結果を見る限り、運用例は極めて少ないのが現状である。現在、学校教育には、多様化、深刻化している児童生徒の生徒指導上の諸問題に対応するため、他機関と連携することや、出席停止制度を適切に運用していくことが求められている。

❷ 出席停止制度の趣旨とその意義および要件

　学校は、児童生徒の安心・安全の確保を保障していく責務がある。しかしながら**出席停止制度は懲戒ではない**。それは、学校秩序の維持と義務教育を受ける権利を保障するために設けられているものである。それゆえに管理職は、教育委員会と緊密な連携と協力体制を構築したうえで、出席停止期間における当該児童生徒に対する学習支援や生活指導などの教育上必要な措置を講ずることが不可欠となる。これを踏まえ、**出席停止の適用にあたっては、「性行不良」（第一〜四号）であること、「ほかの児童生徒の教育に妨げがある」と認められることの 2 点が基本的な要件となっている。**

❸ 出席停止における事前・期間中・事後の対応のあり方

　市町村教育委員会が出席停止を命ずる場合の事前の手続きは以下のとおりである。

　　①学校側から保護者への事前の説明等

　　②保護者や児童生徒側の意見の聴取等

　　③教育委員会規則の規定により適用決定

■ 出席停止の理由別件数

(件)

区分		9年度	10年度	11年度	12年度	13年度	14年度	15年度	16年度	17年度	18年度	19年度	20年度	21年度	22年度	23年度	24年度	25年度	26年度	27年度	28年度
小学校	対教師暴力	0	0	0	0	0	0	0	0	0	0	0	1	0	0	0	0	0	0	1	2
	生徒間暴力	0	0	0	0	0	0	0	0	0	2	0	0	0	0	0	0	0	0	0	2
	対人暴力	0	0	0	0	0	0	0	0	0	0	0	0	0	0	0	0	0	0	0	0
	器物破損	0	0	0	0	0	0	0	1	0	1	0	0	0	0	0	0	0	0	0	0
	授業妨害	0	0	0	0	0	0	0	0	0	0	0	0	0	0	0	0	0	0	0	0
	いじめ	0	0	0	0	0	0	0	0	0	0	0	0	0	0	0	0	0	0	0	2
	その他	1	1	0	0	0	0	0	0	1	0	0	2	0	0	0	0	0	0	0	1
	合計	1	1	0	0	0	0	0	0	1	2	0	3	0	0	0	0	0	0	1	7
中学校	対教師暴力	24	22	35	19	16	15	9	9	16	11	19	12	20	21	10	20	18	11	4	10
	生徒間暴力	17	27	16	22	17	11	10	8	11	36	10	15	27	19	6	5	24	4	5	3
	対人暴力	1	1	0	0	0	0	0	2	4	0	1	0	2	0	1	2	1	5	0	0
	器物破損	2	2	3	1	0	0	3	4	4	3	2	11	8	3	4	8	4	6	1	3
	授業妨害	3	3	12	7	9	3	0	4	1	4	9	22	20	18	8	8	5	14	3	3
	いじめ	0	0	6	6	0	5	0	0	7	0	2	1	2	6	0	2	5	2	3	2
	その他	3	1	12	0	0	3	3	0	1	0	9	3	2	5	3	6	3	3	0	0
	合計	50	56	84	55	51	37	25	25	42	58	51	65	79	74	31	50	61	41	21	21

出典：文部科学省「平成28年度『児童生徒の問題行動・不登校等生徒指導上の諸課題に関する調査』（速報値）について」（2017年10月）をもとに作成

④文書の交付

　の4段階である。期間中の対応について、以下に示す。

⑤市町村教育委員会および保護者の責務

⑥当該児童生徒に対する指導

⑦ほかの児童生徒に対する指導

　の3点に留意していくことが求められる。期間後の対応について、以下に示す。

⑧学校復帰後の指導

⑨指導要録等の取扱い

　これらについては、通知（文科初第193号、2001年4月27日）を参照し、必要な事項を記載するように注意することが必要である。

　出席停止制度を運用した学校は、「生徒指導提要」に示されているように、市町村教育委員会の指示や指導を受けるとともに、当該児童生徒が在籍する学校や学級に円滑に復帰できるよう指導および援助に努めることが必要であること、ほかの児童生徒に対しても適宜、心のケアにも配慮することが大切である。また、出席停止の期間終了後、保護者や関係機関と連携しながら、当該児童生徒に対する指導を継続していくことが必要不可欠である。

関連資料 大阪市教育委員会「学校安心ルール」2017年5月／文部科学省「出席停止制度の運用の在り方について（通知）」2001年11月

32 不登校とスクールカウンセラー

関連法 義務教育の段階における普通教育に相当する教育の機会の確保等に関する法律

❶「不登校」および不登校の要因について

　「学校基本調査」は、すべての学校を調査対象とし、文部科学省が毎年5月1日現在で実施する悉皆（全数）調査である。この調査には、児童生徒の長期欠席に関する項目がある。長期欠席とは、「前年度間に30日間以上欠席した者の数。欠席は連続である必要はない。」と示されている。国の統計では、欠席理由別（「病気」「経済的理由」「不登校」「その他」）に集約されている。

　不登校の要因について、「本人に係る要因」は、「学校における人間関係」に課題を抱えている、「あそび・非行」の傾向がある、「無気力」の傾向がある、「不安」の傾向がある、「その他」に分類されている。「学校に係る要因」は、「いじめ」、「いじめを除く友人関係をめぐる問題」、「教職員との関係をめぐる問題」、「学業の不振」「進路に係る不安」、「クラブ活動、部活動等への不適応」、「学校のきまり等をめぐる問題」、「入学、転編入学、進級時の不適応」に区分されている。

　不登校は、出席上、年度間に連続または断続して30日以上の欠席をしている状態にすぎず、個々の状況は多様である。また、**「不登校は誰にでも起こりえる」**ことから、「こころの専門家」であるスクールカウンセラーが配置されるようになった。このことについて次に述べる。

❷ スクールカウンセラーについて

　日本のスクールカウンセラーの制度は、文部省（現：文部科学省）の「スクールカウンセラー活用調査研究委託事業」（1995〔平成7〕年）として始められ、その後、文部科学省において「スクールカウンセラー活用事業補助」（2001〔平成13〕年度）となり、現在に至っている。

　スクールカウンセラーには、「高度な専門的知識の担保」、「第三者性・外部性の確保」が求められ、「二重関係（多重関係）の回避」が義務とされている。また、スクールカウンセラーの配置方式は、配置校方式、拠点校方式、巡回方式の3つ

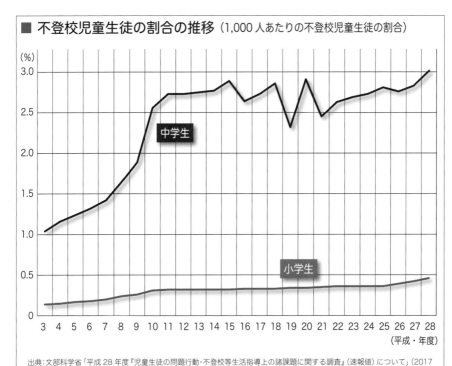

■ 不登校児童生徒の割合の推移（1,000人あたりの不登校児童生徒の割合）

出典：文部科学省「平成28年度『児童生徒の問題行動・不登校等生活指導上の諸課題に関する調査』（速報値）について」（2017年10月）をもとに作成

に整理することができるが、そこでの業務には、以下に示す内容があげられる。

①カウンセリング（対象は生徒、保護者、教職員）

②アセスメント（理論に基づいた指導や支援の見立て）

③教員へのコンサルテーション（専門的知見の提供）

④カンファレンス（協議）

⑤さまざまな校内研修

⑥予防的対応

　以上、あげたように、スクールカウンセラーには、教員とは異なる高い専門性があり、児童生徒への心理教育的援助サービスを提供していくための重要な役割を果たすことが期待できる。それゆえ、よりよい協働のあり方を探っていくことが大切である。また、学校教育法施行規則の一部が改正されたことにより、スクールカウンセラーの職務は新たに規定されたことも留意しておきたい。

関連資料 文部科学省「平成29年度学校基本調査」2017年12月22日／文部科学省「平成28年度児童生徒の問題行動等生徒指導上の諸課題に関する調査」2017年10月26日／文部科学省「生徒指導提要」2010年3月

33 進級判定

関連法 学校教育法施行規則第 57 条

❶ 進級判定における履修主義と修得主義

　年度終わりに、児童生徒がその学年を修了できるのか、すなわち次の学年に進級できるのか、または学校を卒業できるのかということについては、教員による進級・卒業判定会議により判定され、校長により認定されるものである。

　学校教育法施行規則第57条では「小学校において、各学年の課程の修了又は卒業を認めるに当たつては、児童の**平素の成績**を評価して、これを定めなければならない」とあり、これは中学校、義務教育学校、高等学校、中等教育学校、特別支援学校にも準用される。すなわち、「平素の成績」しだいによっては進級や卒業ができない可能性もあるということである。

　進級や卒業の認定にあたっては、一般的に2つの履修原理がある。一つは**履修主義**であり、もう一つは**修得主義**である。前者は、定められた期間、その能力に応じて教育課程を履修すればよいという考えに立つものである。この原理は、その期間に修得することが期待されている内容をどれだけ修得したかは問われることなく、年齢とともに進級できることから「**年齢主義**」ともいわれる。日本においては、義務教育ではこの原理が採用されている。一方、後者は定められた教育課程を履修し、一定水準の内容を修得してはじめて進級を認めるものである。一定の課程の修了が必要なことから「**課程主義**」ともいわれ、日本においては、高等学校以上の学校で採用されている。

　ドイツやフランスなど海外では、義務教育においても修得主義を採用している国は多い。その学年で修得すべき内容を身につけないまま進級した場合、進級後の学年において学習内容を修得することがさらに困難になるという考え方による。日本では、みんな一緒に進級することが「普通」と考えられているが、海外では必ずしもそうではない。なお、日本においても、1872（明治5）年「学制」によって始まった教育制度においては、修得主義を採用しており、半年ごとに進級試験が実施されていた。現在のように履修主義を採用するようになったのは、

■ 課程・学科・学年別留年（原級留置者）数（国公私立高等学校）

	全日制 普通科		全日制 専門学科		全日制 総合学科		定時制		通信制		合計	
	留年	割合	留年	割合	留年	割合	留年	割合	留年	割合	留年	割合
	(人)	(%)	(人)	(%)	(人)	(%)	(人)	(%)	(人)	(%)	(人)	(%)
1年	2,477	0.3	1,018	0.4	32	0.8	386	4.0	227	2.3	4,140	0.4
2年	1,942	0.3	594	0.3	20	0.5	236	2.9	141	1.6	2,933	0.3
3年	498	0.1	101	0.0	4	0.1	132	1.7	75	0.8	810	0.1
4年	-	-	-	-	-	-	75	1.3	27	1.5	102	1.3
単位制	108	0.1	16	0.1	387	0.3	1,231	1.9	3,883	2.6	5,625	1.0
合計	5,025	0.2	1,729	0.2	443	0.3	2,060	2.1	4,353	2.4	13,610	0.4

注：留年（原級留置者）とは、平成28年3月末現在で進級又は卒業が認められなかった者をいう。
出典：文部科学省「平成27年度『児童生徒の問題行動等生徒指導上の諸問題に関する調査』（確定値）について」（2017年2月）

33
進級判定

1891（明治24）年以後のことである。

❷ 留年

　進級判定において、成績不振や、出席日数の不足などによりその学年を修了することが認められない場合、原級にとどまることになり、そのことを**「留年」**という。主に、修得主義を採用する高等学校以上の学校で留年がなされる。文部科学省「児童生徒の問題行動等生徒指導上の諸問題に関する調査」の2015（平成27）年度2月確定値によると、表が示すように平均0.4%程度（最大は「通信制」の2.4%、最小は「全日制普通科」の0.2%）の高等学校生徒が2016（平成28）年3月に進級または卒業が認められず、留年の状態にある。

　留年の際に注意しなければならないことは、生徒の学習意欲をできるだけ下げないようにすることである。「平成28年度文部科学白書」によると、平成26年度の全国の国公私立の高等学校における中途退学者は約4万9,000人（中退率1.4%）であり、その理由は「学校生活・学業不適応」（34.1%）、「進路変更」（34.3%）である。留年の理由はさまざまであるが、ここでいう「学業不適応」は「学業不振」を意味すると考えられる。「学業不振」を理由とする留年はあくまで生徒本人の能力に応じたペースで学力をつけることを目的として行われるべきであるので、生徒の学習意欲を維持させることには十分注意を払いたいところである。

運動部活動における体罰

（大阪市立桜宮高校事件）

■事件の概要

2012年12月23日、大阪市立桜宮高校のバスケット部キャプテンだった高校2年生の男子生徒Aが、顧問教諭からの暴力や暴言を苦に自殺した。顧問は、部活動の練習や対外試合において、思うようなプレーができなかったりすると、Aの顔面及び頭部を平手で殴打するなどの暴行を繰り返し行っていた。Aは唇の出血や鼻の打撲などの傷害を何度か負っている。「キャプテンを辞めろ」「叩かれてやるのは動物と一緒や。Aは動物か」「Aのせいで今日は負けたんや」などの、威迫的言動も日常的にあった。

顧問教諭は懲戒免職となり、刑事裁判において懲役1年、執行猶予3年の有罪となった。Aの両親と兄が大阪市に対し、「体罰が自殺の原因だった」として損害賠償を求める民事訴訟を起こした。大阪市側は「体罰と自殺の直接的な因果関係は明らかになっていない。男子生徒には受験や家族関係の悩みもあった」などの反論をしていた。

■争点

顧問教諭の言動の違法性　体罰と自殺の因果関係。

■判決要旨

顧問教諭の言動の多くを違法行為の体罰として、「体罰と自殺は因果関係が認められる」とし、東京高裁は大阪市に計約7,500万円の賠償を命じた。

顧問教諭の暴行は、法的に許容される範囲を著しく逸脱した暴力的な虐待行為とみるべきもので、その違法性は強い。そして、これらの暴行に付随し又は前後して繰り返し行われた威迫的言動等も、侮辱的な罵倒や人格非難を伴うなど、強い心理的打撃を与えて精神的に追い詰めるものであり、Aに著しい精神的苦痛をもたらす内容や態様のものであったというべきである。

以上を踏まえて、暴行や威迫的言動は、教育上の指導として法的に許容される範囲を逸脱した一連一体の行為として、違法と評価すべきものである。

また、教員の指導をきっかけとして生徒が自殺する事例がこれ以前に多くあり、体罰の禁止も周知されていたことから、顧問教諭はAの自殺について、予見可能性があったことを認めた。

■コメント

体罰を肯定する意見は、教育関係者においては少ないが存在する。「桜宮高校事件のおかげで、何でも体罰にされてしまい、毅然とした指導が出来なくなった」と嘆く教師もいるほどである。このようなことこそ、法律のもつ重みを全教職員は認識するべきだと考える。

参考：東京地方裁判所　平成28年2月24日（平成25年〔ワ〕32577号）

◆ 考えてみよう

◆「体罰」と「懲戒」について

　学校教育法第 11 条の内容について説明してみよう。また、「教育上必要があると認めるとき」に加えることができる懲戒とはどのようなことか、具体的に述べてみよう。

_____

_____

_____

_____

◆ 出席停止制度とは

　出席停止制度は学校教育法第 35 条に規定されているが、この制度の趣旨と要件についてまとめてみよう。また、制度が設けられているが、出席停止の運用例がきわめて少ない現状について、あなたが問題と考えていることや、その問題の解決に向けて必要と考える取り組みについて具体的に述べてみよう。

_____

_____

_____

_____

◆ いじめ防止対策推進法とは

　いじめ防止対策推進法に定義されている「いじめ」の定義は、これまで文部科学省が規定してきた定義とどう違うのかについてまとめてみよう。また、学校が、児童生徒のいじめを早期発見・早期対応していくためには、どのような取り組みをしていく必要があるか具体的に述べてみよう。

_____

_____

_____

_____

III章　学校運営と研修

教職員の職務と研修

34 地方公務員としての教員の服務

❶ 全体の奉仕者としての地方公務員

　地方公務員とは地方公共団体に勤務する人々のことである。公立学校の教員も「学校教育」という地方公共団体の事務を執行するので、身分は地方公務員となる。日本国憲法第15条は「すべて公務員は全体の奉仕者である」と定め、地方公務員の身分や服務を定めた地方公務員法第30条（服務の根本基準）も「すべて職員は、全体の奉仕者として公共の利益のために勤務し、且つ、職務の遂行に当つては、全力を挙げてこれに専念しなければならない」と規定している。しかし、後に述べるが教育に関わる公務員は、職務が役所の事務ではなく児童・生徒を対象にする教育の特殊性から、「教育公務員」として、地方公務員法以外にも「教育公務員特例法」「地方教育行政の組織及び運営に関する法律」（以下、「地教行法」）等の法律が適用される公務員である。教育基本法第9条も、「法律に定める学校の教員は、自己の崇高な使命を深く自覚し、絶えず研究と修養に励み、その職責の遂行に努めなければならない。（第2項）前項の教員については、その使命と職責の重要性にかんがみ、その身分は尊重され、待遇の適正が期せられるとともに、養成と研修の充実が図られなければならない」と専門職としての教育公務員の立場を規定している。

❷ 県費負担教職員としての教員

　義務教育は、日本国憲法の定めにより全国どこでも同一の内容でなければならない。都道府県の財力で教育が左右されてはならないので、教員給与の半分は国が負担し（小・中で割合は異なる）残りを都道府県が負担している。そのため、教員は「県費負担教職員」とよばれ、教員採用後は、都道府県教育委員会が任命権をもつ。しかし、実際には義務諸教育学校の教員はその市町村が設置した小・中学校に配属されるので、その配属された市町村の公務員になり、服務・監督は地教行法第43条に基づきその市町村教育委員会により行われることになる。

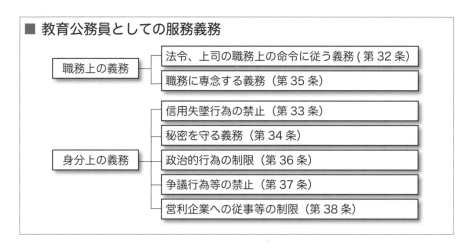

■ 教育公務員としての服務義務

職務上の義務 ─┬─ 法令、上司の職務上の命令に従う義務（第32条）
　　　　　　　└─ 職務に専念する義務（第35条）

身分上の義務 ─┬─ 信用失墜行為の禁止（第33条）
　　　　　　　├─ 秘密を守る義務（第34条）
　　　　　　　├─ 政治的行為の制限（第36条）
　　　　　　　├─ 争議行為等の禁止（第37条）
　　　　　　　└─ 営利企業への従事等の制限（第38条）

❸ 教育公務員としての服務義務（地方公務員法）

　まず、公務員として採用されると、公務員としての「服務に専念します」という宣言を「服務の宣誓」として地方公務員第31条に基づいて行う。そのうえで、職務を遂行するにあたって2種類の義務を守らなければならない。①職務上の義務、②身分上の義務である。職務上の義務は、職務を遂行するうえで守る義務、身分上の義務は、職務中・職務後守秘義務等（一部は退職後も有効）を問わず公務員としての身分を有している限り職務のみに従事する義務（守秘義務等）である。図に示したように地方公務員法第32条から第38条に規定されている。第36条の政治的行為の制限については、教育公務員特例法第18条の、義務教育諸学校における教育の政治的中立の確保に関する臨時措置法に基づき、一般地方公務員より厳しく制限が加えられている。

　また、第38条の営利企業への従事等の制限では、教育公務員特例法第17条の任命権者の許可を得れば「教育に関する職を兼ね、又は教育に関する他の事業若しくは事務に従事することが……できる」と兼職、兼業に対して柔軟な解釈がされている。これは、教員には長期休業期間が与えられており、郷土資料館、図書館等での勤務経験が教員職務を豊かにさせる可能性があると考えられ、教員の本務活動にも支障がないと判断されているからである。

　以上の職務に関しての監督権限を有するのは、都道府県立学校にあっては、都道府県教育委員会であり、市長村立学校にあっては、当該市町村教育委員会となる点が異なる。

35 教員の分限処分

❶ 分限処分と懲戒処分

　教員が体罰を行った場合、学校教育法第11条により「……体罰を加えることはできない」と禁じているため、地方公務員法第29条（懲戒）に基づき、戒告、減給、停職、免職の「懲戒処分」を受ける。これに対し、「分限処分」という処分がある。「分限処分」とは、教員が一定の理由によりその職責を十分に果たせない場合に、本人の意思に反して不利益な身分上の変動をともなう身分保障の限界を超える処分のことである。本来、公務員は全体の奉仕者として全力を挙げて職務に専念する責務を負っている。そのため、安心して職務に従事できるように、地方公務員法で身分上の保障がされている。しかし、病弱等や指導力不足教員などその職をまっとうできない不適格な教員を、その地位に置いておくことは許されないことである。これらの場合になされる処分を分限処分という。

❷ 分限処分の分類

　分限処分の基準について地方公務員法第27条（分限処分及び懲戒の基準）は、「処分は公正でなければならない」としたうえで、降任、免職、休職、降給の4種類の処分を示している。

　「降任」とは、教頭から教諭に降格するなど下位の職にする処分である。「免職」とは、教員の意に反してその職を失わせる退職等の処分である。「降任、免職」処分は分限のなかでも重い処分であるため、法律で定める理由に該当しなければ、教員の意に反してなされることはない。そのため、地方公務員法第28条は、次の4つの場合を定めている。①勤務実績がよくない場合、②心身の故障のため職務の遂行に支障があり、またはこれに堪えない場合、③その職に必要な適格性を欠く場合、④職制もしくは定数の改廃または予算の減少により廃職または過員を生じた場合としている。

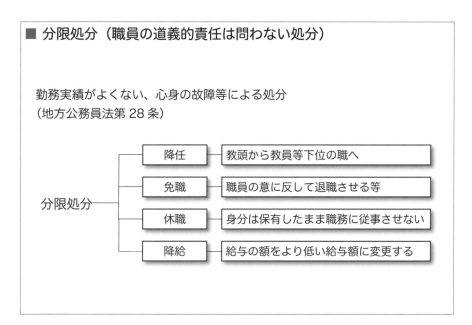

■ **分限処分（職員の道義的責任は問わない処分）**

勤務実績がよくない、心身の故障等による処分
（地方公務員法第 28 条）

分限処分 ─ 降任 ─── 教頭から教員等下位の職へ
　　　　　 ─ 免職 ─── 職員の意に反して退職させる等
　　　　　 ─ 休職 ─── 身分は保有したまま職務に従事させない
　　　　　 ─ 降給 ─── 給与の額をより低い給与額に変更する

❸ 休職処分の基準

　「休職」は、職員の職を有したまま強制的に職務に従事させない処分をいう。「休職」処分の場合については、地方公務員法第 28 条第 2 項、各地方公共団体の職員条例で、①心身の故障のため、病気休職など長期の休養を要する場合、②刑事事件に関して起訴された場合、③人事委員会規則に定める事由に該当する場合（職務に関する学術に関する調査・研究、外国の公共機関からの招聘で職務に関連する業務に従事する場合、水難、火災その他の災害により生死不明、所在不明となった場合等）、休職処分ができると定められている。

　病気休職など長期の休養期間は 3 年、刑事休職の場合は裁判所に係属する間までである。また、人事委員会規則に定める事由による休職の場合、休職者はその期間中、教員としての身分を保有するが、職務には従事できないことになっており、かつまた条例で特段の規定がない場合は、給与は支給されない。なお、結核性疾患による長期の休職の場合、3 年間執行延長することができ、給与も全額支給される特例になっている。

36 教員の懲戒処分

❶ 刑罰と懲戒処分

　地方公務員である教員に対する処分には、分限処分と懲戒処分とがある。病弱で勤務が果たせない、指導力不足で教員の職をまっとうできない等の場合になされる処分が分限処分であるのに対し、懲戒処分とは国民全体の奉仕者である公務員としての特別な身分にもかかわらず、公務員が守るべき義務違反を起こした場合の責任を問われ、地方公務員法第 29 条（懲戒）に基づき行われる処分である。つまり、懲戒処分は、公務員として守るべき服務義務への違反に対し公務員組織としての秩序を維持するため任命権者が行う制裁であり、公務員身分である期間内（公務員身分を取得する前、退職後には問われない）だけに課せられる制裁である。これに対し、刑罰は社会公共維持のための法律を犯した場合に問われ、国民である限り、公務員身分の有無にかかわらず法律違反に対して問われるものである。

❷ 懲戒処分の内容

　新聞紙上で、教育委員会が入学式で国家斉唱を行わなかった教員に「戒告」、生徒のテストや成績を記録した USB メモリーを紛失した教員に「減給」、酒気帯び運転を行った教員に「停職」、体罰で生徒に重症を負わせた教員に「免職」等の処分を行ったという記事を見かけることがある。これらは、地方公務員法第 29 条（懲戒）に基づく「戒告」「減給」「停職」「免職」という 4 つの処分を定め、実際に処分が行われている具体例である。

　「戒告」とは、服務義務違反に対して、将来のために戒める最も軽い処分、「減給」とはある期間給料を減ずる処分、「停職」はある期間懲罰として職務に従事させず、身分は保証されるが給与が支給されない処分（休職の場合は支給）である。これらの処分期間等は、それぞれの都道府県の条例で細かく規定されている。「免職」は職員としての身分を失う失職で、退職手当もでない重い処分であるだけに、職

■ 懲戒処分の種類

懲戒 (職員の道義的責任を問題にする処分)

全体の奉仕者である公務員であるにもかかわらず、守るべき義務に対する違反を起こした場合の責任を問う処分 (地方公務員法第 29 条による処分)

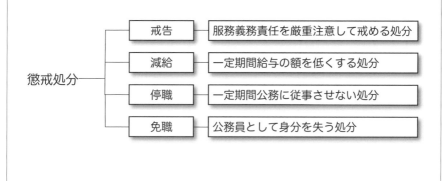

	戒告	服務義務責任を厳重注意して戒める処分
懲戒処分	減給	一定期間給与の額を低くする処分
	停職	一定期間公務に従事させない処分
	免職	公務員として身分を失う処分

員は人事委員会等に不服申し立てができる。

❸ 懲戒処分の根拠理由

　懲戒処分は、身分上重大なことであるので、その根拠理由については地方公務員法第 29 条（懲戒）の 3 つの基準に限るとされている。

　①法令に違反した場合（上司の職務上の命令に従う義務、信用失墜行為の禁止、職務に専念する義務、都道府県の公務員に対する条例等に違反した場合）

　②職務上の義務に違反、職務を怠った場合（法令違反は重大な服務違反の場合もある）

　③全体の奉仕者としてふさわしくない非行があった場合（法令違反や公務員の信用失墜行為など）

　直接職務に関係がなくとも、飲酒運転で警察に逮捕された例など、全体の奉仕者たる公務員としてふさわしくない非行などの場合には懲戒処分の対象になる。懲戒処分は重大な身分に関わる処分であるので、地方公務員法第 29 条第 4 項は「職員の懲戒の手続及び効果は……条例で定めなければならない」と規定している。

37 教育公務員特例法（1）

❶ 国民全体に奉仕する教育公務員の特殊性に基づく法律

　1949（昭和24）年、教員の身分が検討された際、「国家公務員」、「地方公務員」ではない教員の「教育を通じて国民全体に奉仕する教育公務員の職務とその責任の特殊性」を考慮して特別法として設けられたのが教育公務員特例法である。そのため、教育公務員の任免、給与、分限、懲戒、服務、研修等多様な内容について規定している。教育公務員特例法は7章構成となっており、第1章は「教育を通じて国民全体に奉仕する」という教育公務員の責任の特殊性を宣言し、第2章第11条では採用についても公務員の「競争試験」と異なり、校長、教員の採用は職務能力が備わっているかの「選考」によると規定している。第12条では条件附任用が地方公務員は期間が6か月であるが、教員の場合は初任者研修期間との関係で1年に延長されている。公立学校教員は、一般公務員以上に研修が重視されている。その根拠法令になるのが教育公務員特例法の第4章の研修の規定である。

❷ 研修を特に重視する教育公務員特例法

　地方公務員の場合、地方公務員法第39条により「職員には、その勤務能率の発揮及び増進のために、研修を受ける機会が与えられなければならない。（第2項）前項の研修は、任命権者が行うものとする」と規定されており、「研修」は勤務能率の発揮および増進のためであり、主として「任命権者が行うもの」とする行政研修が中心であることを明示している。しかし、教員の研修の場合は、一般の地方公務員とは違った取り扱いをしている。教育公務員特例法第21条では「教育公務員は、その職責を遂行するために、絶えず研究と修養に努めなければならない」、同条第2項「教育公務員の任命権者は、教育公務員の研修について、それに要する施設、研修を奨励するための方途その他研修に関する計画を樹立し、その実施に努めなければならない」としている。そのための研修の機会について、第22条は「教育公務員には、研修を受ける機会が与えられなければならない」、

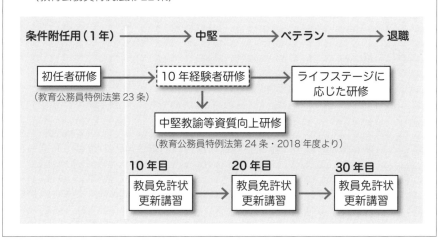

■ **教員の研修**
- 教育公務員は、絶えず研究と修養に努めなければならない。
（教育公務員特例法第 21 条）
- 教育公務員には、研修を受ける機会が与えられなければならない。
（教育公務員特例法第 22 条）

条件附任用（1 年）　→　中堅　→　ベテラン　→　退職

初任者研修
（教育公務員特例法第 23 条）　→　10 年経験者研修　→　ライフステージに応じた研修

↓

中堅教諭等資質向上研修
（教育公務員特例法第 24 条・2018 年度より）

| 10 年目 | 20 年目 | 30 年目 |
| 教員免許状更新講習 | 教員免許状更新講習 | 教員免許状更新講習 |

同条第 2 項「教員は、授業に支障のない限り、本属長の承認を受けて、勤務場所を離れて研修を行うことができる」、第 3 項「教育公務員は、任命権者の定めるところにより、現職のままで、長期にわたる研修を受けることができる」としている。このように、みずから授業に支障のない限り本属長（校長）に申し出て、校長が学校運営に支障がなく内容も妥当であると判断し承認した場合に、勤務場所を離れて研究会や研修会に参加することができる。

❸ 大学院修学休業制度による研修

　教育公務員特例法第 26 条の**大学院修学休業の許可等**の条文は、教員は大学の学士課程を修了し一種免許状を取得しているが、さらに大学院に修学し高度な「専修免許状」を取得し、教員としての資質能力の向上を図る教員を増やそうとするために設けられた制度である。

　なお、教育公務員特例法による研修ではないが、2007（平成 19）年の改正教育職員免許法の成立により、2009（平成 21）年度から、教員免許状の有効期限が 10 年間になり、教員免許状を更新するためには教員免許状更新講習（教育職員免許法第 9 条の 3）を受講しなければならなくなった。

38 教育公務員特例法（2）
——教員の資質向上のための「指標策定の育成協議会」の設置

❶ 初任者研修

　近年まで習慣として長期休業中における自宅での「自宅研修」が認められてきたが、「自宅研修」といえども、校長の承認に基づく「承認研修」であり、近年は理由が認められた場合のみ執行できる「承認研修」に変化してきた。教員の研修では教育公務員の職務の特殊性に基づき行政研修や本人の意思が尊重された「自主研修」が中心であるが、初任者研修・中堅教諭等資質向上研修（旧10年経験者研修）については、教育公務員特例法に基づいて任命権者に実施が義務づけられた「法定研修」である。

　初任者研修については、第23条第1項に「公立の小学校等の教諭等の任命権者は、当該教諭等に対して、その採用の日から1年間の教諭又は保育教諭の職務の遂行に必要な事項に関する実践的な研修を実施しなければならない」と規定され、その結果、条件附採用期間が1年に延長されている。この研修では、校内ベテラン教員等が「指導教員」になり、教科、学級経営、生徒指導等の指導・助言を行うので学校にとっても組織的・計画的な研修になる。

❷ 10年経験者研修制度廃止と「中堅教諭等資質向上研修」の新設

　従来10年経験者研修制度は、旧教育公務員特例法第24条「教諭等として在職期間が10年に達した後相当の期間内に、個々の能力、適性等に応じて、教諭等としての資質の向上を図るために必要な事項に関する研修を実施しなければならない」という規定により設けられたものであるが、2009（平成21）年度から教育職員免許法第9条に「普通免許状は10年を経過する日の属する年度の末日まで効力を有する」として有効期間が10年間に限定され、「普通免許状の更新のため、免許状更新講習の課程を修了しなければならない」と改正され、教員免許更新講習制度が開始された。この結果、新任着任後在職10年目を迎えた教員は10年経験者研修と教員免許更新講習の両者を受講しなければならず、現場教員に混

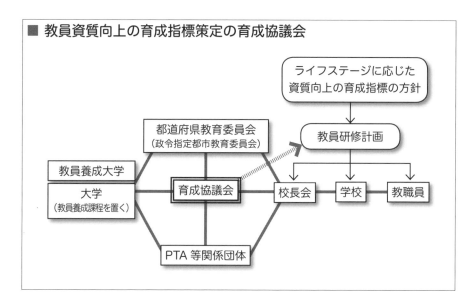

■ 教員資質向上の育成指標策定の育成協議会

乱と多忙化を強いていた。この両者併存問題は新しく「中堅教諭等資質向上研修」
として 2016（平成 28）年に法改正され 10 年に限らず幅広く中堅教諭を研修対
象にすることで解決された。

❸ 教員としての資質向上のための指標策定の育成協議会の設置

　指導力不足教員への研修制度として、教育公務員特例法第 25 条第 1 項では「児
童・生徒又は幼児（以下、「児童等」）に対する指導が不適切であると認定した教
諭等に対して、その能力、適性等に応じて、当該指導の改善を図るために必要な
研修（以下、「指導改善研修」）を実施しなければならない」と規定している。文
部科学省は 2017 年の教育公務員特例法の法改正で、第 22 条の 2 〜第 22 条の 5
に校長および教員としての資質の向上に関する指標の策定に関する指針について
創設した。これは文部科学省作成の教員養成指針を踏まえて、各都道府県教育委
員会（政令指定都市教育委員会）が教員としての資質向上をライフステージに応
じた「指標」として定めるにあたっては「指標策定の育成協議会」を設置し、教
育委員会と教員を養成する地域の大学、校長会等で教員としての職責、経験に応
じ向上を図るべき資質、大学での教員養成の目標等についていかに指標化するか
協議するものとしている。2017 年から各都道府県、政令市で協議会が設けられ、
指標を踏まえて教員研修計画を定めることになった。

39 教員評価

❶ 勤務評定制度の形骸化と新しい教員評価システムの構築

　従来行われてきた勤務評定の法的根拠は、「任命権者は、職員の執務について定期的に職員成績の評定を行い、その評定の結果に応じた措置を講じなければならない」（地方公務員法第40条第1項）、さらに「県費負担教職員の勤務成績の評定は、市町村教育委員会が行うものとする」（地教行法第46条）によるものであった（平成26年に削除）。さらに、2014（平成26）年には、教員を含む地方公務員法の改正で、人事評価制度の法制化が図られた。しかし、これまでの問題点としては教育委員会配布の様式化された評価表に校長がおおむね3段階(5段階が原則)により独自で、PDCAがサイクルに生かされることもなく形骸化していたのが現状ではなかったか。当然、問題点として、①副校長・教頭の具申や教員本人からの自己申告が備わっていないため、校長のみの客観的な評価になりにくい、②評価結果を本人に伝えないので教員の反省・育成に生かせない、③評定者の評価能力研修もないので校長の主観的な評価でしかなかったので、新しい教員評価システムの構築は避けて通れない課題であった。さて、新しい教員評価システムは2000（平成12）年から東京都教育委員会を皮切りに（都条例化）、波及し、2011（平成23）年4月の実施状況調査によると、全都道府県、指定都市教育委員会で実施されている。

❷ 教員評価システムによる教員キャリア形成支援と学校組織の活性化

　各教育委員会の教員評価システムはおおむね共通した流れである。年度当初、校長が学校教育経営方針を示すと、まず各教員がみずからの職務の成長目標を設定し、校長が「自己申告書」を提出する。次に、校長は、各教員と「自己申告書」をもとに面談を実施する。その後、授業参観、指導・助言、中間面談を行い、年度末に「自己評価書」を提出し、年度末には校長は各教員と期末面談をし、各教

■ **教職員人事考課制度（教員評価システム）**
　（2014年、地方公務員法改正により、人事評価制度が法制化）

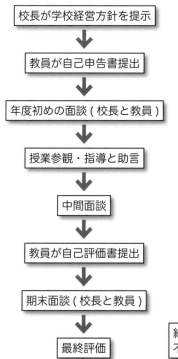

員の年間の業績結果についての自己評価と校長の他者評価をすり合わせ、調整・確認のうえで最終評価を行う。その際、校長の「評価に納得がいかない」場合、不服申し立てシステムが用意されているのが一般的である。したがって、校長は日頃から各教員と円滑なコミュニケーションを十分にとって、指導・助言に務めることが重要な任務になる。新しい教員評価システムの目的は、各教職員の意欲的な取り組みを促し、資質・能力の向上を通してキャリア形成支援を行い、組織の活性化を図り、学校のパワーアップと活性化を図ることである。校長は、各教員の意欲と能力を積極的に評価し、本人にフィードバックし、本年度のみずからの取り組みを振り返り、教員がさらに次年度成長しなければならないと思えるよう助言・支援することが最も大切な役割である。

40 教員の勤務と週休日

❶ 労働者の週休日

　労働者の勤務に関する法律である労働基準法では、労働時間について、第32条第1項で「休憩時間を除き1週間について40時間を超えて、労働させてはならない」同じく第34条で「労働時間が6時間を超える場合においては少くとも45分、8時間を超える場合においては少くとも1時間」の休憩時間が必要であると定めている。そのうえで、休日に関しては、労働者の場合、労働基準法第35条第1項で「使用者は、労働者に対して、毎週少くとも1回の休日を与えなければならない」と規定されている。この休日のことを「週休日」とよび、勤務を要しない日となっていて、給与対象日からも除外されている。労働法制上、1年全体の日は、「勤務を要しない日」（週休日）と「勤務を要する日」に区別されている。特に、公立学校教員の場合は、地方公務員法第24条第5項により「職員の給与、勤務時間その他の勤務条件は、条例で定める」と規定されている。一般的に、週休日は労働基準法上の「休日」に該当し、地方公務員の場合は土曜日、日曜日がこれにあたる。しかし、事前に了承をとっておけば週休日の変更を命じることもできる。

　他方、「勤務を要する日」とは勤務時間を割り振られている日のことである。「週休日」以外はすべて「勤務を要する日」に含まれ、給与の対象になる日である。

❷ 教員の勤務を要する日と「休業日」

　「勤務を要する日」には、①授業日、②授業を行わない日（休業日－夏季休業日等）、③「国民の祝日」および年末・年始がある。

　次に公立学校の場合、勤務を要するが授業を行わない日のことを、「休業日」とよぶ。公立学校の「休業日」は、①「国民の祝日に関する法律に規定する日」、②「日曜日および土曜日」、③学校教育法施行令第29条の規定により「教育委員会が定める日」（夏季休業日等）の3種類がある。しかし、実際には国民の祝日に関す

■ **教員の勤務と週休日**
（労働基準法第 35 条第 1 項−毎週 1 回の休日＝週休日）

勤務を要しない日
（週休日）

労働基準法第 35 条第 1 項
労働基準法上の「休日」（地
方公務員の場合は土・日が
該当する）

勤務を要する日
（給与の対象）

勤務を割り振られている日
● 授業日
● 授業を行わない日（夏季休業等）

● 国民の祝日　　勤務を命じられなけ
● 年末・年始　　れば、職務専念義務
　　　　　　　　が免除される

実態としては勤務を
要しない扱い

る法律に規定されている休日や年末・年始、夏季休業日等には、勤務を命じられた場合以外、職務専念義務が免除され、正規の勤務を要しないのが通例である。

　このため、一部教員のなかには、「勤務を要する日」であり職務専念義務があるが授業を行わない「休業日」である夏季休業日等を「休日」と考える場合もあるが、これは、以前の教育委員会と教職員組合との労使慣行として行われてきた結果定着した慣習であり、近年は改善されつつある。夏季休業日といえども週休日ではなく、「勤務を要する日」であり、「教員の夏休み」ではないのである。

❸ 臨時休業日および学期、夏季休業日の設定

　休業日には以上のほかに、臨時休業日がある。これは学校教育法施行規則第63 条に基づき「非常変災その他急迫の事情があるときは、校長は、臨時に授業を行わないことができる」、また学校保健安全法第 20 条に基づき「学校の設置者は、感染症の予防上必要があるときは、臨時に学校の全部又は一部の休業を行うことができる」と規定されている。なお、公立学校の学期、夏季等の休業日は、その学校を設置する市町村または都道府県の教育委員会が定める（学校教育法施行令第 29 条）ことになっている。

41 教員の勤務時間と時間外勤務の特例

❶ 教員の労働時間等勤務条件を定めた労働基準法

　2013年にOECDが世界34か国を対象に教員の勤務環境に焦点を当てた「国際教員指導環境調査」（TALIS）を実施した結果、教員の週あたりの勤務時間が参加国平均38.3時間、日本が53.9時間で際立って長時間労働であることが明らかになった。労働者が人たるに値する生活を営む条件を充たすための法律として労働基準法がある。労働基準法第32条第1項は「休憩時間を除き1週間について40時間を超えて、労働させてはならない」、休憩時間については第34条第1項で「労働時間が6時間を超える場合においては少なくとも45分、8時間を超える場合においては少なくとも1時間」と定めている。

　休日に関しても第35条第1項で「毎週少なくとも1回の休日を与えなければならない」としている。この休日は「週休日」とよばれ、労働者にとって「勤務を要しない日」となり、現状では土曜・日曜日が該当する。特に公立学校の教員の場合は、地方公務員法第24条第5項「職員の給与、勤務時間その他の勤務条件は、条例で定める」と規定され、地方公共団体により若干違いがある。

　また、休憩時間ではないが、勤務時間内に設けられたものに「休息時間」がある。休息時間は勤務時間に含まれる（給与の対象）ので、授業の合間にお茶を飲んだり、雑談したりしていても、必要があれば勤務に復帰しなければならない時間である。

　さらに、労働基準法第39条第1項、第2項に基づいて労働者には年次有給休暇を与えなければならない。公立学校教員の休暇は、具体的には教育委員会の就業規則や勤務時間条例で定められている。年次有給休暇は、教員本人請求であるが、学校行事と同一日になった場合、所属長である校長が休暇申請を不承認にし、時季変更権を行使する場合がまれにあるが、その他の場合は教員が休暇を請求した時季に休暇が成立し自由に利用できる。

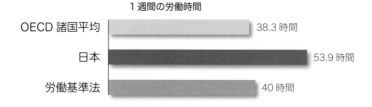

■ 勤務時間と時間外勤務
（国際教員指導環境調査〔TALIS〕2013）

1週間の労働時間

OECD 諸国平均	38.3 時間
日本	53.9 時間
労働基準法	40 時間

教員の場合、
労働基準法の例外に該当 ➡ 時間外手当を支給しない
‖
教職調整額（給料月額の 4% 相当額支給）
①生徒の実習
②学校行事（修学旅行等）
③職員会議
④非常災害業務

公立の義務教育諸学校
等の教育職員の給与等
に関する特別措置法第
3条

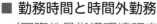

41

教員の勤務時間と時間外勤務の特例

❷ 学校における時間外勤務の特例

　事業主が勤務時間を超えて労働させる場合は労働基準監督署に届けをださなければならないが、公立学校教員の場合は時間外勤務には特例が設けられている。教員の場合は、児童生徒との人間的なふれあいを通して教育活動を行い、教育基本法第1条にある人格の完成をめざす教育活動の特性から、一定時間内で教育活動を処理することができない。そこで、教員の職務と勤務形態を考慮して、時間内の勤務と時間外の勤務とを包括的に評価して時間外勤務手当を支給しない代わりに、給料月額の4%相当額「教職調整額」（公立の義務教育諸学校等の教育職員の給与等に関する特別措置法第3条）として支給する設定にされている。この場合、①生徒の実習に関する業務（工場における実習や船舶を利用した実習等）、②学校行事に関する業務（修学旅行、学芸的行事、体育的行事等）、③職員会議に関する業務、④非常災害等のやむをえない場合に必要な業務（児童生徒の負傷疾病等に対する対応、非行防止に関する児童生徒への対応等）など教育職員に対して時間外勤務を命ずる場合は上記の4条件に関する業務の場合だけであり、臨時的または緊急の場合のみと限られている。

42 学校の組合活動

教職員組合とは

　教職員組合とは、学校の教職員によって組織される組合組織をいうが、通常教職員組合といえば教職員による労働組合（国・私立学校の場合）または職員団体（公立学校の場合）のことをいい、教職員がその経済的・社会的地位の向上や勤務条件の維持改善を図ることを目的として組織する団体またはその連合体という。

　教職員組合発足の経緯は、「第一次世界大戦後，教員の生活と教育の自由を守るための教員組合運動が国際的に起こり、日本でも初の教職員組合として1920（大正9）年に啓明会が創設された。第二次世界大戦後の民主主義をはじめとする思想運動の高揚を背景に、1947（昭和22）年日本教職員組合（日教組）が結成された。ほかに日本高等学校教職員組合（日高教）、全日本教職員連盟などがあり、1989（平成元）年には全日本教職員組合（全教）が発足する。」（ブリタニカ国際大百科事典 小項目事典）とされている。

　日本の教職員組合設立の法的要件については、国立学校、私立学校においては労働組合法（昭和24年法律第174号）に基づいた労働組合であり、公立学校等における教職員組合については地方公務員法（昭和25年法律第261号）、教育公務員特例法（昭和25年法律第1号）などに基づき設立された職員団体となっている。

　ところで、職員は職員団体の結成、あるいは加入、脱退の自由を完全に保障されている（地方公務員法第52条第3項）。「管理職員」については、それ以外の職員と同一の職員団体を組織することが認められず、両者で組織する団体については、地方公務員法上、職員団体としての地位が認められてはいない（地方公務員法第52条第3項ただし書）。また、職員団体は、条例で定めるところにより、理事その他の役員の氏名および条例で定める事項を記載した申請書に規約を添えて人事委員会または公平委員会に登録を申請することができる（地方公務員法第53条第1項、第2項）。

■ 労働基本権（日本国憲法 28 条）

団結権　　団体交渉権　　団体行動権（争議権）

公務員の労働基本権の制限
（全体の奉仕者であり、職務の公共性、地位の特殊性を有するため）

	団結権	団体交渉権	団体行動権
警察官・自衛官・刑務所職員	×	×	×
現業国家公務員	○	○	×
一般国家公務員	○	△	×
現業地方公務員	○	○	×
一般地方公務員（公立学校教員含む）	○	△	×

△団体協約締結権なし

出典：坂田仰・河内祥子・黒田雅子・山田知代『図解・表解　教育法規』新訂第三版（教育開発研究所、2017 年）をもとに作成

　さらに、職員団体から適法な交渉の申し入れがなされた場合、交渉事項を適法に管理し、または決定権限を有する当局は、正当な理由がない限り拒否することができない。

　交渉の対象となるのは、職員の給与、勤務時間その他の勤務条件に関する事項に限られており、管理・運営に関する事項はその対象から除外される。ただ、問題となるのは、人事異動についてである。人事異動は、勤務条件に関する事項とも管理・運営に関する事項ともとれる場合もある。人事異動について、それが勤務事項と密接に関連している場合は交渉の対象となりうるとした判例もある（静岡地方裁判所判決 1970〔昭和 45〕年 3 月 13 日）。

　労働者には、一般に労働三権といわれる団結権、団体交渉権、団体行動権（争議権）が保障されているが、地方公務員には、職務の公共性にかんがみ団体行動権を中心に大きな規制を受ける。

43 個人情報保護法

❶ 地方公共団体の個人情報保護条例は個人情報保護法が根拠

　かつては、教員が家庭に置いていた生徒の成績情報が入ったパソコンが盗難にあった等は被害者とされたが、現在は自宅に持ち帰った USB メモリーから個人情報が流出した等は教員の管理責任が追及される時代になった。2005（平成17）年から、**個人情報の保護に関する法律**（以下、「個人情報保護法」）が施行された。これは1980（昭和55）年の OECD 理事会の「プライバシー保護と個人データの国際流通についてのガイドライン」に基づくものである。2005（平成17）年度から民間事業者を対象に全面実施されるようになったが、逆に個人情報保護を理由に必要な情報が得られないという過剰反応も出てきた。もともと、個人情報保護法は民間企業（私立学校を含む）を対象にしたものであり、公立学校には及ばない。しかし、すべての都道府県、市町村が条例化したため、実質的には公立学校にも理念・定義・運用が及ぶこととなった。そのため、学校でも緊急連絡網が作成できないなど諸問題が発生した。そこで、文部科学省は「学校における生徒等に関する個人情報の適正な取扱いを確保するために事業者が講ずべき措置に関する指針」（ガイドライン）を提示した。事業者の管理措置としては、①生徒等に関する個人データを取り扱う従事者とその権限を明確にし、業務を行う、②生徒等に関する個人データの取り扱いの権限を有する者だけが業務遂行する、③生徒等に関する業務上知り得た個人データをみだりに第三者に知らせ、または不当な目的に使用してはならない、④生徒等に関する個人データ管理責任者を選任する、⑤生徒等に関する個人データ管理責任者および個人データ取扱い従業者に対し、保護措置習熟のため教育研修を行うとされた。また、事業者には第三者に個人情報を提供するには次の点が留意点とされた。①知り得た個人データを漏らし、または盗用してはならない、②個人データの再提供を行うには、あらかじめ文書で了承を得ること、③提供先における保管期間等を明確にすること、④利用目的達成後の個人データ返却、提供先における破棄・削除を確実にする、⑤提供

■ 個人情報保護法

個人情報保護法
法律は民間企業対象だが、全地方公共団体も個人情報条例を整備したので、公立学校も対象となる。

2003（平成15）年　**行政機関の保有する情報の公開に関する法律（情報公開法）**

↓

2005（平成17）年　**個人情報の保護に関する法律（個人情報保護法）**

↓

文部科学省ガイドライン提示（学校での混乱防止）
「学校における生徒等に関する個人情報の適正な取扱いを確保するために事業者が講ずるべき措置に関する方針」

個人情報保護法のポイント

① **収集制限**　データの収集は対象者の同意を得て収集すること
② **データの利用制限**　データは目的以外に開示してはならない
③ **公開原則**　データの運用方針は公開しなければならない
④ **個人参加の原則**　データを確認し、自己情報に関して訂正、修正する権利がある
⑤ **責任原則**　個人情報管理者は、以上の原則を守るための措置をとらなければならない

先における個人データの複写・複製を禁止するとされた。

❷ 教育委員会・学校の教育情報の公開

　さかのぼって、2001（平成13）年度からは、**行政機関の保有する情報の公開に関する法律**（通称「情報公開法」）が施行され、行政機関が保有する職務上作成した情報は原則公開しなければならなくなった。そのため、教育委員会会議が開催されれば会議録は公開され、学校では職員会議録も公開されるようになってきた。

　福岡県民が、県立高等学校の中途退学率、原級留置数の記録文書公開を請求したのに対して、地方裁判所は「公開すると高校の序列化、社会的反響が起こり、学校と教育委員会との信頼関係が損なわれる」としたが、福岡高等裁判所は1991（平成3）年に「子どもを託している親としては高校の環境を知ろうとすることは当然の要求であり、県民に広く示す必要がある」とそれを取り消した。職務上法令で非公開とされている情報以外は、近年公開が原則になりつつある。なお、情報公開制度は、行政情報を公開するのに対して、個人情報保護法は、個人情報を本人に開示し、訂正、削除等の要求に応じようとする点が異なっている。

44 教職員の人事権

❶ 教職員の人事は誰が？

　地方教育行政の組織及び運営に関する法律（以下、「地教行法」）第37条第1項では、都道府県教育委員会は、政令指定都市等を除き、市町村立学校職員給与負担法が規定する「県費負担教職員」の任命権を有し、市町村教育委員会の内申を待って任免等を行う（地教行法第37条、第38条）となっている。

　ところで、県費負担教職員とは、市町村（特別区および市町村の組合を含む）立の小学校、中学校、中等教育学校の前期課程、特別支援学校に勤務する校長、副校長、教頭、主幹教諭、指導教諭、教諭、養護教諭、栄養教諭、助教諭、養護助教諭、寄宿舎指導員、講師、学校栄養職員（学校給食法第7条に規定する職員をいう）、事務職員（地方自治法第172条第1項に規定する吏員に相当する者及びこれに準ずる者として政令で定める者をいう）を指し、その給与その他手当（市町村立学校職員給与負担法第1条)等について都道府県が負担するものをいう（地教行法第37条）。なぜこのような制度がとられているのかといえば、市町村の職員である市町村立小・中学校等の教職員の給与が義務的経費でありかつ多額であるため、例外的に、市町村より広く財政力が安定している都道府県の負担とし、給与水準の確保と一定水準の教職員の確保を図り、教育水準の維持向上を図ることを趣旨としている。また、都道府県が人事を行うことは、任命権と給与負担の調整を図ることとあわせて、身分は市町村の職員として地域との関係を保たせながら、広く市町村を越えて人事を行うことにより、教職員の適正配置と人事交流を図ることができるからである。ただ、その結果、県費負担教職員に関しては、人事権と服務監督権が分離するということになっており、かねてからその一元化の必要性が指摘されている。

　なお、県費負担教職員の定数については、臨時または非常勤の職員を除いて都道府県の条例で定める（地教行法第41条）となっている。また、県費負担教職員の給与、勤務時間その他の勤務条件についても、地方公務員法第24条第5項

■ 教職員の人事権

＜人事権移譲に関する動き＞

中央教育審議会答申「新しい時代の義務教育を創造する」（2005 年）
●提言　　＊義務教育の直接の実施主体（市区町村）に権限移譲を進める
　　　　　＊市区町村、学校の裁量、自由度を高める分権改革を推進する

市町村費負担教職員任用制度

2006(平成 18) 年の市町村立学校職員給与負担法の改正により、地域の創意工夫を生かした教育の充実という観点から、市町村が独自に給与負担しつつ教職員を任用することが可能となった（構造改革特区における措置を全国展開化したもの）。市町村独自の少人数教育などに活用されている。

参考：坂田仰・河内祥子・黒川雅子・山田知代著『図解・表解　教育法規』新訂第三版　教育開発研究所、2017 年

の規定により条例で定めるものとされている事項は、都道府県の条例で定める（地教行法第 42 条）となっている。

❷ 人事権移譲について

　政令指定都市では、従来から地教行法第 58 条において特例として教職員の任免、休職及び懲戒に関する事務は当該指定都市の教育委員会が行う（地教行法第 58 条〔現在では削除されている〕）とされてきたが、2017（平成 29）年 4 月からは教職員の給与および定数、勤務条件等についても都道府県から権限と財源が移譲されている。また中核市については人事権のうち研修に関する実施義務のみが都道府県から移譲されている（地教行法第 59 条）。

　なお、人事権移譲に関しては、中央教育審議会答申「新しい時代の義務教育を創造する」（2005〔平成 17〕年）のなかで、義務教育の直接の実施主体である市区町村に権限の移譲を進め、地域の実情に応じた教育ができるようにしていくことが必要であると指摘している。

45 公務上の災害と教員の労働災害補償

❶ 教員の災害を補償する地方公務員災害補償法

　公立学校の教職員が多忙な学校の公務に起因して負傷・疾病・死亡等にあったときは、地方公務員災害補償基金（以下、「地公災制度」）により補償される。しかし、認知度は低く、判定基準も厳しく、労働災害の発生が公務に起因するかの判断基準が争点になり、公務と災害との関係が難しいケースが増加し、公務上の災害認定をめぐる対立が司法の場にもち込まれることが少なくない。公立学校の教員は地方公務員の身分を有するので、地方公務員法第45条では「職員が公務に因り、死亡し、負傷し、若しくは疾病にかかり、若しくは公務に因る負傷若しくは疾病により死亡し、若しくは障害の状態と……なつた場合においてはその者又はその者の遺族若しくは被扶養者がこれらの原因によつて受ける損害は、補償されなければならない」と規定されている。これを受け、地方公務員災害補償法（労働者災害補償保険法の特別法として1967年成立）の適用対象になる場合がある。地方公務員災害補償法が適用されるのは、教職員が公務上負傷、疾病、障害、死亡に至った場合や通勤途上に災害に遭遇した場合などである。補償の内容は①療養補償、②休業補償、③傷病補償年金、④障害補償、⑤介護補障、⑥遺族補償、⑦葬祭補償となっている。これらは、被災者（家族）の申請に基づいて給付が判断される請求主義をとっているので注意しなければならない。

❷ 公務災害と判断されるためには、「公務遂行性」と「公務起因性」が必要

　事案が公務災害と判断されるためには、「公務遂行性」と「公務起因性」の条件を満たさなければならない。「公務遂行性」とは、災害が任命権者（校長等）の支配、管理下で起こったということである。また、「公務起因性」とは公務と災害との間に「相当因果関係」が存在していることが証明されなければならないということである。持病のある場合や過労死による場合は、公務災害の認定をめ

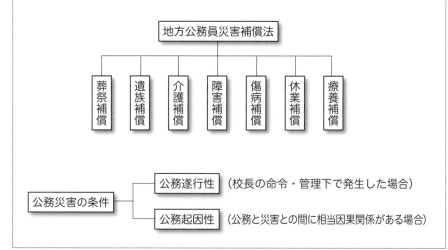

■ **公務災害について**

公務災害

「職員が公務に因り死亡、負傷、疾病、障害の状態となった場合、本人、遺族、被扶養者はそれらによって受ける損害を補償されなければならない」（地方公務員法第45条・要旨）

地方公務員災害補償法

- 葬祭補償
- 遺族補償
- 介護補償
- 障害補償
- 傷病補償
- 休業補償
- 療養補償

公務災害の条件 ── 公務遂行性（校長の命令・管理下で発生した場合）

公務起因性（公務と災害との間に相当因果関係がある場合）

ぐっての対立も増加し、司法の場に持ち込まれることが多くなってきた。

　教職員の労働災害の背景には、教員の授業準備、生徒指導、部活動指導、保護者対応など公務の加重性があり、入院や休職、うつ病の末に自死する場合もある。そのため、家族が公務災害として弁護士に相談し、申請し認定を得ることになる。公務災害は、多忙な教員にとって身近な制度であるが、申請には証拠集め・書類の作成など長期にわたる作業が必要であり、この制度を十分に活用できていないのが現状である。まず、職場の同僚、管理職、弁護士に相談することが重要であろう。教員の仕事は集団で行っているようにみえるが、こと過労死や自死の案件は孤立した申請作業になる。近年、教員の労働時間が国際比較でも最長で問題になり、若い教員が保護者からの執拗なクレームが原因で自死におよび、地公災制度に申請し認定されない場合もある。地公災制度の決定に不服がある場合は、審査請求、再審査請求をすることができ、その後3か月を経ても裁決がない場合には、却下されたものとみなされ、本訴で争うことができる。多忙な教員にとって、地方公務員災害補償法制度はみずからの身を守る大事な制度である。

46 教員免許の更新制

関連法 教育職員免許法

❶ 教員免許状の効力

　教育職員免許法第 9 条第 1 項において、「普通免許状は、その授与の日の翌日から起算して 10 年を経過する日の属する年度の末日まで、……効力を有する」とされ、**教員免許状には 10 年という期限**が付されている。従来は、教員免許状に効力の期限はなく、いったん免許を取得すれば恒久的にそれを保持することができた。しかし、2007（平成 19）年の改正教育職員免許法の成立により、2009（平成 21）年 4 月 1 日から教員免許更新制が導入され、教員は**免許更新講習を受講しなければ、教員免許を保持することはできない**こととなった。

　教員免許の更新制度については、2002（平成 14）年の中央教育審議会「今後の教員免許制度の在り方について（答申）」以降、議論が重ねられてきた。その理由としては、当時、学習指導要領の改訂に向けての教員の資質能力の向上や、いじめや不登校、特別な支援を必要とする児童への新たな課題の発生や増加にともない、学校教育をめぐる社会の状況が大きく変化したことがあげられる。そのなかで、教員の子どもの教育に果たす役割等を考慮したとき、その時代の進展に応じて**教員の資質能力は更新するべき**であるという根拠に基づいて、教員免許の更新制が法的に定められた。

❷ 免許更新制度の意義

　教員免許の更新制の導入により、すべての教員が、社会状況や学校における教育課題に対応する資質能力を身につけることが求められる。また、教員の専門性が高められ、公教育の改善と充実に資することが求められる。

　そこで、教員免許の更新の要件として、免許更新講習の受講と修了が必要となっている。したがって、それを修了できない場合は、教員として必要な資質能力を有していないとみなされ、教員免許状は失効する。2006（平成 18）年の中央教育審議会「今後の教員養成・免許制度の在り方について（答申）」では、更新制は

■ **教育職員免許法**

> 第9条の3　**免許状更新講習**は、大学その他文部科学省令で定める者が、次
> に掲げる基準に適合することについての文部科学大臣の認定を受けて行う。
> 　一　講習の内容が、教員の職務の遂行に必要なものとして文部科学省令で定め
> る事項に関する**最新の知識技能を修得させるための課程**（その一部として行わ
> れるものを含む。）であること。（二〜四は略）
> 2　前項に規定する免許状更新講習（以下単に「免許状更新講習」という。）の時
> 間は、**30時間以上**とする。
> 3　免許状更新講習は、次に掲げる者に限り、受けることができる。
> 　一　教育職員及び文部科学省令で定める教育の職にある者
> 　二　教育職員に任命され、又は雇用されることとなつている者及びこれに準ずる
> ものとして文部科学省令で定める者
> （4〜6は略）

結果として、「教員として問題のある者は教壇に立つことがないようにするという
効果を有している」とされている。今後の教員免許のあり方についての議論のな
かでは、教員免許の更新制度のほかに、大学の教職課程の改革や、教職大学院の
設立など、社会の要請と時代の必要性に応じて、教員免許のあり方が問われている。

❸ 免許更新講習

　教員免許の更新に必要な要件としての免許更新講習は、教員免許の有効期限の
満了前の直近2年間程度の間に受講することとされている。また、講習時間は最
低30時間程度が適当であるとされている。

　教員免許更新講習は、主として教職課程認定大学で行われるが、都道府県等の
教育委員会でも開設される。内容や方法については、全国的に一定の水準が保た
れることが必要であり、国が免許更新講習の認定基準を定め、認定を行っている。

　免許更新制度が導入される前に教員免許状を取得している教員については、35
歳、45歳、55歳になった各年度に免許更新講習を受講し、教員免許を更新する
という経過措置が取られている。文部科学省の調べによると、平成28年度の調
査で、免許更新講習を修了できなかった者は、平成27年度に期限を迎えた教員（9
万1789人）のうち、0.36%（335人）であった。

関連資料　中央教育審議会「今後の教員養成・免許制度の在り方について（答申）」2006年7月

公立学校教員の争議行為
（新潟高教組事件）

■事件の概要

　新潟県立高等学校に勤務していた教職員たる地方公務員であって、いずれも新潟県高等学校教職員組合（新潟高教組）の役員の地位にあった16名が、新潟高教組が1982（昭和57）年・1983（昭和58）年の人事院勧告および人事委員会勧告の完全実施を求めて、早朝2時間のストライキを1982年・1983年にそれぞれ1回ずつ実施した。このストライキは、ほとんどの県立高等学校で約4,000名が参会する大規模なものであった。このストライキ等の運動方針等を決定し、その実行に向けてオルグ活動を呼びかける文書作成、配布をするなど指導的役割を果たしていたことが地方公務員法第37条第1項に違反するとして、新潟県教育委員会により減給又は戒告処分（戒告から3か月の減給10分の1）とされた。これに対して原告は、地方公務員法第37条第1項は日本国憲法第28条等に違反し、また人事院勧告が本来の機能を果たしていない場合に相当と認められる手段・態様でする争議行為は憲法上保障されるべきであるから地方公務員法第37条第1項の適用違憲が存在するなどと主張して、右懲戒処分の取り消しを請求した。

　新潟地裁は1996（平成8）年に原告の訴えを退け、処分を適法とした。これを不服とした原告が上告していた。

■争点

　地方公務員である県立高校教員の争議行為がどこまで認められるのか。

■判決要旨

　最高裁は、一審と同様に、地方公務員法第37条第1項の違憲・違憲適用の主張を否定し、本件争議行為の違法性を認めたうえで本件処分に裁量権の濫用は認められないとした。本件処分を適法とした原審の判断を相当として、原告の上告を棄却した。

■コメント

　公務員も労働者である以上、日本国憲法第28条にある労働基本権（団結権、団体交渉権、団体行動権）は保障されるが、国民生活全体の利益の保障という見地から、私企業労働者と異なる制約を内包しているという判断は、この判決以前に、いくつかの最高裁判決で示されている。

　今日において、教員の多忙化や過重労働が、大きな問題としてあげられている。その解決のためにさまざまな方策が提案されているが、「労働者としての教員」という観点からすれば、教員自身の労働に対する意識、主張がいかに取り入れられるかが、重要といえよう。

参考：最高裁判所　平成12年12月15日（平成12〔行ツ〕186等）

◆ 考えてみよう

◆ 教員の研修について

　公立学校の教員は、地方公務員法の適用を受けるが、同時にその職務と責任の特殊性に基づき教育公務員特例法の適用を受ける。この法律では、教員の研修について規定されているが、「研修の機会」「研修計画」についての規定を調べ、そこから教員の研修の必要性や方法について論じてみよう。

_____

_____

_____

_____

_____

◆ 教員免許の更新制について

　教員免許は、教育職員免許法第9条において、10年という期限が付されている。教員免許を更新するためには、免許更新講習を受講しなければならないが、その講習の条件や内容について調べ、それに基づいて免許更新講習の有効性と、課題について論じてみよう。

_____

_____

_____

_____

_____

IV章　人権教育における法規

47 人権をめぐる動き

関連法 世界人権宣言　人権関係諸条約　人権教育のための国連10年

❶ 人権のはじまりと広がり

人権とは、人間が人間らしく幸せに生きていくための権利であり、誰でもが生まれながらにもっている権利である。また、国籍・性別・出身などにかかわらず、一人ひとりの生命や自由・平等を保障し、日常生活を支える大切な権利である。

このような「人権」という考え方は、17世紀ころにヨーロッパを中心に起こったといわれている。

イギリスの経験論哲学を代表する哲学者であるジョン・ロック（1632〜1704年）は、絶対王政（専制政治）に反対し、近代の個人的自由と基本的人権を擁護する立場をとり、「人間は生まれながらに自然にもっている権利がある」（自然権）と「国は、人々から信じ託された個人の権利（生命・自由・財産）を守ることが役割である」と説き、革命（ピューリタン革命）と保守のバランスのとれた理性的中産市民階級を中心とする民主政治の大切さを訴えた（市民政府論）。その考えが、自由や権利を求め専制政治を倒そうとする民衆の動きにも影響を与え、フランス革命へと発展していく。その革命のなかで、世界ではじめて人権の不可侵性とその尊重を宣言した「フランス人権宣言」（1789年）が誕生していくこととなるのである。

フランス人権宣言は、封建的束縛や規制を廃して、個人の自己決定を重視し、国家の制限から個人を解放し自由になることを目的とした「自由権」（消極的権利）を中心としたものであり、「第一世代の人権」とも称されるものである。

しかし、18世紀後半から19世紀にかけて起こった産業革命が、貧富の差の拡大や失業者の増加、さらに教育を受けられず長時間の労働を強いられる子どもの増加など、大きな社会問題を生みだした。このなかで、人間の尊厳を取り戻すべくイギリスを中心に労働運動等が展開され、新たな平等原理としての「社会権」（社会保障を受ける権利、教育を受ける権利、労働基本権などの人としての最低限の生活を営むことを保障する権利、社会的平等を保障する権利など）が意識されはじめ、それを国家に強く求めていくのである。このような社会権は、国家が積極的に保障すること（積極的権利）が必要であり、「第二世代の人権」ともいわれている。この権利は現在、「社会権的基本権」「生存権」などといわれ、多くの国々の憲法等で定められているのである。

■ 国連が中心となって作成した人権に関連する諸条約

経済的、社会的及び文化的権利に関する国際規約（A 規約）	1966 年 12 月 16 日採択
労働者の権利、社会保障についての権利、教育及び文化活動に関する権利などの社会権を主として規定したもの。	1976 年 1 月 3 日発効 1979 年 6 月 21 日締結
市民的及び政治的権利に関する国際規約（B 規約）	1966 年 12 月 16 日採択
人は生まれながらにして自由であるという考え方の下で、個人の生活を公権力の干渉や妨害から守るという観点に立った権利、つまり自由権を中心に規定したもの。	1976 年 3 月 23 日発効 1979 年 6 月 21 日締結
あらゆる形態の人種差別の撤廃に関する国際規約（人種差別撤廃条約）	1966 年 12 月 21 日採択
締約国が人権及び基本的自由の十分かつ平等な享有を確保するため、あらゆる形態の人種差別を撤廃する政策及びあらゆる人種間の理解を促進する制作を遺漏なく実施すること等を内容とした条約。	1969 年 1 月 4 日発効 1995 年 12 月 15 日締結
女子に対するあらゆる形態の差別の撤廃に関する条約（女性差別撤廃条約）	1979 年 12 月 18 日採択
すべての人間は、生まれながらに自由かつ平等であることから、性別に関係なく個人として等しく尊重されるべきであるとした条約。	1981 年 9 月 3 日発効 1985 年 6 月 25 日締結
児童の権利に関する条約（子どもの権利条約）	1989 年 11 月 20 日採択
世界には貧しさや飢え、戦争などで苦しむ子どもたちがたくさんいる。そのような現実を踏まえ、子どもの人権や自由を尊重し、子どもに対する保健と援助を進めることをめざした条約。	1990 年 9 月 2 日発効 1994 年 4 月 22 日締結

出典：公益財団法人兵庫県人権啓発協会「人権啓発テキスト」（2015 年 3 月）をもとに作成

このように、「人権」は、永きにわたって民衆が特権に反対する運動として展開し、自由や平等、人間の尊厳を求めて勝ち取ってきた権利といえる。

❷ 国際社会のなかでの人権教育の広がり

人権教育の定義は、2005 年の国連総会で採択された「人権教育のための世界計画」（終了期限を設けず 3 年ごとのフェーズおよび行動計画の策定）で、「知識及びスキルの伝達ならびに態度の形成を通じて普遍的な人権文化を構築することを目的とした教育、研修及び広報努力」であるとしている。

人権教育という言葉そのものは、1980年頃から使われ始め、カリキュラムのあり方や学習方法等が提起されるようになり、1990 年代に入って、より国レベルで人権教育を位置づける宣言がだされるようになってくるのである。さらに 1994年 12 月、国連総会で「人権教育のための国連 10 年」の行動計画が採択される。この行動計画は「人権文化」という言葉をキーワードにして作成しており、ここにはじめて「人権文化」という言葉が登場してくる。「人権教育のための国連 10 年」は 1995 ～ 2004 年までの 10 年間、各国において「人権という普遍的文化」が構築されることを目標として、人権に関する教育啓発活動に積極的に取り組むよう要請しているのである。

48 世界人権宣言

❶ 世界人権宣言は、なぜ、採択されたのか

　第二次世界大戦前までは、人権は、一つの国の中の問題としてとらえられ、他国の人権問題に関与しないという不干渉主義がとられてきたのであるが、20世紀に、世界を巻き込んだ戦争が2度も起こり、かつてない人権の侵害や抑圧が横行した経験から、世界平和の基礎は人権の保障であるという考え方が中心になり、国際連合（1945年10月）がつくられた。

　このような国際連合の発足に先立ってつくられた国連憲章（1945年6月）では「人権及び基本的自由を尊重するように助長奨励することについて、国際協力を達成すること」を目的の一つに掲げており、そして、1948（昭和23）年12月10日の第3回国連総会（パリ）において、国連憲章を受けてすべての人と国が守るべき基準としての「世界人権宣言」を採択したのである。

　世界人権宣言は、基本的人権尊重の原則を定め、はじめて国際的に世界に人権保障の目標や基準を宣言した画期的なものである。宣言は法的な拘束力をもつものではないが、誕生以来、世界各国の憲法や法律に取り入れられ、さまざまな国際会議の決議に用いられ、世界各国に深く影響を及ぼしている。

　この宣言により、人権を守る動きは大きく進んできており、世界の人々にとって希望と励みの源となっている。

❷ 世界人権宣言の内容

　世界人権宣言は、前文と30の条文からなり、誰もが自由であることにより保障される自由権（第1〜20条）、参政権（第21条）、国家や地方公共団体の関与によって保障される社会権（第22〜27条）に分けて規定している。また、第29条では、「他人の権利及び自由を尊重しなければならず、民主的社会における道徳、公の秩序と福祉のために定められた法律の制限に服すべき」と定め、他者の人権への理解をうたっている。

■ 世界人権宣言　前文

　人類社会のすべての**構成員の固有の尊厳と平等で譲ることのできない権利とを承認することは、世界における自由、正義及び平和の基礎**であるので、　人権の無視及び軽侮が、人類の良心を踏みにじった野蛮行為をもたらし、**言論及び信仰の自由が受けられ、恐怖及び欠乏のない世界の到来が、一般の人々の最高の願望として宣言**されたので、　人間が専制と圧迫とに対する最後の手段として反逆に訴えることがないようにするためには、法の支配によって人権を保護することが肝要であるので、諸国間の友好関係の発展を促進することが、肝要であるので、　国際連合の諸国民は、国際連合憲章において、基本的人権、人間の尊厳及び価値並びに男女の同権についての信念を再確認し、かつ、一層大きな自由のうちで社会的進歩と生活水準の向上とを促進することを決意したので、加盟国は、**国際連合と協力して、人権及び基本的自由の普遍的な尊重及び遵守の促進を達成することを誓約した**ので、これらの権利及び自由に対する共通の理解は、この誓約を完全にするためにもっとも重要であるので、よって、ここに、国際連合総会は、社会の各個人及び各機関が、この世界人権宣言を常に念頭に置きながら、加盟国自身の人民の間にも、また、加盟国の管轄下にある地域の人民の間にも、これらの**権利と自由との尊重を指導及び教育によって促進すること**並びにそれらの普遍的かつ効果的な承認と遵守とを国内的及び国際的な漸進的措置によって確保することに努力するように、**すべての人民とすべての国とが達成すべき共通の基準として、この世界人権宣言を公布**する。

出典：外務省「世界人権宣言」(2017 年 11 月 22 日アクセス)

　「世界人権宣言」採択当時、日本はまだ連合国軍の占領下にあり、国連にも加盟していなかったが、主権を回復することになった 1951（昭和 26）年のサンフランシスコ平和条約の前文では、「世界人権宣言の目的を実現するために努力」する意思を宣言している。それとともに、基本的人権の尊重を基本原則とする日本国憲法のもとで、人権に関する諸施策の推進が図られてきた。

49 国際人権規約

なぜ、国際人権規約が国連で採択されたのか

　現在では、人権は国際社会全体に関わる重要な問題であるという考え方が一般的になっている。そのため、世界人権宣言の理念を実現させるために、国連加盟各国が法的拘束力をもつよう、2つの国際人権規約が1966（昭和41）年12月の第21回国連総会で採択された。

　この2つの人権規約は、「経済的、社会的及び文化的権利に関する国際規約」（A規約、社会権規約と略される）と「市民的及び政治的権利に関する国際規約」（B規約、自由権規約と略される）である。この2つの国際人権規約は、最も基本的かつ包括的な条約として人権保障のための国際的基準となっている。

　国際人権規約のA規約とB規約の第1条は共通で、人民の自決権規定を置くなど、開発途上国の意向も酌む内容となっている。A規約は31条からなり、加盟国に権利保障を義務づけ、漸進的にその実現を求める規定方式をとっている。それに対しB規約は53条からなり、個人に直接権利を認める規定方式をとり、加盟国に条約実施状況の報告を求めるほか、同規約の人権委員会の審議権を受諾した国については条約違反があった場合に他の加盟国からの通報、議定書加盟国については国内救済が得られぬ場合に被害者個人からの通報により、同委員会が事案を審議する道を開いた。特に、社会権規約では、労働基本権、社会保障、教育および文化活動に関する権利などを規定しており、自由権規約では、生命に対する権利、身体の自由、表現の自由、裁判を受ける権利、参政権、平等権、少数民族の権利などを規定している。

　また、A規約の第13条第2項（a）では、「初等教育は、義務的なものとし、すべての者に対して無償のものとすること」や同項（d）では、「基礎教育は、初等教育を受けなかった者又はその全課程を修了しなかった者のため、できる限り奨励され又は強化されること」など注目される内容がある。日本政府は、1979（昭和54）年にこの規約を締結している。

■ 国際人権規約

●経済的、社会的及び文化的権利に関する国際規約（A 規約）

この規約の締約国は、国際連合憲章において宣明された原則によれば、人類社会のすべての構成員の固有の尊厳及び平等のかつ奪い得ない権利を認めることが世界における自由、正義及び平和の基礎をなすものであることを考慮し、これらの権利が人間の固有の尊厳に由来することを認め、世界人権宣言によれば、自由な人間は恐怖及び欠乏からの自由を享受するものであるとの理想は、**すべての者がその市民的及び政治的権利とともに経済的、社会的及び文化的権利を享有することのできる条件が作り出される場合に初めて達成されることになることを認め**、人権及び自由の普遍的な尊重及び遵守を助長すべき義務を国際連合憲章に基づき諸国が負っていることを考慮し、個人が、他人に対し及びその属する社会に対して義務を負うこと並びにこの規約において認められる権利の増進及び擁護のために努力する責任を有することを認識して、次のとおり協定する。

第一条（A 規約 B 規約共通）

すべての人民は、**自決の権利を有する**。この権利に基づき、**すべての人民は、その政治的地位を自由に決定し並びにその経済的、社会的及び文化的発展を自由に追求する**。

2　すべての人民は、互恵の原則に基づく国際的経済協力から生ずる義務及び国際法上の義務に違反しない限り、自己のためにその天然の富及び資源を自由に処分することができる。**人民は、いかなる場合にも、その生存のための手段を奪われることはない**。

3　この規約の締約国（非自治地域及び信託統治地域の施政の責任を有する国を含む。）は、国際連合憲章の規定に従い、自決の権利が実現されることを促進し及び自決の権利を尊重する。

第十三条

この規約の締約国は、**教育についてのすべての者の権利を認める**。締約国は、教育が人格の完成及び人格の尊厳についての意識の十分な発達を指向し並びに人権及び基本的自由の尊重を強化すべきことに同意する。更に、締約国は、教育が、すべての者に対し、自由な社会に効果的に参加すること、諸国民の間及び人種的、種族的又は宗教的集団の間の理解、寛容及び友好を促進すること並びに平和の維持のための国際連合の活動を助長することを可能にすべきことに同意する。

2　この規約の締約国は、1 の権利の完全な実現を達成するため、次のことを認める。

(a)　**初等教育は、義務的なものとし、すべての者に対して無償のものとすること**。

(b)　種々の形態の**中等教育（技術的及び職業的中等教育を含む**。）は、すべての適当な方法により、特に、無償教育の漸進的な導入により、一般的に**利用可能であり、かつ、すべての者に対して機会が与えられるものとすること**。

(c)　**高等教育は**、すべての適当な方法により、特に、無償教育の漸進的な導入により、**能力に応じ、すべての者に対して均等に機会が与えられるものとすること**。

(d)　基礎教育は、初等教育を受けなかった者又はその全課程を修了しなかった者のため、できる限り奨励され又は強化されること。

(e)　すべての段階にわたる**学校制度の発展を積極的に追求し、適当な奨学金制度を設立し及び教育職員の物質的条件を不断に改善する**こと。

●市民的及び政治的権利に関する国際規約（B 規約）

第十二条

1　合法的にいずれかの国の領域内にいるすべての者は、当該領域内において、**移動の自由及び居住の自由についての権利を有する**。

2　すべての者は、**いずれの国（自国を含む。）からも自由に離れることができる**。

3　**1 及び 2 の権利は、いかなる制限も受けない**。ただし、その制限が、法律で定められ、国の安全、公の秩序、公衆の健康若しくは道徳又は他の者の権利及び自由を保護するために必要であり、かつ、この規約において認められる他の権利と両立するものである場合は、この限りでない。

4　**何人も、自国に戻る権利を恣意的に奪われない**。

出典：外務省「国際人権規約」（2017 年 11 月 22 日アクセス）

50 「人権教育のための国連 10 年」と 「人権教育のための世界プログラム」

❶「人権教育のための国連 10 年」って何

　国連は、世界各国において「人権という普遍的文化」が構築されることを目的に 1995（平成 7）年から 2004（平成 16）年末までの 10 年間を「人権教育のための国連 10 年」とすることを決議した。さらに、人権教育を具体的に実施するための行動計画をつくり、各国が人権に関する教育啓発活動を積極的に取り組むよう要請した。行動計画では、5 つの基本目的を示している。その 5 つとは、①ニーズの把握と戦略の形成、②国・地方の各レベルでの人権教育プログラムの立案とその強化、③人権教育教材の開発、④マスメディアの役割強化、⑤世界人権宣言の普及である。各国は政府や N G O の幅広い連携の上に人権教育のための国内委員会や人権センターを設立し、包括的、効果的、かつ長期的に人権教育の国内行動計画を策定・実施するよう期待され、さまざまな取り組みが進められてきた。日本も、1995（平成 7）年 12 月、内閣に「人権教育のための国連 10 年」推進本部を設置し、1997（平成 9）年 7 月「国内行動計画」を策定している。また、多くの地方公共団体でも同様の計画を策定している。さらに、2000（平成 12）年には「人権教育及び人権啓発の推進に関する法律」が制定・施行された。

❷「人権教育のための国連 10 年」の成果

　「人権教育のための国連 10 年」の日本における行動計画で達成された主な内容については次の通りである。

　①国や地方自治体の各レベルで「人権教育 10 年」に関わる行動計画や推進体制がつくられた、②教員・公務員・医療関係者・福祉関係者など特定職業従事者向けの人権教育の重要性が確認された、③豊かな人権文化を築くための人権教育という考え方が広がった、④参加体験型学習に代表されるように学習者中心の人権学習が広がった、⑤人権教育を通じて育むべき知識・スキル・態度という議論が広がってきた、⑥行政が N P O や地域コミュニティと協働するという考え方が

■ 人権教育のための国連 10 年（1995 ～ 2004 年）行動計画

1.「人権教育のための国連10年」は、人権関係国際文書の諸規定、世界人権宣言第26条、経済的、社会的及び文化的権利に関する国際規約第13条、……人権教育に言及している諸規定に基づくものである。

10.「10年」の目的は以下を含む。

（a）あらゆる段階の学校、職業研修、及び公的、非公的な学習の場において、人権教育を促進するためのニーズを評価し、効果的な戦略を策定すること

（b）国際社会、地域、国内及び地方のレベルにおいて、人権教育のための計画と能力を形成し、強化すること

（c）人権教育教材の調整のとれた開発

（d）人権教育の促進に果たすマスメディアの役割と能力の強化

（e）世界人権宣言をできる限り多くの言語、並びに様々なレベルの識字能力の人々及び障害をもつ人々に適するような言語以外の形式で世界的に普及させること

出典：外務省「国連『人権教育のための世界計画』」（2015 年 7 月 17 日）

推奨されるようになった、などである。

❸「人権教育のための世界計画」とは

　「人権教育のための国連10年」終了後も人権教育は必要、との認識から国連では2005年から「人権教育のための世界計画」を開始し、数年ごとの段階（フェーズ）を決め、その段階ごとに領域を定め、行動計画を策定することとなった。第一フェーズ（2005 ～ 2007 年）は「初等中等教育における人権教育」に焦点を当てることとなった。なお、第一フェーズは2年間延長され2009（平成21）年に終了し、その後、2010（平成22）年から2014（平成26）年末までの5年間が第二フェーズとされ、「高等教育における人権教育及び公務員法執行者、軍隊への人権研修のための行動計画」に、2015（平成27）年から2019（平成31）年までを「最初の2つのフェーズの実施を強化し、メディア専門家およびジャーナリストやメディアとする第三フェーズ」とし、その行動計画が採択された。

51 あらゆる形態の人種差別の撤廃に関する国際条約（人種差別撤廃条約）

❶ 人種差別撤廃条約採択の背景と経緯

　国連は、1948（昭和23）年に世界人権宣言を採択し、「すべての人間は、生まれながらにして自由であり、かつ、尊厳と権利とについて平等である」と宣言した。しかし、現実には、1959（昭和34）年〜1960（昭和35）年にかけて、ネオ・ナチズムの活動がヨーロッパを中心に続発したほか、南アフリカ共和国では、アパルトヘイト政策による人種差別が行われていた。さらに、植民地支配から独立したアフリカ17か国が国連に加盟したことによって、人種差別撤廃の機運が国際的に高まった。

　このような世界の潮流を背景に、1960（昭和35）年の第15回国連総会において、「人種的、民族的憎悪の諸表現」と題するナチズム非難決議、ならびに、「植民地及びその人民に対する独立の付与に関する宣言」が採択された。ところが、これらには法的拘束力がなく、人種・民族に対する差別が依然として存在した。このような差別を撤廃するために、より具体的な措置の履行を義務づける文書の採択が必要とされたことから、1962（昭和37）年の第17回国連総会において「あらゆる形態の人種差別の撤廃に関する宣言案及び条約案の作成」に関する決議が採択され、1963（昭和38）年の第18回国連総会で「あらゆる形態の人種差別の撤廃に関する国連宣言」が採択された。

　その2年後である1965（昭和40）年12月21日の第20回国連総会においてこの条約が全会一致で採択され、1969（昭和44）年1月4日に効力が生じた。

❷ 人種差別撤廃条約の内容

　この条約における「人種差別」とは何かということについては、第1条に「人種、皮膚の色、世系又は民族的若しくは種族的出身に基づくあらゆる区別、排除、制限又は優先」と定義されている。

　また、この条約では、差別を撤廃していく基本的な視点として、①差別撤廃は

■ あらゆる形態の人種差別の撤廃に関する国際条約

第1条

1　この条約において、「人種差別」とは、人種、皮膚の色、世系又は民族的若しくは種族的出身に基づく**あらゆる区別、排除、制限又は優先**であって、政治的、経済的、社会的、文化的その他のあらゆる公的生活の分野における平等の立場での人権及び基本的自由を認識し、享有し又は行使することを妨げ又は害する目的又は効果を有するものをいう。

2　この条約は、**締約国が市民と市民でない者との間に設ける区別、排除、制限又は優先については、適用しない。**

3　この条約のいかなる規定も、国籍、市民権又は帰化に関する締約国の法規に何ら影響を及ぼすものと解してはならない。ただし、これらに関する法規は、**いかなる特定の民族に対しても差別を設けていないことを条件とする。**

4　人権及び基本的自由の平等な享有又は行使を確保するため、保護を必要としている特定の人種若しくは種族の集団又は個人の適切な進歩を確保することのみを目的として、必要に応じてとられる特別措置は、人種差別とみなさない。ただし、この特別措置は、その結果として、異なる人種の集団に対して別個の権利を維持することとなってはならず、また、その目的が達成された後は継続してはならない。

第9条

1　締約国は、次の場合に、この条約の諸規定の実現のためにとった立法上、司法上、行政上その他の措置に関する報告を、委員会による検討のため、国際連合事務総長に提出することを約束する。

人権確立の基礎である、②差別は科学的に合理化されない、③差別は世界の平和と安定を脅かす、④差別は差別する人々の人間性をも損なうこと等が指摘されている。

　さらに、差別を撤廃する基本方策として、①差別行為の法的な禁止と救済、②劣悪に置かれている場合の特別措置、③差別を撤廃するための教育、情報、文化活動の具体的な措置と、異なった文化や伝統をもつ人々との共生の考え方などが、明確に示されている。

　なお、この条約を締結した国には、国連への定期的な報告書の提出が義務づけられており、条約に違反した事項があった場合には、個人または団体が直接人種差別撤廃委員会に訴えることができる（第9条、第14条、第15条）。訴えを受けた委員会は、調停や勧告をだすことができる（第11条、第12条、第16条）。

　日本は、1995（平成7）年12月15日に加入し、146番目の締約国となり、1996（平成8）年1月14日に、この条約の効力が生じた。

52 女子に対するあらゆる形態の差別の撤廃に関する条約（女子差別撤廃条約）

❶ 女子差別撤廃条約採択の背景と経緯

　国連は、女性の地位の向上に関しても、積極的な活動を展開している。その象徴的な事例として、1946(昭和 21)年の国連総会で、アメリカ代表のエレノア・ルーズベルト氏が、国際的社会活動への女性の参加を訴えたことがあげられる。また、同年、国連は、人権委員会(当時)の下に「女性の地位小委員会」の設立を決議した。さらに、国連は女性の人権状況の改善に積極的に取り組み、「女性の地位小委員会」を人権委員会と同レベルの委員会に引き上げ「女性の地位委員会」（ＣＳＷ：Commision on the Status Women）とした。

　その後、1975(昭和 50)年を「国際婦人年」と定め、翌年の 1976(昭和 51)年からの 10 年間を「国際婦人の 10 年」と宣言し、女性の人権についてさまざまな取り組みを行うよう各国に求めた。また、3 月 8 日を「国際女性デー」と定め、女性に対する差別の撤廃と平等な社会参加について確認し、話し合う機会を設けた。

❷ 女子差別撤廃条約の内容

　国連の女性の人権にかかる取組の中で重要なものとして**女子差別撤廃条約**があげられる。正式には**女子に対するあらゆる形態の差別の撤廃に関する条約**とよばれている。この条約は、1979(昭和 54)年 12 月 18 日第 34 回国連総会で採択され、1981(昭和 56)年 8 月 1 日に発効した。これは、女性の権利を包括的に保障するもので、後に「世界女性の憲法」とよばれるほど、女性の人権保障に大きな役割を果たした。

　この条約では、主に次の内容を定めている。①性別に基づく区別や排除または制限で、女性の人権や基本的自由を侵害したり、無効にしたりするものは、女性に対する差別にあたること、②女性は、政治的、経済的、社会的、文化的、市民その他のいかなる分野においても、何にもとらわれずに、基本的人権と自由を保

■ 女子に対するあらゆる形態の差別の撤廃に関する条約
（一部抜粋　第1条、第3条）

> 第1条　この条約の適用上、「**女子に対する差別**」とは、**性に基づく区別、排除又は制限であつて**、政治的、経済的、社会的、文化的、市民的その他のいかなる分野においても、**女子（婚姻をしているかいないかを問わない。）が男女の平等を基礎として人権及び基本的自由を認識し、享有し又は行使することを害し又は無効にする効果又は目的を有するもの**をいう。
>
> 第3条　締約国は、あらゆる分野、特に、政治的、社会的、経済的及び文化的分野において、**女子に対して男子との平等を基礎として人権及び基本的自由を行使し及び享有することを保障する**ことを目的として、**女子の完全な能力開発及び向上を確保するためのすべての適当な措置（立法を含む。）**をとる。

出典：外務省「女子差別撤廃条約」2017年1月19日

障されること、③女性には、政治・社会に参画することに関する権利、教育を受ける権利、労働に関する権利などについても男性と平等の条件が保証されること、④国家などの公権力によるものだけではなく、個人、団体あるいは企業による女性差別も撤廃すること、⑤現在、不平等や差別が存在している場合は、それを是正する目的で暫定的に特別措置をとることで男女平等を促進してもよいこと、⑥条約の内容を確実に履行するため、条約に加わった国の政府は定期的に報告書を作成し、女子差別撤廃委員会に提出してチェックを受けること。

　国連では、この条約のほかに「人身売買及び他人の売春からの搾取の禁止に関する条約」、「婦人の参政権に関する条約」などを採択するとともに、「女子に対する差別の撤廃に関する宣言」を採択するなど、女性の人権保障に焦点を当てた活動を続けている（女子差別撤廃条約は、前文と6部30条からなる）。

　日本では、1985（昭和60）年に批准し、この条約が国内で適用された。それにともない、男女雇用機会均等法や国籍法、育児休業法などの法律が整備された。

53 子ども（児童）の権利に関する条約

❶ 子どもの権利って？

　長い間、「子ども」は「大人になる途中の人間」や「未熟な人間」と考えられてきた。確かに「子ども」は年齢によっては能力に未発達な部分を抱えている特徴があることは事実である。このようななかで「子どもの権利」を考えるとき「子どもとして保護を受けなければならない」という面と「大人と同じように、同じ人間として尊重されなければならない」という面があることを考えていく必要がある。

　「子どもは、未来ではなく今現在を生きている人間」と主張して「子どもの権利」について訴えたのはポーランド人で教育学者のコルチャック（1878〜1942年）である。コルチャックは第二次世界大戦中、ユダヤ人強制収容所に送られる孤児院の教え子である子どもたちと運命をともにし、その生涯を閉じた。ポーランド政府は、その生き方・考え方を継ぐべく、コルチャック生誕100周年にあたる1978年に国連に「子ども（児童）の権利に関する条約」の草案を提出する。この草案の作成には、コルチャックに深く関わった人々が多く参加したといわれている。1979年の国際児童年をはさんで、10年にわたってその内容が検討され1989（昭和元）年「子ども（児童）の権利に関する条約」は成立した。

❷ 子ども（児童）の権利に関する条約の趣旨と内容は

　「子ども（児童）の権利に関する条約」は、子どもの権利をあらゆる角度からとらえ、包括的に規定した条約である。子どもを権利行使の主体として明確に位置づけるとともに、子どもに関わるあらゆる行動において、子どもの最善の利益が第一義に考慮されなければならないと定められている。現在の世界状況に適合した包括的な法的拘束力のある条約形式の文書であることが「子ども（児童）の権利に関する条約」の意義といえる。

　「子ども（児童）の権利に関する条約」は、前文、第1部、第2部、第3部の計54条からなっており、子どもの「生きる権利」「育つ権利」「守られる権利」「参

■ 児童の権利に関する条約前文（一部抜粋）

　この条約の締約国は、

　国際連合憲章において宣明された原則によれば、人類社会のすべての構成員の固有の尊厳及び平等のかつ奪い得ない権利を認めることが世界における自由、正義及び平和の基礎を成すものであることを考慮し、

　国際連合加盟国の国民が、国際連合憲章において、基本的人権並びに人間の尊厳及び価値に関する信念を改めて確認し、かつ、一層大きな自由の中で社会的進歩及び生活水準の向上を促進することを決意したことに留意し、（中略）

　児童に対して特別な保護を与えることの必要性が、1924 年の児童の権利に関するジュネーヴ宣言及び 1959 年 11 月 20 日に国際連合総会で採択された児童の権利に関する宣言において述べられており、また、世界人権宣言、市民的及び政治的権利に関する国際規約（特に第 23 条及び第 24 条）、経済的、社会的及び文化的権利に関する国際規約（特に第 10 条）並びに児童の福祉に関係する専門機関及び国際機関の規程及び関連文書において認められていることに留意し、

　児童の権利に関する宣言において示されているとおり「児童は、身体的及び精神的に未熟であるため、その出生の前後において、適当な法的保護を含む特別な保護及び世話を必要とする。」ことに留意し、

　国内の又は国際的な里親委託及び養子縁組を特に考慮した児童の保護及び福祉についての社会的及び法的な原則に関する宣言、少年司法の運用のための国際連合最低基準規則（北京規則）及び緊急事態及び武力紛争における女子及び児童の保護に関する宣言の規定を想起し、

　極めて困難な条件の下で生活している児童が世界のすべての国に存在すること、また、このような児童が特別の配慮を必要としていることを認め、

　児童の保護及び調和のとれた発達のために各人民の伝統及び文化的価値が有する重要性を十分に考慮し、あらゆる国特に開発途上国における児童の生活条件を改善するために国際協力が重要であることを認めて、次のとおり協定した。

出典：外務省「児童の権利に関する条約」（2017 年 11 月 22 日アクセス）

加する権利」等が明記されている。その大きな特徴として、子どもの最善の利益の実現にあたり、何が最善であるかの判断基準として、子ども自身の意思表明に参加を含めたことであり、その子ども自身の権利行使に際して、これを指示するまたは指導する保護者等の責任と権利を尊重することを締約国に義務づけたことである。単なる宣言に終わらせず、法的拘束力のある条約形式をとったことは、子どもをめぐる人権思想史において大きな前進とみることができる。

　日本においても「子ども（児童）の権利に関する条約」は、1994（平成 6）年5 月に批准され、その効力を生じるようになっている。日本においては、法律上の呼称の問題から「児童の権利に関する条約」として扱われている。

54 「同和対策審議会答申」と 同和対策事業特別措置法の制定

❶ 同和対策審議会答申

　今日の同和問題解決に直接つながる取り組みという点で、1965（昭和40）年に出された「同和対策審議会答申」は大きな意味をもつ。この答申の主な内容は以下の通りである。

　①同和問題は人類普遍の原則である人間の自由と平等に関する問題であり、日本国憲法によって保障された基本的人権に関わる課題である

　②同和問題を未解決で放置することは断じて許されないことであり、その早急な解決こそ国の責務であり、同時に国民的課題である

　③同和地区住民に就職と教育の機会均等の権利を完全に保障し、生活の安定と地位の向上を図ることが、同和問題の中心的課題である

　④明確な同和対策の目標のもとに「特別措置法」を制定すること

　さらに、同和対策の具体案として環境改善、社会福祉、産業、教育問題などに対する対策等もあげている。

❷ 同和対策事業特別措置法の制定

　「同和対策審議会答申」の4年後の1969（昭和44）年に**同和対策事業特別措置法**（以下、同対法）が制定された。同対法は、きわめて具体的な内容をともなったもので、実施された事業は、「同和対策審議会答申」で必要とされた内容に各同和地域のニーズを踏まえ、それらを加味した内容となっていた。

　同和対策事業の重要な目標は、「社会的、経済的、文化的に同和地区の生活水準の向上を図り、一般地区との格差をなくすこと」にあった。この事業の対象地域となるには行政上の同和地区指定を受けることが必要で、指定されなかった被差別部落が全国に1,000以上あったといわれている。

　その後、同対法は終了し、1982（昭和57）年に**地域改善対策特別措置法**が制定され、1987（昭和62）年には**地域改善対策特定事業に係る国の財政上の特別**

■ 人権に関する施策等の推移

● 同和対策審議会答申（1965 年〔昭和 40 年〕）

・答申の前文で、「同和問題は人類普遍の原理である人間の自由と平等に関する問題であり、日本国憲法によって保障された基本的人権にかかわる課題」と位置づけ、その早急な解決が「国の責務であり、同時に国民的課題である。」と述べている。

・また、差別には実態的差別と心理的差別という 2 つの側面があって、「相互に因果関係を保ち相互に作用しあっている」と説明するとともに、生活環境の改善、社会福祉の充実、産業・就職の安定などの『同和対策の具体案』を述べている。

（同和対策に関する法律）	（人権に関する法律等）
1969 年　同和対策事業特別措置法	
1982 年　地域改善対策特別措置法	
1987 年　地対財特法	
1997 年　地対財特法の一部改正	1997 年　人権教育のための国連 10 年国内行動計画策定
	2000 年　人権教育及び人権啓発の推進に関する法律
2002 年　地対財特法終了	2002 年　人権教育・啓発に関する基本計画

措置に関する法律（以下、地対法）へと引き継がれていき、2002（平成 14）年をもって、1969（昭和 44）年から 33 年間にわたって実施されてきた同和対策事業が終了した。

　1996（平成 8）年に地域改善対策協議会により意見具申「同和問題の早期解決に向けた今後の方策の基本的な在り方について」が提出された。それに呼応した形で人権擁護施策推進法が 1997（平成 9）年に 5 年間の時限立法として施行された。この法律の目的は、「人権の尊重の緊要性に関する認識の高まり、社会的身分、門地、人種、信条又は性別による不当な差別の発生等の人権侵害の現状その他人権の擁護に関する内外の情勢にかんがみ、人権の擁護に関する施策の推進について、国の責務を明らかにするとともに、必要な体制を整備し、もって人権の擁護に資すること」とされていた。そして、2000（平成 12）年に「人権教育及び人権啓発の推進に関する法律」が成立し、施行された。

　このように日本の人権教育は、日本固有の社会的課題である同和問題の解決を基底とし、さまざまな人権課題への取り組みを展開するようになった。

55 人権教育及び人権啓発の推進に関する法律（人権教育・啓発推進法）

❶ 人権教育・啓発推進法施行の背景と経緯

人権教育及び人権啓発の推進に関する法律（以下、「人権教育・啓発推進法」）は、人権の擁護を図るために、人権教育および人権啓発に関する施策の推進について、国・地方公共団体および国民の責務を明らかにし、必要な措置を定めた法律である。2000（平成12）年12月6日に公布され、即日施行された。

人権教育・人権啓発推進法が制定されるまでに、**人権擁護施策推進法**がすでに制定され、施行されていた。しかし、この法律は、「人権の尊重の緊要性に関する認識の高まり、社会的身分、門地、人種、信条又は性別による不当な差別の発生等の人権侵害の現状その他人権の擁護に関する内外の情勢にかんがみ、人権の擁護に関する施策の推進について、国の責務を明らかにするとともに、必要な体制を整備し、もって人権の擁護に資することを目的」（人権擁護施策推進法第1条）として制定されたものであり、国の責務のみが規定されており、地方公共団体や国民の責務規定は置かれていなかった。また、この法律は5年間の時限立法であった。そのようなことから、地方公共団体や国民の責務を規定した法律である**人権教育・啓発推進法**が制定されることとなった。

❷ 人権教育・啓発推進法の内容

人権教育・啓発推進法は、第1条（目的）、第2条（定義）、第3条（基本理念）、第4条（国の責務）、第5条（地方公共団体の責務）、第6条（国民の責務）、第7条（基本計画の策定）、第8条（年次報告）、第9条（財政上の措置）、および附則（人権擁護推進審議会の「救済」に関する審議結果をも踏まえ3年以内に見直しをする旨の定義等）から構成されている。

第1条は、「この法律は、（中略）内外の情勢にかんがみ、」までが、上記の「人権擁護施策推進法」と同文であり、その後、国の責務とともに、地方公共団体・国民の責務についても規定している。

■ 人権教育及び人権啓発の推進に関する法律

（目的）
第1条　この法律は、人権の尊重の緊要性に関する認識の高まり、社会的身分、門地、人種、信条又は性別による不当な差別の発生等の人権侵害の現状その他人権の擁護に関する内外の情勢にかんがみ、人権教育及び人権啓発に関する施策の推進について、国、地方公共団体及び国民の責務を明らかにするとともに、必要な措置を定め、もって人権の擁護に資することを目的とする。

（定義）
第2条　この法律において、**人権教育とは、人権尊重の精神の涵養を目的とする教育活動をいい、人権啓発とは、国民の間に人権尊重の理念を普及させ、及びそれに対する国民の理解を深めることを目的とする広報その他の啓発活動（人権教育を除く。）をいう。**

（基本理念）
第3条　国及び地方公共団体が行う人権教育及び人権啓発は、学校、地域、家庭、職域その他の様々な場を通じて、国民が、その発達段階に応じ、人権尊重の理念に対する理解を深め、これを体得することができるよう、多様な機会の提供、効果的な手法の採用、国民の自主性の尊重及び実施機関の中立性の確保を旨として行われなければならない。

（国の責務）
第4条　**国は、前条に定める人権教育及び人権啓発の基本理念（以下「基本理念」という。）にのっとり、人権教育及び人権啓発に関する施策を策定し、及び実施する責務を有する。**

（地方公共団体の責務）
第5条　**地方公共団体は、**基本理念にのっとり、国との連携を図りつつ、その地域の実情を踏まえ、**人権教育及び人権啓発に関する施策を策定し、及び実施する責務を有する。**

（国民の責務）
第6条　**国民は、**人権尊重の精神の涵養に努めるとともに、**人権が尊重される社会の実現に寄与するよう努めなければならない。**

（基本計画の策定）
第7条　**国は、**人権教育及び人権啓発に関する施策の総合的かつ計画的な推進を図るため、**人権教育及び人権啓発に関する基本的な計画を策定しなければならない。**

また、第2条では、人権教育について定義し、「国民の間に人権尊重の理念を普及させ、及びそれに対する国民の理解を深めることを目的とする広報その他の啓発活動（人権教育を除く。）」を人権啓発として、人権教育と人権啓発を概念区分した。

さらに、第3条では、基本理念として、「国及び地方公共団体が行う人権教育及び人権啓発は、学校、地域、家庭、職域その他の様々な場を通じて、国民が、その発達段階に応じ、人権尊重の理念に対する理解を深め、これを体得することができるよう、多様な機会の提供、効果的な手法の採用、国民の自主性の尊重及び実施機関の中立性の確保を旨として行われなければならない」と規定している。

つまり、この基本理念は、各学校で人権教育に取り組むにあたっての基本的留意事項であり、実践的な努力事項でもある。

56 人権教育・啓発に関する基本計画

❶ 人権教育・啓発に関する基本計画策定の背景と経緯

　国際連合は、人権の保障を確保するため、さまざまな取り組みをしてきた。特に、1994（平成6）年の総会では、1995（平成7）年から2004（平成16）年までの10年間を「人権教育のための国連10年」とすることを決議し、各国において「人権という普遍的文化」が構築されることを目標として、人権に関する教育啓発活動に積極的に取り組むよう要請した。これを受けて、世界各国では、人権に関する国内行動計画の策定など、さまざまな取り組みが進められた。日本でも、1997（平成9）年7月に「『人権教育のための国連10年』に関する国内行動計画」を策定し、人権教育・啓発を推進した（国連では、2005〔平成17〕年から「人権教育のための世界計画」を実施している）。

　その後、2000（平成12）年12月には、人権教育及び人権啓発の推進に関する法律が公布・施行され、同法第7条の規定に基づき、人権教育および人権啓発に関する施策の総合的かつ計画的な推進を図るため、2002（平成14）年3月15日に、人権教育・啓発に関する基本計画（以下、「基本計画」）が、策定された2011〔平成23〕年4月一部変更）。さらに、人権教育の指導方法等に関する調査研究会議は、学校における人権教育の一層の充実に資するため、2004（平成16）年6月に、「人権教育の指導方法等の在り方について」第一次とりまとめ、2006（平成18）年1月に第二次とりまとめ、2008（平成20）年3月に、第三次とりまとめを発表した。

❷ 人権教育・啓発に関する基本計画の内容

　基本計画には、具体的な人権課題が掲げられており、国は、この基本計画に基づき、人権が尊重される社会の早期実現に向け、人権教育・啓発に関する施策を総合的に推進している。

　基本計画の内容は、以下に示す通りである。第1章「はじめに」では、人権教

■ **人権教育・啓発に関する基本計画（抜粋）**

2002（平成14）年3月15日閣議決定（策定）
2011（平成23）年4月1日閣議決定（変更）

第1章 はじめに

　人権教育・啓発に関する基本計画（以下「基本計画」という。）は、人権教育及び人権啓発の推進に関する法律（平成12年法律第147号、同年12月6日公布・施行。以下「人権教育・啓発推進法」という。）**第7条の規定に基づき、人権教育及び人権啓発（以下「人権教育・啓発」という。）に関する施策の総合的かつ計画的な推進を図るため、策定するもの**である。

　我が国では、すべての国民に基本的人権の享有を保障する日本国憲法の下で、人権に関する諸制度の整備や人権に関する諸条約への加入など、これまで人権に関する各般の施策が講じられてきたが、今日においても、生命・身体の安全にかかわる事象や、社会的身分、門地、人種、民族、信条、性別、障害等による不当な差別その他の人権侵害がなお存在している。また、我が国社会の国際化、情報化、高齢化等の進展に伴って、人権に関する新たな課題も生じてきている。

　すべての人々の**人権が尊重され、相互に共存し得る平和で豊かな社会を実現するためには、国民一人一人の人権尊重の精神の涵養を図ることが不可欠であり**、そのために行われる人権教育・啓発の重要性については、これをどんなに強調しても過ぎることはない。**政府は、本基本計画に基づき、人権が共存する人権尊重社会の早期実現に向け、人権教育・啓発を総合的かつ計画的に推進していくこととする。**

出典：法務省「人権教育・啓発に関する基本計画」（2011年4月1日〔変更〕）

育及び人権啓発の推進に関する法律制定までの経緯と計画の策定方針及びその構成を明示し、第2章「人権教育・啓発の現状」ならびに第3章「人権教育・啓発の基本的在り方」では、日本における人権教育・啓発の現状と基本的なあり方について述べている。第4章「人権教育・啓発の推進方策」では、人権教育・啓発推進の方策を提示し、具体的な内容として、人権一般の普遍的な視点からの取り組み、各人権課題に対する取り組み、人権に関わりの深い特定の職業に従事する者に対する研修等の問題について検討を加え、人権教育・啓発の総合的かつ効果的な推進のための体制等の方向性等を盛り込んでいる。最終章の第5章「計画の推進」では、着実かつ効果的な推進を図るための体制を記述している。

　この「基本計画」では、人権課題として、女性、子ども、高齢者、障害者、同和問題、アイヌの人々、外国人、ＨＩＶ感染者・ハンセン病患者等、刑を終えて出所した人、犯罪被害者等、インターネットによる人権侵害、その他（性的指向に係る問題や新たに生起する人権問題など）を掲げている。2011（平成23）年4月1日、「拉致問題等の解決には，幅広い国民各層及び国際社会の理解と支持が不可欠であり，その関心と認識を深めることが求められている」とのことから、閣議決定により、北朝鮮当局による拉致問題等が加えられた。

57 部落差別の解消推進に関する法律

❶ 部落差別問題って何

　部落差別問題とは、封建社会のなかで賤民身分とされた集落が、近代においてもなお被差別部落とされ、この集落に生まれ、育ち、住んでいる、あるいは地縁・血縁関係を部落にたどることができるとみなされた人々に加えられた差別の問題である。

　ところで差別とは何か？　その人自身の個性や特性を評価せず、逆に本人が責任の負いようがない、あるいは本人の努力では解決しがたい事情を根拠として偏見や先入観などをもとに不利益を与えたり、人権を侵害したりすること、それが差別である。この社会にはさまざまな差別の問題があるが、部落差別の問題もまた重大な社会問題の一つである。特に、今もなお、結婚や就職、差別落書、差別を意図する内容の葉書・封書・ビラ、そしてインターネット上の差別的な書き込みなど、さまざまな場面における差別が生じている現状がある。

❷ 部落差別の解消の推進に関する法律

　1965（昭和40）年の同和対策審議会答申以降、教育および行政の取り組みによって、部落問題は解決の方向へは進んではいるが、なお、部落差別は存在している。部落出身の若者とそうでない若者がつきあったり、結婚したりすることに反対する結婚差別は、今も跡を絶たない。結婚差別以外にも部落差別はさまざまな現れ方をしている。就職や地域生活のなかでの問題、態度や意識など、またインターネットでの差別落書きなど多様な差別問題がおこっており、決して部落差別は解消したといいがたいものがある。

　こういったなかで、2016（平成28）年12月に部落差別の解消の推進に関する法律が公布・施行された。

　この法律は、予算の裏づけのある事業法ではないが、恒久法として位置づく。2002（平成14）年の地対財特法終了から14年9か月の法的空白を解消した法

■ 部落差別の解消の推進に関する法律

（目的）

第１条　この法律は、現在もなお部落差別が存在するとともに、情報化の進展に伴って部落差別に関する状況の変化が生じていることを踏まえ、全ての国民に基本的人権の享有を保障する日本国憲法の理念にのっとり、**部落差別は許されないものであるとの認識の下にこれを解消することが重要な課題であることに**鑑み、部落差別の解消に関し、基本理念を定め、並びに国及び地方公共団体の責務を明らかにするとともに、相談体制の充実等について定めることにより、**部落差別の解消を推進し、もって部落差別のない社会を実現することを目的とする。**

（基本理念）

第２条　部落差別の解消に関する施策は、**全ての国民が等しく基本的人権を享有するかけがえのない個人として尊重されるものであるとの理念にのっとり**、部落差別を解消する必要性に対する国民一人一人の理解を深めるよう努めることにより、**部落差別のない社会を実現することを旨として、行われなければならない。**

（国及び地方公共団体の責務）

第３条　国は、前条の基本理念にのっとり、部落差別の解消に関する施策を講ずるとともに、地方公共団体が講ずる部落差別の解消に関する施策を推進するために**必要な情報の提供、指導及び助言を行う責務を有する。**

２　**地方公共団体は**、前条の基本理念にのっとり、部落差別の解消に関し、国との適切な役割分担を踏まえて、**国及び他の地方公共団体との連携を図りつつ、その地域の実情に応じた施策を講ずるよう努めるものとする。**

（相談体制の充実）

第４条　国は、部落差別に関する相談に的確に応ずるための体制の充実を図るものとする。

２　**地方公共団体は**、国との適切な役割分担を踏まえて、その地域の実情に応じ、**部落差別に関する相談に的確に応ずるための体制の充実を図るよう努めるものとする。**

（教育及び啓発）

第５条　**国は、部落差別を解消するため、必要な教育及び啓発を行うものとする。**

２　**地方公共団体は**、国との適切な役割分担を踏まえて、その地域の実情に応じ、**部落差別を解消するため、必要な教育及び啓発を行うよう努めるものとする。**

（部落差別の実態に係る調査）

第６条　**国は**、部落差別の解消に関する施策の実施に資するため**地方公共団体の協力を得て、部落差別の実態に係る調査を行うものとする。**

附則

この法律は、公布の日から施行する。

律といえる。「部落差別」の存在と状況変化を認知し、「部落差別」に焦点化し、その「解消」に取り組むことを明記し、部落差別のない社会の実現を基本理念としている。また、国および地方公共団体の「責務」を明記し、部落差別解消の施策推進の責任所在を明確にしている。

　このように、これらの法や教育の力により、「部落差別の解消」に向けて全力をあげ取り組んでいく必要があるのである。

校則および退学処分の違法性
（東京バイク規制校則違反退学処分事件［私立高校］）

■事件の概要

校則でバイク禁止の学校に通う男子生徒Aはバイクの免許をとり、バイクを購入。しかし、先輩のバイク死亡事故にショックを受けてバイクを売り、担任教師に免許証を預けた。学校側は「その後も数回バイクに乗ったことが判明した」と自主退学を勧告。両親が応じなかったため、退学処分になった。さらに職員および校長に暴力・脅迫を加えた、として、建造物侵入・公務執行妨害・共同暴行の罪で起訴された。

保護者は学校を相手どって、753万円の慰謝料を求めて提訴した。

■争点

①バイク免許の所持を禁じた校則が、「個人の尊重」を保障した日本国憲法に反するのではないか。

②校則が適法であったとしても、実態をよく調べるなどの適切な手続きをとっていないのではないか。

③退学処分が妥当かどうか。裁量権の乱用にあたるのではないか。

■判決要旨

東京地裁で原告が勝訴し、学校側に108万円の賠償を命じた。

学校側控訴。東京高裁は、退学処分は違法として、1審を支持。原告、被告、双方の控訴を棄却した。

Aのケースについて、

①最初に担任教師に免許証を提出した際には不問とされている。

②免許提出後もバイクに乗車したのは偶発的な2回にとどまる。

③過去に処分歴もなく、問題行動がなかった。

などの事実関係を指摘。「行為の軽重から、退学以外の処分によっても教育目的を十分果たせたというべき。もはや改善の見込みはなく、Aを学外に排除することが教育上やむを得なかったとは到底いえない」とし、バイク禁止の校則については、「社会通念上、合理性を有する」と判断したものの「退学処分が教育上やむをえなかったとはいえず、校長の裁量権を逸脱し違法」と結論づけた。

■コメント

日本国憲法の13条の「幸福追求権」の一つとして、人権として保障される場合がある。バイクに乗るという自己決定は、「幸福追求権」の一環として日本国憲法上保障される人権であると考えられる。16歳以上に一律に国が許容しているバイクの免許取得という権利を学校が認めないということも、学校外のバイクの乗車を学校がすべて禁止するというのも、人権の違法な制限になると考えられる。

他方、人権の主体自身を保護するためには制約もやむをえない場合があるという考え方もある。

参考：「平成4年3月19日東京高裁判決」『月刊子ども論』5月号、クレヨンハウス、1992年

◆ 考えてみよう

◆ 世界人権宣言について

　世界人権宣言（1948 年第 3 回国連総会〔パリ〕にて採択）が、なぜ採択されたのかその経緯を述べるとともに、世界人権宣言の内容について説明してみよう。また、世界人権宣言がその後の国際社会の法整備等にどのような影響を与えていったか述べてみよう。

_____

_____

_____

◆ 子ども（児童）の権利条約とは

　1989（平成元）年の国際連合の総会で児童の権利に関する条約（子どもの権利条約）が採択されたが、この条約の趣旨と主な内容についてまとめてみよう。また、子どもの人権に関することで、あなたが特に問題があると考えていることはどのようなことか、さらには、その問題の解決に向けてどのような取り組みが必要と考えるか具体的に述べてみよう。

_____

_____

_____

58 障害児教育・特別支援教育と法規

❶ 特別支援教育の制度の背景

　教育基本法の第4条（教育の機会均等）第1項には、すべての国民は、等しく、その能力に応じた教育を受ける機会を与えられなければならないことが定められている。そして第2項には、「国及び地方公共団体は、障害のある者が、**その障害の状態に応じ、十分な教育を受けられるよう、教育上必要な支援を講じなければならない**」と明記されている。

　特殊教育として、1948（昭和23）年からの盲学校、聾学校の就学義務制の開始、次いで1979（昭和54）年からの養護学校就学義務制の開始ですべての児童生徒が義務教育の制度を享受できる体制が整った。その後、特殊学級の設置、通級による指導の制度化が行われ、障害のある児童生徒の教育の場が増えていった。2000（平成12）年では、全国で約1,000校の特殊学校が設置され、小・中学校には約2万を超える特殊学級が設置された。文部科学省では、21世紀の特殊教育のあり方について検討を進め、**「教育の場」を増やすこと**から、**「一人ひとりの教育的ニーズに対応する教育」**へ主軸を移す施策へと転換が始まった。また、従来の特殊教育の対象者だけでなく、2002（平成14）年の文部科学省調査で通常の学級で約6.3％の学習障害（LD）、注意欠陥多動性障害（ADHD）、高機能自閉症等の児童生徒が学習していることがわかり、通常の学級での指導にも、障害児教育の指導のノウハウを拡大する必要が生じた。このような状況化下で、2007（平成19）年に従来の特殊教育の対象者に加えて、発達障害児も特別な支援を必要とする対象とし、特殊教育から特別支援教育への法改正が行われた。教育の重点は、従来の「特殊教育」が障害の種類や程度に応じて特別な場で手厚い教育を行うことだったのに対し、**「特別支援教育」は障害のある子ども一人ひとりの教育的ニーズに応じた支援を行うこと**にあり、小・中学校の通常の学級に在籍する発達障害などのある子どもも含め、教育的ニーズに対応した教育を行うこととなった。

❷ インクルーシブ教育システムの潮流

　2007（平成19）年の特別支援教育への法改正と同時期に、わが国は、国連の障害者の権利に関する条約に署名し、日本は世界のインクルーシブ教育の潮流にかじを切りはじめた。その後、2007（平

■ 障害児教育・特別支援教育と法規

障害者の権利に関する条約
（第24条　教育）
個人に必要な合理的配慮
（reasonable　accommodation）

↓

障害者基本法
（第4条　差別の禁止）
社会的障壁の除去を必要としている障害者が現に存し、その実施について必要かつ合理的な配慮がされなければならない（要旨）。

↓

障害者差別解消法
（第7条　行政機関等における障害を理由とする差別の禁止）
個人に必要な合理的配慮
障害者から現に社会的障壁の除去を必要としている旨の意思の表明があった場合において（中略）社会的障壁の除去の実施について必要かつ合理的な配慮をしなければならない（引用）。

教育基本法
（第4条第2項　教育の機会均等）
障害のある者が、その障害の状態に応じ、十分な教育が受けられるよう、教育上必要な支援を講じなければならない（要旨）。

特別支援学校（学校教育法第72条）
視覚障害者、聴覚障害者、知的障害者、肢体不自由者、病弱者（身体虚弱者を含む）
（障害の程度：学校教育法施行令第22の3）

特別支援学級（学校教育法第81条）
知的障害者、肢体不自由者、身体虚弱者、弱視者、難聴者、その他

通級による指導（学校教育法施行規則第140条）言語障害者、自閉症者、情緒障害者、弱視者、難聴者、学習障害者、注意欠陥多動性障害者、その他

通常の学級に在籍している対象者は年間35〜280単位時間を通級指導教室に通う。

通常の学級

成19）年から2013（平成25）年にかけ、国全体として、障害のあるものとないものがともに生きる共生社会の形成をめざす方向性で、障害者の権利に関する条約を批准するための法整備が行われた。障害者基本法の改正、**障害者総合支援法**（障害者の日常生活及び社会生活を総合的に支援するための法律）と、**障害者差別解消法**（障害を理由とする差別の解消の推進に関する法律）の成立により、権利条約の批准となった。障害のある児童生徒の教育は特別支援教育の制度に基づいて実施されているが、学校教育においても、特に障害者差別解消法第7条第2項で規定された「……障害者から現に**社会的障壁の除去を必要としている旨の意思の表明があった場合**において……社会的障壁の除去の実施について**必要かつ合理**

的な配慮をしなければならない」ことについては、国公立の学校では義務規定として対応が必要で、「**個人に必要な合理的配慮を提供する**」ことが、障害のある児童生徒が学ぶすべての学校現場の喫緊の課題となっている。また、障害者権利条約の共生社会をめざす動向は、2017（平成29）年告示の小学校学習指導要領においても、教育課程の編成および実施に当たって配慮する事項の一つとして「他の小学校や、幼稚園、認定こども園、保育所、中学校、高等学校、特別支援学校などとの間の連携や交流を図るとともに、**障害のある幼児児童生徒との交流及び共同学習の機会を設け、共に尊重し合いながら協働して生活していく態度を育むようにすること**」と示され、共生社会形成の方向性が反映されている。

59 障害者の権利に関する条約（障害者権利条約）

関連法 障害者の権利に関する条約

❶ 障害者の権利に関する条約（障害者権利条約）

2006（平成18）年12月、国連総会において、障害者の権利の保護等に関する障害者の権利に関する条約（以下、「障害者権利条約」）が採択され、わが国は2007（平成19）年9月に、条約への署名を行った。わが国が世界に対して、障害者権利条約への賛成の意思表示をしたわけである。署名当時、国内では障害者の権利に関する関係法令が十分に整っておらず、署名後の法整備として、**障害者基本法**の改正、**障害者総合支援法**（地域社会における共生の実現に向けて新たな障害保健福祉施策を講ずるための関係法律の整備に関する法律）の成立、障害者を理由とする差別の解消の推進に関する法律（以下、「障害者差別解消法」）の成立を経て、2014（平成26）年1月に条約の批准に至っている。

障害者権利条約は、「全ての障害者によるあらゆる人権及び基本的自由の完全かつ平等な享有を促進し、保護し、及び確保すること並びに障害者の固有の尊厳の尊重を促進する」ことを目的とし、①障害に基づくあらゆる差別（「合理的配慮」の否定を含む）の禁止、②障害者の社会への参加、包容の促進、③条約の実施を監視する枠組みの設置など、障害者の権利の実現のための措置等を規定している。「合理的配慮」とは、本条約第2条において「障害者が他の者との平等を基礎として全ての人権及び基本的自由を享有し、又は行使することを確保するための必要かつ適当な変更及び調整であって、特定の場合において必要とされるものであり、かつ、均衡を失した又は過度の負担を課さないものをいう」とされている。

❷ 障害者権利条約と学校教育

障害者権利条約の第24条（教育）では、教育についての障害者の権利を認め、この権利を差別なしに、かつ機会の均等を基礎として実現するため、**障害者を包容する教育制度（インクルーシブ教育システム：inclusive education system）**等を確保することとし、その権利の実現にあたり確保されるものの一つとして「**個**

■ 条約成立までから締結に向けてのわが国の取り組み

2006 年 12 月　国連総会で障害者権利条約が採択される。
2007 年　9 月　日本が条約に署名した。
2008 年　5 月　国連総会で条約が発効した。

条約締結に先立って行われた国内法の整備、中央教育審議会の報告
2011 年　8 月　障害者基本法が改正された。
2012 年　6 月　障害者総合支援法が成立した。
2012 年　7 月　中央教育審議会初等中等教育分科会
　　　　　　　　「共生社会の形成に向けたインクルーシブ教育シス
　　　　　　　　テム構築のための特別支援教育の推進（報告）」
2013 年　6 月　障害者差別解消法が成立した。

2014 年　1 月　障害者権利条約に批准した。

人に必要とされる合理的配慮が提供されること」が明記されている。

　文部科学省では、障害者権利条約の署名後、本条約批准に先立って行われた障害者基本法の改正、障害者差別解消法の法整備の検討動向に即して、学校教育の中での「合理的配慮」の定義とその具体的内容を明らかにする必要があり、中央教育審議会初等中等教育分科会において、障害者の権利に関する条約のインクルーシブ教育システムの構築の理念を踏まえた教育制度のあり方等について検討を行い、2012（平成 24）年 7 月に「共生社会の形成に向けたインクルーシブ教育システム構築のための特別支援教育の推進」の報告書がまとめられた。中央教育審議会報告で、「合理的配慮」とは、「障害のある子どもが、他の子どもと平等に「教育を受ける権利」を享有・行使することを確保するために、**学校の設置者及び学校が必要かつ適当な変更・調整を行うことであり、障害のある子どもに対し、その状況に応じて、学校教育を受ける場合に個別に必要とされるもの**」であり、「学校の設置者及び学校に対して、体制面、財政面において、均衡を失した又は過度の負担を課さないもの」と定義された。また、障害者の権利に関する条約において、「合理的配慮」の否定は、障害を理由とする差別に含まれることに留意する必要があることが示された。

関連資料 中央教育審議会「共生社会の形成に向けたインクルーシブ教育システム構築のための特別支援教育の推進（報告）」2012 年 7 月 23 日公表

❶ 障害者基本法の改正と目的

　障害者の権利に関する条約の締結に向けた国内の法整備を行うため、障害当事者からの意見を踏まえながら検討を進められ、2011（平成23）年8月に障害者基本法が改正された。この法律の目的は、「全ての国民が、障害の有無にかかわらず、等しく基本的人権を享有するかけがえのない個人として尊重されるものであるとの理念にのつとり、全ての国民が、障害の有無によつて分け隔てられることなく、相互に人格と個性を尊重し合いながら共生する社会を実現するため、障害者の自立及び社会参加の支援等のための施策に関し、基本原則を定め、及び国、地方公共団体等の責務を明らかにするとともに、障害者の自立及び社会参加の支援等のための施策の基本となる事項を定めること等により、障害者の自立及び社会参加の支援等のための施策を総合的かつ計画的に推進すること」である。この2011年の法改正では、共生する社会を実現することや**社会的障壁の定義（第2条第二号）の明記、差別の禁止（第4条）が新設**された。**社会的障壁とは、「障害がある者にとつて日常生活又は社会生活を営む上で障壁となるような社会における事物、制度、慣行、観念その他一切のもの」**のことである。

❷ 差別の禁止（第4条）について

　障害者基本法に新設された差別の禁止（第4条）は、障害のある幼児児童生徒に対しても、その対応が求められるところである。その内容は、①「何人も、障害者に対して、障害を理由として、差別することその他の権利利益を侵害する行為をしてはならない。」②**「社会的障壁の除去は、それを必要としている障害者が現に存し、かつ、その実施に伴う負担が過重でないときは、それを怠ることによつて前項の規定に違反することとならないよう、その実施について必要かつ合理的な配慮がされなければならない。」**③「国は、第1項の規定に違反する行為の防止に関する啓発及び知識の普及を図るため、当該行為の防止を図るために必

■ **障害者基本法の一部を改正する法律（概要）** 2011（平成23）年8月

> 1　目的規定の見直し（第1条関係）
>   全ての国民が、障害の有無にかかわらず、等しく基本的人権を享有するかけがえのない個人として尊重されるものであるとの理念にのっとり、**全ての国民が、障害の有無によって分け隔てられることなく、相互に人格と個性を尊重し合いながら共生する社会を実現する。**
> 2　障害者の定義の見直し（第2条関係）
>   身体障害、知的障害、精神障害（発達障害を含む。）その他の心身の機能の障害がある者であって、障害及び社会的障壁（障害がある者にとって障壁となるような事物・制度・慣行・観念その他一切のもの）により継続的に日常生活、社会生活に相当な制限を受ける状態にあるもの。
> 3　（省略）
> 4　**差別の禁止（第4条関係）**
>   障害者に対して、障害を理由として、差別することその他の権利利益を侵害する行為をしてはならない。**社会的障壁の除去は、それを必要としている障害者が現に存し、かつ、その実施に伴う負担が過重でないときは、その実施について必要かつ合理的な配慮がされなければならない。** 国は、差別の防止を図るため必要となる情報の収集、整理及び提供を行う。

要となる情報の収集、整理及び提供を行うものとする。」以上の3項である。

❸ 障害者基本法における教育

　障害者基本法第16条には教育について示されており、その内容は次の3点である。①「国及び地方公共団体は、障害者が、その年齢及び能力に応じ、かつ、その特性を踏まえた十分な教育が受けられるようにするため、可能な限り障害者である児童及び生徒が障害者でない児童及び生徒と共に教育を受けられるよう配慮しつつ、教育の内容及び方法の改善及び充実を図る等必要な施策を講じなければならない。」、②「国及び地方公共団体は、前項の目的を達成するため、障害者である児童及び生徒並びにその保護者に対し十分な情報の提供を行うとともに、可能な限りその意向を尊重しなければならない。」、③「**国及び地方公共団体は、障害者である児童及び生徒と障害者でない児童及び生徒との交流及び共同学習を積極的に進めることによつて、その相互理解を促進しなければならない。**」。特に第3項の「交流及び共同学習」は、2004（平成16）年の障害者基本法改正時から設けられた条項で、2008（平成20）年告示の小学校学習指導要領の総則に「交流及び共同学習」の文言がはじめて取り入れられる根拠となっており、2017（平成29）年告示の学習指導要領にも継続して反映されている。

61 障害者総合支援法

関連法 障害者総合支援法

❶ 障害者自立支援法から障害者総合支援法へ

2012（平成24）年に障害者自立支援法（2005〔平成17〕年制定）を改正し、**障害者の日常生活及び社会生活を総合的に支援するための法律**（以下、「障害者総合支援法」）が成立した。**障害者の権利に関する条約の批准に向けた法整備の検討を踏まえ、従前の「自立した」という表記は「基本的人権を享有する個人としての尊厳にふさわしい」という文言になり、「支援を」は「支援を総合的に」と表記されるようになった。**本法律の基本理念（第1条の2）には、「障害者及び障害児が日常生活又は社会生活を営むための支援は、全ての国民が、障害の有無にかかわらず、等しく基本的人権を享有するかけがえのない個人として尊重されるものであるとの理念にのっとり、全ての国民が、障害の有無によって分け隔てられることなく、相互に人格と個性を尊重し合いながら共生する社会を実現するため、全ての障害者及び障害児が可能な限りその身近な場所において必要な日常生活又は社会生活を営むための支援を受けられることにより社会参加の機会が確保されること及びどこで誰と生活するかについての選択の機会が確保され、地域社会において他の人々と共生することを妨げられないこと並びに障害者及び障害児にとって日常生活又は社会生活を営む上で障壁となるような社会における事物、制度、慣行、観念その他一切のものの除去に資することを旨として、総合的かつ計画的に行わなければならない」ことが明記されている。

❷ 障害者総合支援法の概要

障害者総合支援法は、障害者の権利に関する条約の批准に向けた障害者基本法・障害者差別解消法等の検討状況を踏まえて、地域社会における共生の実現に向けて、障害福祉サービスの充実等、障害者の日常生活及び社会生活を総合的に支援するための新たな障害保健福祉施策を講ずることを目的としている。主な内容は、①障害者自立支援法を**障害者の日常生活及び社会生活を総合的に支援するための**

■ **地域社会における共生の実現に向けて 新たな障害保健福祉施策を講ずるための関係法律の整備に関する法律の概要**

1 趣旨	障がい者制度改革推進本部等における検討を踏まえて、地域社会における共生の実現に向けて、障害福祉サービスの充実等障害者の日常生活及び社会生活を総合的に支援するため、新たな障害保健福祉施策を講ずるものとする。

2 概要

1. 題名
「障害者自立支援法」を「障害者の日常生活及び社会生活を総合的に支援するための法律（障害者総合支援法）」とする。
2. 基本理念
法に基づく日常生活・社会生活の支援が、**共生社会を実現するため**、社会参加の機会の確保及び地域社会における共生、社会的障壁の 除去に資するよう、総合的かつ計画的に行われることを法律の基本理念として新たに掲げる。
3. 障害者の範囲（障害児の範囲も同様に対応。）
「制度の谷間」を埋めるべく、障害者の範囲に難病等を加える。
4. 障害支援区分の創設
「障害程度区分」について、障害の多様な特性その他の心身の状態に応じて必要とされる標準的な支援の度合いを総合的に示す「障害支援区分」に改める。
5. 障害者に対する支援
重度訪問介護の対象拡大等
6. サービス基盤の計画的整備
障害者福祉計画の策定等

法律（障害者総合支援法）としたこと、②**基本理念に、共生社会を実現するための社会参加の機会の確保と、社会的障壁の除去に資することが明記されたこと**、③従来の制度の対象となる障害者（障害児の範囲も同様に対応）の谷間を埋めるため、障害者の範囲に難病等を加えたこと、④従前の「障害程度区分」について、障害特性と心身の状態に応じた標準的な支援の度合いを総合的に示す「障害支援区分」に改めたこと。⑤障害者に対する支援では、重度訪問介護の対象の拡大、共同生活介護（ケアホーム）の共同生活援助（グループホーム）への一元化・地域移行支援の対象の拡大・地域生活支援事業の追加、⑥障害福祉サービス基盤の整備計画については、障害福祉計画の策定、指針や計画の定期的な検証、市町村における障害者等のニーズの把握、自立支援協議会への当事者や家族の参画を明確化すること等があげられた。

　障害者総合支援法は、広範な障害者福祉サービスを充実し施策を講じるため、児童福祉法、身体障害者福祉法、知的障害者福祉法とも所要の整備が行なわれている。たとえば、障害者および障害児に対する意思決定支援では、障害児通所支援事業者や障害児入所施設等の設置者等は、障害児およびその保護者の意思をできる限り尊重することなどがある。

62 特別支援教育

関連法 学校教育法第72条、第81条　学校教育法施行令　学校教育法施行規則

❶ 特別支援教育における教育の場

　障害のある児童生徒の学習は、①**特別支援学校（学校教育法第72条）**、②**特別支援学級（学校教育法第81条）**、③**通級による指導（学校教育法施行規則第140条）**、④**通常の学級**で行われる。特別支援学校は、「視覚障害者、聴覚障害者、知的障害者、肢体不自由者又は病弱者（身体虚弱者を含む。）に対して、幼稚園、小学校、中学校又は高等学校に準ずる教育を施すとともに、障害による学習上又は生活上の困難を克服し自立を図るために必要な知識技能を授けること」を目的としている。また、幼稚園、小学校、中学校、義務教育学校、高等学校又は中等教育学校の要請に応じて、特別支援学級の幼児、児童生徒の教育に関して必要な助言又は援助を行うよう努めること（学校教育法第74条）となっている。**特別支援学校で学習する視覚障害者、聴覚障害者、知的障害者、肢体不自由者または病弱者の障害の程度（同法第75条）は、学校教育法施行令第22条の3に示されている。**

　特別支援学級は、小学校、中学校、義務教育学校、高等学校および中等教育学校に学級を置くことができ、①知的障害者、②肢体不自由者、③身体虚弱者、④弱視者、⑤難聴者、⑥その他障害のある者で、特別支援学級において教育を行うことが適当なものに対して、障害による学習上または生活上の困難を克服するための教育を行う。

　通級による指導は、通常の学級に在籍して、年間35〜280単位時間（標準）を通級指導教室に通って、障害の状態の改善または克服を目的とする指導や、特に必要があるときは、障害の状態に応じて各教科の内容を補充するための特別の指導をうける。対象となる障害者は、①言語障害者、②自閉症者、③情緒障害者、④弱視者、⑤難聴者、⑥学習障害者（LD）、⑦注意欠陥多動性障害者（ADHD）、⑧その他障害のある者で学校教育法施行規則第140条の規定により特別の教育課程による教育を行うことが適当なものとなっている。

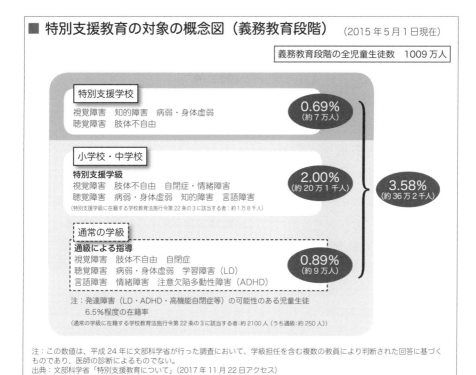

■ 特別支援教育の対象の概念図（義務教育段階）（2015年5月1日現在）

義務教育段階の全児童生徒数　1009万人

特別支援学校

視覚障害　知的障害　病弱・身体虚弱
聴覚障害　肢体不自由

0.69%
（約7万人）

小学校・中学校

特別支援学級

視覚障害　肢体不自由　自閉症・情緒障害
聴覚障害　病弱・身体虚弱　知的障害　言語障害

（特別支援学級に在籍する学校教育法施行令第22条の3に該当する者：約1万8千人）

2.00%
（約20万1千人）

通常の学級

通級による指導

視覚障害　肢体不自由　自閉症
聴覚障害　病弱・身体虚弱　学習障害（LD）
言語障害　情緒障害　注意欠陥多動性障害（ADHD）

注：発達障害（LD・ADHD・高機能自閉症等）の可能性のある児童生徒
　　6.5%程度の在籍率

（通常の学級に在籍する学校教育法施行令第22条の3に該当する者：約2100人（うち通級：約250人））

0.89%
（約9万人）

3.58%
（約36万2千人）

注：この数値は、平成24年に文部科学省が行った調査において、学級担任を含む複数の教員により判断された回答に基づく
ものであり、医師の診断によるものでない。
出典：文部科学省「特別支援教育について」（2017年11月22日アクセス）

❷ インクルーシブ教育システム構築と就学の手続きの見直し

　2012（平成24）年7月に公表された中央教育審議会初等中等教育分科会「共生社会の形成に向けたインクルーシブ教育システム構築のための特別支援教育の推進（報告）」において、「就学基準に該当する障害のある子どもは特別支援学校に原則就学するという従来の就学先決定のしくみを改め、障害の状態、本人の教育的ニーズ、本人・保護者の意見、教育学、医学、心理学等専門的見地からの意見、学校や地域の状況等を踏まえた総合的な観点から就学先を決定するしくみとすることが適当である」との提言を踏まえ、**2013（平成25）年9月に学校教育法施行令第22条の3の障害の程度であっても、総合的な判断に基づいて、小学校、中学校に就学する場合に対応する手続きの見直しが行われている。**障害のある者と障害のない者がともに学ぶ際には、障害者が十分な教育が受けられるように、教育の内容や方法の改善、さらに充実を図る等、必要な施策を講じなければならない。

63 発達障害者支援法

関連法 発達障害者支援法

❶ 発達障害者支援法と教育

　発達障害者支援法は、発達障害の症状の発現後、できるだけ早期かつ継続的な障害者支援を行うことが特に重要であることを踏まえ、**発達障害を早期に発見し、発達支援を行うことに関する国・地方公共団体の責務を明らかにしている**。また、学校教育における発達障害者への支援、発達障害者の就労の支援、発達障害者支援センターの指定等について定めており、発達障害者の自立および社会参加、生活全般にわたる支援と福祉の増進に寄与することを目的としている。

　同法における発達障害の定義は、第2条第1項において「自閉症、アスペルガー症候群その他の広汎性発達障害、学習障害、注意欠陥多動性障害その他これに類する脳機能の障害であってその症状が通常低年齢において発現するものとして政令で定めるものをいう」とされている。その他とは「脳機能の障害であってその症状が通常低年齢において発現するもののうち、言語の障害、協調運動の障害その他厚生労働省令で定める障害」「心理的発達の障害並びに行動及び情緒の障害」とされている。なお、てんかんなどの中枢神経系の疾患、脳外傷や脳血管障害の後遺症が上記の障害をともなうものである場合においても、法の対象としている。

　学校教育では、通級による指導で、学習障害や注意欠陥多動性障害、高機能自閉症、アスペルガー症候群を対象としている。2012（平成24）年に行われた通常の学級に在籍する発達障害の可能性のある特別な教育的支援を必要とする児童生徒に関する文部科学省の第2回の調査では、小・中学校の通常の学級において、学習面または行動面で著しい困難を示す児童生徒の割合は、約6.5％（2002年文科省調査は約6.3％）である。なお、高等学校における通級による指導に関する制度の運用が、2018（平成30）年度から実施される。

❷ 発達障害者支援法の改正について

　発達障害者支援法が、2005（平成17）年4月1日に施行されてから、発達障

■ 発達障害者支援法の全体像

Ⅰ これまでの主な経緯

1980（昭和55）年	知的障害児施設の種類として新たに医療型自閉症児施設及び福祉型自閉症児施設を位置づけ
1993（平成5）年	強度行動障害者特別処遇事業の創設（実施主体：都道府県等）
2000（平成12）年	自閉症・発達障害者支援センター運営事業の開始（広汎性発達障害者を対象とした地域支援の拠点の整備の推進）
2004（平成16）年12月	超党派議員立法により発達障害者支援法が成立→2005（平成17）年4月施行
2010（平成22）年12月	発達障害が障害者に含まれるものであることを障害者自立支援法、児童福祉法において明確化
2016（平成28）年5月	超党派議員立法により発達障害者支援法の一部を改正する法律が成立

Ⅱ 主な趣旨

○発達障害者に対する障害の定義と発達障害への理解の促進
○発達生活全般にわたる支援の促進
○発達障害者支援を担当する部局相互の緊密な連携の確保、関係機関との協力体制の整備等

Ⅲ 概要

定義：発達障害＝自閉症、アスペルガー症候群その他の広汎性発達障害、学習障害、注意欠陥多動性障害などの脳機能の障害で、通常低年齢で発現する障害

63

発達障害者支援法

害者に対する支援は着実に進展し、発達障害に対する国民の理解も広がってきている。一方、発達障害者支援法の施行から10年が経過し、たとえば、乳幼児期から高齢期までの切れ目のない支援など、時代の変化に対応したよりきめ細かな支援が求められていることや、2011（平成23）年の障害者基本法の一部を改正する法律や2013（平成25）年の障害者差別解消法などの法整備が行われ、共生社会の実現に向けた新たな取り組みが進められている。こうした状況にかんがみ、発達障害者の支援の一層の充実を図るため、2016（平成28）年に改正が行われた。教育に関する改正のポイントは、**①支援は社会的障壁の除去に資することを旨として行われなければならないこと**、**②発達障害者の支援は、個々の性別・年齢・障害の状態等に応じて、その意思決定の支援に配慮しつつ、切れ目なく行われなければならないこと**、③発達障害児が、その年齢・能力に応じて、その特性を踏まえた十分な教育を受けられるように、個別の教育支援計画および個別の指導計画の作成を推進し、ならびにいじめの防止等のための対策の推進すること等である。

関連資料 文部科学省「発達障害者支援法の一部を改正する法律の施行について」2016年8月1日／文部科学省「高等学校における特別支援教育の推進について〜高等学校ワーキング・グループ報告〜」2009年8月27日

64 障害者差別解消法の施行と学校

関連法 障害者差別解消法

❶ 障害者差別解消法と学校教育での対応

2007（平成19）年の障害者の権利に関する条約の署名後、条約の批准に向けた国内の法整備として、2011（平成23）年に障害者基本法の改正が行われ、第4条に「差別の禁止」が新設された。その内容を具現化するために、2013（平成25）年に障害を理由とする差別の解消の推進に関する法律（障害者差別解消法）が制定された。この法律は、**すべての国民が障害の有無によって分け隔てられることなく、相互に人格と個性を尊重し合いながら共生する社会の実現につなげることを目的としている**。障害者差別解消法の第7条には、行政機関等における障害を理由とする差別の禁止について、①「行政機関等は、その事務又は事業を行うに当たり、障害を理由として障害者でない者と不当な差別的取扱いをすることにより、障害者の権利利益を侵害してはならない」、②「行政機関等は、その事務又は事業を行うに当たり、障害者から現に**社会的障壁の除去**を必要としている旨の意思の表明があった場合において、その実施に伴う負担が過重でないときは、障害者の権利利益を侵害することとならないよう、当該障害者の性別、年齢及び障害の状態に応じて、社会的障壁の除去の実施について**必要かつ合理的な配慮をしなければならない**」ことが定められている。**国・地方公共団体等の区分に入る国公立の大学・高等学校・中学校・小学校等では、合理的配慮の不提供は禁止されており法的義務となっている。**

❷ 障害者差別解消法への文部科学省の対応指針

文部科学省では、障害者差別解消法を踏まえて、2015（平成27）年に事業者を対象に「文部科学省所管事業分野における障害を理由とする差別の解消の推進に関する対応指針」を策定し、不当な差別的取扱いと合理的配慮の基本的な考え方を示した。障害のある児童生徒等については、「意思の表明が困難な障害者がコミュニケーションを支援する者を伴っておらず、本人の意思の表明も支援者が

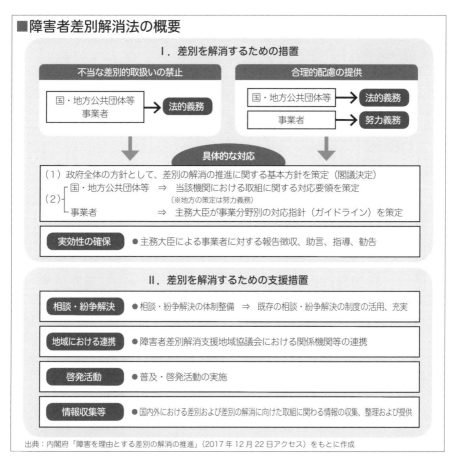

■障害者差別解消法の概要

Ⅰ．差別を解消するための措置

不当な差別的取扱いの禁止

国・地方公共団体等
事業者 → 法的義務

合理的配慮の提供

国・地方公共団体等 → 法的義務

事業者 → 努力義務

具体的な対応

（1）政府全体の方針として、差別の解消の推進に関する基本方針を策定（閣議決定）

（2）国・地方公共団体等 ⇒ 当該機関における取組に関する対応要領を策定
（※地方の策定は努力義務）
事業者 ⇒ 主務大臣が事業分野別の対応指針（ガイドライン）を策定

実効性の確保 ●主務大臣による事業者に対する報告徴収、助言、指導、勧告

Ⅱ．差別を解消するための支援措置

相談・紛争解決 ●相談・紛争解決の体制整備 ⇒ 既存の相談・紛争解決の制度の活用、充実

地域における連携 ●障害者差別解消支援地域協議会における関係機関等の連携

啓発活動 ●普及・啓発活動の実施

情報収集等 ●国内外における差別および差別の解消に向けた取組に関わる情報の収集、整理および提供

出典：内閣府「障害を理由とする差別の解消の推進」（2017年12月22日アクセス）をもとに作成

本人を補佐して行う意思の表明も困難であることなどにより、**意思の表明がない場合であっても、当該障害者が社会的障壁の除去を必要としていることが明白である場合には、法の趣旨に鑑み、当該障害者に対して適切と思われる配慮を提案するために建設的対話を働きかけるなど、自主的な取組に努めることが望ましいこと」**が明記された。

　また、文部科学省は学校教育における合理的配慮の具体的事例について、国立特別支援教育総合研究所のＨＰ内に「インクルーシブ教育システム構築支援データベース」（インクルDB）を開設した。

（関連資料）文部科学省「文部科学省所管事業分野における障害を理由とする差別の解消の推進に関する対応指針の策定について」2015年11月26日

学習指導要領の用語「交流及び共同学習」は障害者基本法が基に

■「交流」という用語

1971（昭和46）年に告示された特殊教育諸学校小学部・中学部学習指導要領では「児童又は生徒の経験を広め、社会性を養い、好ましい人間関係を育てるため、小学校の児童又は中学校の生徒と活動をともにする機会を積極的に設けることが望ましい」と示され「交流」という用語は、使われていなかった。当時は、特殊教育諸学校（盲学校・聾学校）は義務制であるが、養護学校（現在の知的障害・肢体不自由・病弱を対象とする特別支援学校）は義務制ではなかった。

その後、文部省（現：文部科学省）は1979（昭和54）年の養護学校の義務制実施を契機に「心身障害児理解・認識推進事業」に着手した。この頃から「交流」という用語が使われるようになった。この事業の目的は、①小学校・中学校における障害のある子供への理解・認識の向上、②協力体制の確立・指導力の向上、③障害のある子供の家庭に対して就学の啓発を図ることであった。

文部省は、小学校・中学校の教員等が障害に対する正しい理解を深めるための手引書を作成・配布するとともに、「心身障害児理解推進校の指定」を行い、これが「交流教育地域推進事業」となっていった。さらに、障害児の保護者を主な対象として、障害児教育を解説するとともに、適正な就学が図られることを目的に啓発資料が作成された。「交流教育」

という用語は、実態先行の形で使われるようになっていった。しかし、1998（平成10）年の学習指導要領では「交流教育」は「努めること」という努力規定の扱いであり、教育活動の位置づけに弱さがあることは否めなかった。

■法令で規定された「交流及び共同学習」

ノーマライゼーションが進展するなか、共生社会の形成に向けた活動の重要性から、2004（平成16）年の障害者基本法の一部改正（改正法第14条）により、「交流及び共同学習」という用語が、はじめて障害者基本法で用いられることとなった。現在は同法第16条第3項で、「国及び地方公共団体は、障害のある児童及び生徒と障害者でない児童及び生徒との交流及び共同学習を積極的に進めることによつて、その相互理解を促進しなければならない。」という規定である。「交流及び共同学習」は義務規定となった。これを受けて、2009（平成21）年の学習指導要領から「交流及び共同学習」という用語が用いられ、2017（平成29）年告示の学習指導要領では、「……障害のある幼児児童生徒との交流及び共同学習の機会を設け、共に尊重し合いながら協働して生活していく態度を育むようにすること」と、より共生社会形成の方向性が強く反映された表現になった。「交流及び共同学習」は、実質的にインクルーシブ教育システム構築の出発点といえる活動なのである。

◆ 考えてみよう

◆ 障害者の権利に関する条約について

　わが国が2014（平成26）年に批准した「障害者の権利に関する条約」について、この条約の趣旨と主要な内容についてまとめてみよう。また、障害者の権利に関する条約は、障害のある幼児児童生徒の教育にどのような影響を与えたか、関係法令との関係を踏まえながら述べてみよう。

_____

_____

_____

◆ 特別支援教育の制度について

　1948（昭和23）年に特殊教育として始まった障害のある幼児児童生徒の教育は、特別支援学校、特別支援学級、通級による指導と教育の場を拡大しながら現在の特別支援教育に発展してきており、この多様な教育の場の対象となる障害種別と障害の程度について調べてみよう。また、特殊教育から特別支援教育への転換が行われた背景を述べてみよう。

_____

_____

_____

◆ 合理的配慮とは

　障害者の権利に関する条約・障害者基本法・障害者差別解消法では、合理的配慮を確保することについて示されており、視覚障害・聴覚障害・肢体不自由などの障害のあるそれぞれの幼児児童生徒に対して、学校教育ではどのように合理的配慮を行う必要があるか、具体例を述べてみよう。

_____

_____

_____

65 学校保健・安全と法規

関連法 学校保健安全法　学校教育法

❶ 学校保健・安全に関する諸問題

近年、子どもが被害にあう事件、事故、災害はあとを絶たない。また、都市化、少子高齢化、情報化、国際化などによる社会環境や生活環境の急激な変化は、子どもの心身の健康にも大きな影響を与えており、学校生活においても生活習慣の乱れ、いじめ、不登校、児童虐待などのメンタルヘルスに関する課題、アレルギー疾患、性の問題行動や薬物乱用、感染症など、新たな課題が顕在化している。

事件では、安全だと信じられていた学校のなかで、無差別に児童が殺傷される事件や、登下校時の連れ去り（略取・誘拐）事件がある。事故では、登校時に集団登校中の児童の列に自動車が突っ込み、児童が命を失う痛ましい事故があった。災害では、東日本大震災において、津波から避難する際に児童や教員が津波に飲み込まれ、避難のあり方について教訓を残した。また、健康面においては、かつて学校給食で集団食中毒により、児童が命を失うことがあった。

学校にはそれらの諸課題に対する適切な教育と対応が求められている。

❷ 学校保健・安全に対する教育の方向性

これら多岐にわたる課題に対する教育の方向性として、1986（昭和61）年、世界保健機関（WHO）のオタワ憲章において「人々が自らの健康をコントロールし、改善することができるようにするプロセス」として、ヘルスプロモーションの考え方が提言された。

この考え方は、20世紀後半以降、世界的な広まりをみせ、人々が、みずからの健康問題を主体的に解決しようとするもので、学校教育においても取り入れられている。

また、安全面については、子どもがみずからの身を守り、安全な生活を構築することができるよう、**危険予知・危険回避能力**を身につけることができるように、**学校教育において安全教育を推進**していくことが肝要である。

児童の健康と安全に対する諸問題においては、**学校と家庭、地域で連携して取り組むべき課題**であることを、改めて確認しておく必要があるだろう。

■ 学校保健・学校安全に関する基本的な法規

学校教育法　第 12 条

　学校においては、別に法律で定めるところにより、幼児、児童、生徒及び学生並びに職員の健康の保持増進を図るため、健康診断を行い、その他その保健に必要な措置を講じなければならない。

学校保健安全法　（目的）第 1 条

　この法律は、学校における児童生徒等及び職員の健康の保持増進を図るため、学校における保健管理に関し必要な事項を定めるとともに、学校における教育活動が安全な環境において実施され、児童生徒等の安全の確保が図られるよう、学校における安全管理に関し必要な事項を定め、もつて学校教育の円滑な実施とその成果の確保に資することを目的とする。

❸ 学校保健・安全と法規

　これまで、学校が対応すべき諸課題にかんがみて、学校保健・安全に関する法規が新たに制定、あるいは改正されてきた。

　たとえば、学校保健法が学校保健安全法に改められ、事故等への学校の対応等の規定を加えるなど、本法が学校保健と学校安全の両面に関わるものであること

が明確になった。また、学校給食法については、食育基本法の制定など近年重視されてきた食育の観点を踏まえた学校給食の目的・目標の見直し、学校給食を活用した食に関する指導の推進などを規定するとともに、学校給食の実施および衛生管理について、文部科学省が基準を定めることを法律に明記した。

　本章ではこれら、近年整備された法規についても具体的に述べていく。

関連資料 中央教育審議会 「子どもの心身の健康を守り、安全・安心を確保するために 学校全体としての取組を進めるための方策について（答申）」2008 年 1 月

66 学校保健安全法

関連法 学校保健安全法　学校教育法第12条　学校保健安全法施行規則

❶ 学校保健安全法の成立

　学校保健安全法は、学校保健法が改正され、2009（平成21）年4月1日から施行されたものである。改正の趣旨は、「学校保健及び学校安全の充実を図るとともに、学校給食を活用した食に関する指導の充実及び学校給食の衛生管理の適切な実施を図るため、国が学校の環境衛生及び学校給食の衛生管理等に関する基準を策定するとともに、養護教諭、栄養教諭その他の職員の役割について定める等所要の措置を講ずること」である。

❷ 学校保健について

　学校保健に関しては、「学校保健計画の策定」と、「学校環境衛生基準」について解説する。同法第5条では、児童生徒等および職員の健康診断等について、学校がその計画を策定し、実施することが義務づけられている。その計画が「学校保健計画」である。

　学校保健計画のなかに盛り込むべき事柄の一つとして、環境衛生検査がある。学校保健安全法施行規則第1条では、学校は環境衛生検査を毎学年定期に行わなければならないとされている。

　このように、児童生徒等および職員の健康の保持増進のためには学校の環境衛生管理も重要な要素となる。同法第6条では、学校環境衛生についての全国的な基準を、文部科学大臣が定めることとしている。この基準が、「学校環境衛生基準」である。

❸ 学校安全について

　学校における安全管理には、校舎、教室、遊具等の施設、設備に関する点検などのほか、医療施設との連携や緊急時の救急体制、児童生徒の通学路の実態把握なども含まれると考えられる。したがって、昨今の通学路における略取・誘拐事

■ 学校保健法から学校保健安全法へ改正された点

学校保健法

- 全国的な学校の環境衛生水準を確保するための**全国的な基準の法制化**（第6条）
- 養護教諭を中心として関係教職員等と連携した**組織的な保健指導**の充実（第9条）
- **地域の医療関係機関等との連携**による児童生徒等の保健管理の充実（第10条）

学校保健安全法

- 子どもの安全を脅かす事件、事故及び自然災害に対応した総合的な**学校安全計画の策定**による学校安全の充実（第27条）
- 各学校における**危険発生時の対処要領の策定**による的確な対応の確保（第29条）
- 警察等関係機関、地域のボランティア等との**連携による学校安全体制の強化**（第30条）

件や登下校中の交通事故など、児童生徒が被害にあう事件、事故が再び起こることがないように、学校全体で学校保健安全法に基づいた安全点検および計画を進めなければならない。

　同法第27条では、施設、設備の安全点検や、学校生活その他の日常生活における安全に関する指導等について、学校が「学校安全計画」を策定し、実施することを義務づけている。

　学校教育法第12条では、幼児児童生徒や職員等の健康保持増進のために、健康診断等の**「保険に必要な措置を講じなければならない」**と定め、そのために「別の法律」を定めることを求めている。この規定に基づいて定められた法律が**学校保健安全法**（以下、「同法」）である。同法は、学校の安全を確保するため、学校安全計画（各校で策定する総合的な学校安全のための計画）の策定、実施、危険等発生時対処要領（危機管理マニュアル）の作成およびその職員に対する周知、訓練の実施が義務づけられた。また、**安全点検については、「毎学期1回以上」行わなければならないと規定**されている。

67 安全点検と安全教育

関連法 学校保健安全法　学校教育法第 12 条　学校保健安全法施行規則

❶ 学校安全における現状と課題

　児童生徒を取り巻く環境における安全について考えたとき、生活安全面については、まず学校での負傷があげられる。小学校では休憩時間や運動会の練習などにおける負傷についても大きな関心事となっている。また、中学校・高等学校においては課外活動中の負傷などが多数発生しており、死亡事故についても無視できない件数が発生しているのが現状である。さらに学校への不審者侵入事件や登下校時の略取・誘拐（連れ去り）事件もあとを絶たず、大きな社会問題となっている。

　交通安全については、第 1 次交通安全基本計画が 1971（昭和 46）年に作成されてから、第 10 次（2016〔平成 28〕年 3 月）に至るまで計画されてきた。児童生徒等の交通事故による死者数は減少してはいるものの、登校中の集団交通事故のケースなど、大きな課題となっている。

　災害安全については、2011（平成 23）年の東日本大震災や、2016（平成 28）年の熊本地震の教訓を踏まえ、学校の耐震化における対策等がとられるなか、30年以内に発生する可能性が高いと示唆される南海トラフ地震等に備え、防災教育の推進が図られているところである。

❷ 学校の安全点検

　学校の出入り口のセキュリティーに関して、2001（平成 13）年に発生した大阪教育大学附属池田小学校の事件の教訓が生かされていないという指摘もある。各学校は今一度、不審者侵入に対する安全点検を徹底する必要がある。

　また、校舎からの転落事故も多く発生しており、あるいは学校に設置された遊具による事故等が発生していること、加えて地震や風水害による被害も予想されるため、学校や学校の設置者は、学校施設、設備の劣化等による危険箇所の点検を、法令（学校保健安全法）に基づいて確実に行わなければならない。

■ 学校安全計画の策定について

> **学校保健安全法第 27 条**
> 　学校においては、児童生徒等の安全の確保を図るため、当該学校の施設及び設備の**安全点検**、児童生徒等に対する通学を含めた学校生活その他の日常生活における**安全に関する指導**、職員の研修その他学校における安全に関する事項について**計画を策定し、これを実施しなければならない。**

❸ 安全指導・教育について

　学校においては、学校の安全点検等によって、児童生徒の安全を守るための施策を講じることは当然必要なことであるが、学校の設備だけが児童生徒の安全を守るのではなく、いかなる場所、時間、災害や事件、事故においても、児童生徒等がみずからを自らの力で守ることができるようにするための能力の育成も、学校教育において必要なことである。それは、各教科、道徳、特別活動、総合的な学習の時間など、学校の教育活動全体のなかで行われる安全教育において、児童生徒が身につけていくべき能力である。

　避難訓練については、東日本大震災において岩手県釜石市の児童生徒らが実践し、みずからの命を守った例を参考にして、避難訓練の方法や意義について、今一度考え、改訂し、児童生徒の命を守る有効な避難訓練を実施していくことが必要とされている。

　「学校防災マニュアル（地震・津波災害）作成の手引き」（文部科学省）では、地震発生時に**「落ちてこない、倒れてこない、移動してこない」場所に避難**することを指導する必要性が示されている。

関連資料 文部科学省「学校安全の推進に関する計画（概要）」2012 年 4 月／文部科学省「学校防災マニュアル（地震・津波災害）作成の手引き」2012 年 3 月

68 災害安全・防災教育

関連法 学校保健安全法第 29 条　学校教育法第 12 条　学校保健安全法施行規則

❶ 災害安全における現状

近年では、阪神・淡路大震災（1995〔平成 7〕年）、新潟県中越地震（2004〔平成 16〕年）、新潟県中越沖地震（2007〔平成 19〕年）と甚大な被害をもたらす大きな地震が発生した。そして 2011（平成 23）年に発生した東日本大震災では、津波や福島第一原子力発電所事故など、さまざまな災害をもたらした。さらに学校管理下の時間帯において発生した地震であることから、災害発生時における学校の対応や対策など、改めて多くの課題を認識することとなった。

❷ 防災教育の進展

東日本大震災では、学校管理下において、教職員の適切な誘導や日常の有効な避難訓練等で、児童生徒が迅速に避難し、命を守ることができた学校があった一方で、保護者への引き渡しの判断に迷ったり、避難の判断が遅れたりして多数の被害者がでた学校や、下校途中や在宅中に被害にあった児童生徒がいた。

東日本大震災のこのような被害の実態から、**自然災害では「想定外」の災害に見舞われる可能性があることが教訓として残された**。したがって、みずから危険を予測し、回避するために、的確に状況を判断して迅速な行動で危険を回避することが大切である。

加えて**防災教育については、児童生徒の発達段階に応じた教育内容を意識する**ことが大切である。中学生や高校生においては、小学生や幼児の手を引いて避難するなど、自助から共助への意識をもたせる教育内容も必要である。その一方で小学校の低学年においては、守られているという安心感が必要な段階であり、不必要に不安を助長するような教育内容は避けるべきである。

❸ 学校防災マニュアルの作成

これまで、地震が発生したら机の下に身を隠すという方法が推奨されてきた。

■ 避難訓練について

> **「揺れたら」（初期対応）の訓練**
> 　地震発生時の基本行動は、どこにいても、どのような状況でも「上からもの
> が落ちてこない」「横からものが倒れてこない」「ものが移動してこない」場所に
> 素早く身を寄せて安全を確保することです。**教師の指示を待たずに児童生徒等
> が自ら判断し行動できるよう繰り返し訓練することが大切です。**（以下略）

出典：文部科学省「学校防災マニュアル（地震・津波災害）作成の手引き」2012 年 3 月

　しかし、ピアノの下に身を隠して被害にあった例や、海外では屋外で地震に見舞
われた際に、屋内に戻って机の下に身を隠して下敷きになってしまった例も報告
されている。

　そのようなことから、現在では地震が発生したら、ものが「落ちてこない・倒
れてこない・移動してこない」場所に避難することが推奨されている。しかし、
この文言は複雑化しているため、実際に訓練を繰り返し行い、そのような場所を
とっさにみつけ、みずから身を守ることができるようになることが必要である。

　そのような取り組みについて、学校ごとに作る「学校防災マニュアル（地震・
津波災害）作成の手引き」を文部科学省が発行している。この防災マニュアルは、
学校保健安全法の第 29 条に規定される「危険等発生時対処要領」のことであり、
「危機管理マニュアル」と同義である。したがって、危機の対象によって、「防犯」
「防災」「災害発生時対応」マニュアル等とよばれるものである。

　これらマニュアルは、作成された後に訓練等で運用し、その結果を踏まえ、よ
り安全性を高め実践的なものにする必要がある。

[関連資料] 文部科学省「学校安全の推進に関する計画（概要）」2012 年 4 月／文部科学省「学校防災マニュ
アル（地震・津波災害）作成の手引き」2012 年 3 月

69 養護教諭の職務

関連法 学校保健安全法　学校教育法第37条　学校保健安全法施行規則

❶ 児童生徒の健康に関する課題

　学校保健については、ストレスによる心身の不調などメンタルヘルスに関する課題や、アレルギー疾患を抱える子どもへの対応にあたって、**学校においても子どもの状況を日々把握し、的確な対応を図ることが求められている**。さらに食育や学校給食については、子どもの食生活において朝食欠食、偏食、孤食といった課題が生じており、**学校において食育を推進**することが求められている。これらの諸問題においては、学校が組織的に取り組むことが必要となっている。学校保健安全法の第5条では「学校においては、児童生徒等及び職員の心身の健康の保持増進を図るため、児童生徒等及び職員の健康診断、環境衛生検査、児童生徒等に対する指導その他保健に関する事項について計画を策定し、これを実施しなければならない」と規定されている。

　そのなかでも、**養護教諭は、学校における保健活動の推進にあたって中核的な役割を果たしている**。特に昨今においては、メンタルヘルスやアレルギー疾患などの子どもの現代的な健康課題の多様化によって医療機関などとの連携や特別な配慮を必要とする子どもが増加しており、また、特別支援教育で期待される役割も増えてきており、その職務の重要性はますます高まっているといえる。

❷ 養護教諭の職務への期待

　養護教諭の職務は、学校教育法第37条第12項において、「**児童の養護をつかさどる**」と定められている。

　保健体育審議会答申において、養護教諭の主要な役割が示されている。1972（昭和47）年の答申では、養護教諭の職務としては、児童生徒の保健および環境衛生の実態把握、心身の健康に問題をもつ児童生徒の指導にあたり、一般教員と協働して、日常の教育活動も積極的に行うこととされている。

　1997（平成9）年の答申では、養護教諭の職務として、児童生徒の身体的不調

■ 養護教諭の新たな役割について

保健体育審議会答申（平成 9 年）

……養護教諭は、児童生徒の身体的不調の背景に、いじめなどの心の健康問題がかかわっていること等のサインにいち早く気付くことのできる立場にあり、**養護教諭のヘルスカウンセリング（健康相談活動）が一層重要な役割を持ってきている**。養護教諭の行うヘルスカウンセリングは、養護教諭の職務の特質や保健室の機能を十分に生かし、児童生徒の様々な訴えに対して、（中略）心や体の両面への対応を行う健康相談活動である。（中略）養護教諭については、健康に関する現代的課題など近年の問題状況の変化に伴い、健康診断、保健指導、救急処置などの従来の職務に加えて、**専門性と保健室の機能を最大限に生かし**て、心の健康問題にも対応した健康の保持増進を実践できる資質の向上を図る必要がある。

の背景として考えられる、**いじめ等の心の問題への気づきも求められている**。また、ヘルスカウンセリング（健康相談活動）における重要な役割を担っているとされ、従来の職務に加えて、専門性と保健室の機能を最大限に生かして、心の健康問題にも対応した健康の保持増進を実践できる資質をも求められるなど、その職務への期待が大きくなっているといえる。

❸ 養護教諭の職務の具体

　養護教諭の職務については、保健体育審議会答申において、以下のように規定されている。

　①学校保健情報の把握に関すること、②保健指導・保健学習に関すること、③救急処置および救急体制の整備に関すること、④健康相談活動に関すること、⑤健康診断・医師が行う健康相談に関すること、⑥学校環境衛生実施に関すること、⑦学校保健に関する各種計画・活動およびそれらの運営への参画等に関すること、⑧伝染病の予防に関すること、⑨保健室の運営に関すること。

関連資料 中央教育審議会「子どもの心身の健康を守り、安全・安心を確保するために学校全体としての取組を進めるための方策について（答申）」2008 年 1 月／文部省「体育・スポーツの普及振興に関する基本的について（答申）」1972 年 12 月

70 学校事故と国家賠償法

関連法 独立行政法人日本スポーツ振興センター法　国家賠償法第1条　民法第709条

❶ 学校事故

　一般的に学校事故とは、「学校の管理下における児童生徒等の災害」（独立行政法人日本スポーツ振興センター法第15条第1項第七号）のことを指す。学校事故は、基本的には安全管理を徹底し、安全教育を実践していくことによって、未然に防止されることが望まれるが、それでも学校現場においては、不測の事態が発生し、事故が起こる場合が考えられる。学校は多数の児童生徒を擁し、さまざまな教育活動が行われる場所である。校外での臨海学舎や林間学舎、修学旅行では日常とは違う環境のなかでの事故の発生の可能性を考えなければならない。また、教科教育では理科の実験や、図画工作科における彫刻刀など、道具、用具の取り扱い時には十分な注意が必要である。**万が一事故が起きた場合には、事後の適切な処置と補償など、誠意を尽くした対応をすることが重要**となってくる。

　独立行政法人日本スポーツ振興センター法第15条第1項第七号では、学校の管理下における児童生徒等の災害（負傷、疾病、障害又は死亡）について、その保護者等に対して災害共済給付（医療費、障害見舞金または死亡見舞金の支給）を行うことが定められている。

❷ 学校事故と損害賠償

　授業中や学校行事、あるいは課外における校外学習等の特別活動時に発生した事故により、児童生徒が死傷した場合、被害者またはその保護者から損害賠償を求められる場合がある。

　この場合の損害賠償の請求内容は、負傷の場合はその治療に要する経費、死亡事故の場合は、その本人が生存したと仮定した場合に得られたであろう利益から算出され、あるいは事故によって受けた精神的な打撃を償う慰謝料の支払いとなる。これら**損害賠償の請求は、民法または国家賠償法の規定に基づいて行われる。**

■ **事故発生の未然防止のための取組**

- ● 教職員研修の充実、各種マニュアルの策定・見直し
- ● 安全教育の充実、安全管理の徹底
- ● 事故事例の共有、緊急時対応に関する体制整備
- ● 保護者や地域住民、関係機関等との連携・協働体制の整備
- ● 学校の設置者として必要な指導・助言の実施

出典：文部科学省「学校事故対応に関する指針」2016年3月

❸ 民法に基づく損害賠償

　民法第709条では、「故意又は過失によって他人の権利又は法律上保護される利益を侵害した者は、これによって生じた損害を賠償する責任を負う」と規定されている。ここで留意する点として、「**責任無能力者の監督者の責任**」の問題がある。責任無能力者とは、未成年者のことであり、未成年者が不法行為を行った場合、監督すべき義務のある者（親権者、後見人、保育士や教員などの代理監督者）が、責任無能力者に代わって賠償の責任を負うこととされている。だが、教員の監督義務の範囲については、東京地裁判決（1965〔昭和40〕年9月）で、**放課後の生徒間の事故については教員の監督義務はない**とした。

❹ 国家賠償法に基づく損害賠償

　国家賠償法第1条第1項では、「国又は公共団体の公権力の行使に当る公務員が、その職務を行うについて、故意又は過失によつて違法に他人に損害を加えたときは、国又は公共団体が、これを賠償する責に任ずる」と規定されている。だが、教職員の授業中等の行為による事故が、国家賠償法の適用対象となるには、その行為が「**公権力の行使**」に該当することが前提となる。

　この「公権力の行使」についての解釈はおよそ3説に分かれている。そのなかでも今日の多数の裁判例は、国家賠償法第1条の「公権力の行使」を広義に解釈し、非権力作用も含まれるという見解に立つ。したがって、**公立学校の教師の教育活動は、「公権力の行使である」という解釈が相当**であるとされている。

71 食育基本法

関連法 食育基本法

❶ 食育基本法の成立趣旨

　食育基本法は、2005（平成 17）年 7 月に施行された。本法の成立背景には、わが国における飽食の時代ともいえる時代背景から、「食」を大切にする心情や態度の欠如が危ぶまれていること、また、偏食や不規則な食生活、肥満や生活習慣病（がん、糖尿病、脳卒中など）の増加などがあげられる。また、昨今のダイエット志向の増加による過度な痩身志向や、O 157 食中毒など「食」の安全上の問題、「食」の海外への依存、これらによる伝統的な「食」の喪失など、近年の「食」における多様な問題がその背景にあるといえる。そこで同法は、これらの「食」に関する諸課題を、社会全体の問題としてとらえ、**「食育」を推進していくための法律**として制定された。同法は前文の中で食育を、以下のように位置づけている。

　①**生きるうえでの基本**であって、**知育・徳育および体育の基礎**となるべきもの
　②さまざまな経験を通じて「食」に関する知識と「食」を選択する力を習得し、
　　健全な食生活を実践することができる人間を育てる食育を推進すること
と位置づけている。

❷ 食育基本法の体系

　食育基本法は、以下のように**第 1 条の目的**と、**7 つの基本理念**（および **7 つの基本的施策**〔図表参照〕）で構成されている。

　第 1 条　目的
　第 2 条　国民の心身の健康の増進と豊かな人間形成
　第 3 条　食に関する感謝の念と理解
　第 4 条　食育推進運動の展開
　第 5 条　子どもの食育における保護者、教育関係者等の役割
　第 6 条　食に関する体験活動と食育推進活動の実践
　第 7 条　伝統的な食文化、環境と調和した生産等への配意及び農山漁村の活性

■ 食育基本法における 7 つの基本的施策

第 19 条　家庭における食育の推進

第 20 条　学校、保育所等における食育の推進

第 21 条　地域における食生活の改善のための取組の推進

第 22 条　食育推進運動の展開

第 23 条　生産者と消費者との交流の促進、環境と調和のとれた農林漁業の活性化

第 24 条　食文化の継承のための活動への支援等

第 25 条　食品の安全性、栄養その他の食生活に関する調査、研究、情報の提供及び国際推交流の推進

化と食料自給率の向上への貢献

第 8 条　食品の安全性の確保等における食育の役割

❸ 食育推進基本計画

食育推進基本計画は、第三次計画まで作成されている。第一次は 2006（平成 18）年度から 2010（平成 22）年度まで、第二次が 2011（平成 23）年度から 2015（平成 27）年度までであり、現在は第三次計画が推進されている。内容としては、食育の推進に関する施策についての基本的な方針や、国民運動としての食育を推進していく上で、その成果や達成度を客観的な指標により把握するための現状値（2015 年度）と目標値（2020 年度末）などが盛り込まれている。目標は 21 項目からなっており、たとえば「朝食又は夕食を家族と一緒に食べる『共食』の回数を増やす」では、現状値が週 9.7 回であるのに対して目標値は週 11 回以上とされるなど、21 項目すべてにおいて、**具体的な目標値が設定**されている。

学校給食との関連では、「中学校における学校給食の実施率を上げる」（現状値 2014〔平成 26〕年度 87.5%→2020 年度までの目標値 90%以上）ことや、「学校給食における地場産物等を使用する割合を増やす」（現状値〔2014 年度〕26.9%→2020 年度までの目標値 80%以上）などが盛り込まれている。

(関連資料) 農林水産省「第 3 次食育推進基本計画」2016 年

72 学校給食法

関連法 学校給食法　特別支援学校の幼稚部及び高等部における学校給食に関する法律　夜間課程を置く高等学校における学校給食に関する法律　学校教育法第37条

❶ 学校給食の意義

　学校給食法は2009（平成21）年に改正された。その目的は第1条において「児童及び生徒の心身の健全な発達に資するものであり、かつ、児童及び生徒の食に関する正しい理解と適切な判断力を養う上で重要な役割を果たす」と規定されている。また、同じく第1条には「学校給食の普及充実及び学校における食育の推進を図ることを目的とする」とされ、**教育的役割が明確になっている**と言える。また、第2条では義務教育諸学校における学校給食の7つの目標が定められている。

　学校給食とは、同法第3条第1項、第2項において、義務教育諸学校（小学校、中学校、義務教育学校、中等教育学校の前期課程、特別支援学校の小・中学部）において、その児童または生徒に対し実施される給食をいうと規定されている。それとは別に、特別支援学校の幼稚部または高等部において、その幼児または生徒に対して実施される給食もある（特別支援学校の幼稚部及び高等部における学校給食に関する法律第2条）。また、「夜間学校給食」もあり、「夜間において授業を行う課程（「夜間課程」）を置く高等学校において、授業日の夕食時に、当該夜間課程において行う教育を受ける生徒に対し実施される給食」をいう（夜間課程を置く高等学校における学校給食に関する法律第2条）。

❷ 学校給食における役割

　児童生徒等に安全で安心な給食を提供するためには、設置者は、管理下の学校給食の調理場、衛生管理体制、施設や設備、調理作業などが「学校給食衛生管理基準」に基づいて適切に行われているのか、**実態把握に努めなければならない**。また、改善する必要があれば、その措置をとることが義務づけられている。

　学校給食の管理者は、校長および共同調理場長である。その管理者には、次のような役割が求められている。①学校給食の運営の管理者は校長および共同調理

■ 学校教育法と学校給食との関連

学校教育法第19条

経済的理由によつて、就学困難と認められる学齢児童又は学齢生徒の保護者に対しては、市町村は、必要な援助を与えなければならない。

学校給食費の支援（生活保護法及び学校給食法）

学校教育法第21条

義務教育として行われる普通教育は、教育基本法第5条第2項に規定する目的を実現するため、次に掲げる目標を達成するよう行われるものとする。

（第一～三号略）

第四　家族と家庭の役割、生活に必要な衣、食、住、情報、産業その他の事項について基礎的な理解と技能を養うこと。

（第五～七号略）

場長であることを理解、②衛生管理の体制を整備すること、③異常発生の際には適切な措置を講じること、④関係職員の意思の疎通に配慮すること。

　次に、**学校給食調理場の衛生管理責任者は栄養教諭・学校栄養職員**である。栄養教諭は、「児童の栄養の指導及び管理をつかさどる」（学校教育法第37条第13項）ことを職務としている。それはつまり、児童生徒の栄養に関する専門性と、栄養についての教育に関する資質を有する教育職員であるということになる。そのうえで衛生管理責任者として栄養教諭は、安全な給食を児童生徒に提供するために、施設・設備の衛生、食品の衛生、学校給食調理員の衛生の日常管理に努めなければならない。なお、**栄養教諭については、「置くことができる」（学校教育法第37条第2項等）ものであり、必置ではなく任意設置である**ことに注意しておきたい。

　学校給食調理員の役割については、学校給食の調理の担い手であることはいうまでもない。学校給食調理員は、検収、下処理、調理、配食、配送の各工程において「学校給食衛生管理基準」に従っておいしく安全な給食が提供できるように努めなければならない。その際には、文部科学省が作成している「学校給食調理場における手洗いマニュアル」を参考にして、食中毒防止のうえでの手洗いの重要性などを十分に理解して職務にあたらなければならない。

［関連資料］文部科学省「学校給食調理場における手洗いマニュアル」2008年3月

学校内での児童生徒死亡事故の責任
（静岡県西伊豆町プール小学生死亡事件）

■事件の概要

1995年8月4日、静岡県西伊豆町立X小学校で、夏休みのプール開放で遊びにきていた小学校5年生のAが、プール底の排水口の蓋がずれているのを発見し、直そうとして排水口管に右膝を吸い込まれておぼれ、意識不明の重体となり、その後に死亡した。事故原因は、排水口上のふたを外れたまま放置していた西伊豆町と、指導と監督をしなかった静岡県にあるとして、管理の瑕疵（かし）を理由に、両親が町と県に対して計約9,140万円の損害賠償を求めた。一方、西伊豆町は小学校のプールの施設面での不備を認めたものの、Aが意図的に排水溝に身体を入れ排水管口に吸い込まれて事件が起こったとし、Aにも過失があるとし、賠償額の減額を主張した。

■争点

町や県の管理の瑕疵、児童生徒の過失。

■判決要旨

静岡地裁沼津支部で判決が下され、原告の訴えは、部分的に認められたが、一部棄却された。

排水口は閉塞状態となると吸水圧が強く働き、身体を挿入されると自力で脱出することが困難であること、排水溝の蓋は固定化されておらず、小学校児童でも移動が可能で、本件事故当時は、蓋ははずされていたこと等からみて、町にはプールの設置管理に瑕疵があり賠償責任を負う。

一方で、Aは本件事故当時小学校5年生で、その判断能力が未熟であったにせよ、本件事故は、Aが右のような本件排水溝に自ら入り込んだことが一因となって発生したものであり、Aにも過失があったといわざるをえないとして、Aに2割の過失相殺を認めた。

また、静岡県教育委員会は文部省（現：文部科学省）からの通知を踏まえて町にも通知し、それに加えて、県教育委員会は町教育委員会に対し、プール排水溝の蓋の固定化等学校プールの安全に関する必要な指導をしていることからみて、県の町に対する指導等に関しては違法はない。

■コメント

夏休みのプール開放という、全国の小学校でどこにでもある場面でおこった事件である。事故当時に現場にいた教諭や、X小学校の校長は個人としては直接に訴えられず、過失は問われていない。

国や県からの通知があったのに対策を怠った町の過失は、常識的に誰もが納得するとして、小学校高学年の遊び盛りのAに過失があるというのは、心情的にはさまざまな意見があろう。しかし、あくまでも冷静に、公平に判決を下すのが、司法の場なのである。

参考：静岡地方裁判所沼津支部　平成10年9月30日　『判例時報』1678号（1999年8月）

◆ 考えてみよう

◆ 学校保健安全法について

　2009（平成21）年に、学校保健法が改正され、学校保健および学校安全の充実を図ることを目的として、学校保健安全法が制定された。改正された点について、学校保健と学校安全に分けて整理し、学校保健のみならず、そこに学校安全の視点を入れなければならなかった必要性について、社会情勢と関連させて考え、論じてみよう。

◆ 養護教諭の職務について

　養護教諭が学校において果たす、あるいは期待される役割は、社会状況等の変化にともなって大きくなっているといえる。そこで、学校教育法、保健体育審議会答申などに基づいて、養護教諭の職務の規定を整理し、社会情勢とともにどのような役割が増えてきたのか、述べてみよう。

---

73 児童福祉・男女共同参画と法規

関連法 児童福祉法　少年法　男女共同参画社会基本法　児童虐待防止法

❶ 子どもを守り育てるために──学校と児童福祉機関・施設、警察・裁判所との連携

児童福祉法において「児童」は18歳未満の者をいう。ほとんどが保育所・幼稚園・小学校・中学校または高等学校に在籍している年齢である。

児童福祉法の目的は、すべての児童の心身の健全な成長、生活の保障、愛護である。 学校教育・社会教育に共通する教育の目的は「人格の完成を目指し、平和で民主的な国家及び社会の形成者として必要な資質を備えた心身ともに健康な国民の育成を期する」ことであるが（教育基本法第1条）、児童福祉法の目的とするところの保障がなければ、これらの達成は難しい。

学校教職員は1日のうちのかなりの部分を子どもとともに過ごしており、児童・生徒や保護者との会話や家庭訪問などによって子どもたちやその家族の事情を知りうる機会も多い。

児童福祉法の内容についても承知し、子どもの事情に対応して児童委員・児童相談所・福祉事務所などの児童福祉機関と連絡を取り、適切な処置をとる必要が あるだろう。

1951（昭和26）年のこどもの日に制定された**児童憲章**は児童の権利宣言であり、時代を越えて私たちに子どものための理想実現を呼びかけ続けている。

児童福祉法第6条の3第2項を根拠に行われている**放課後児童健全育成事業（学童保育）**は、保護者が労働等により昼間家庭にいない児童に対して家庭教育を補完する存在であるから、小学校の教職員としても実態を把握しておかなければならない。

児童虐待防止法（児童虐待の防止等に関する法律）は問題の深刻化に対応して2000（平成12）年に施行された法律であり、学校教職員に「**通告義務**」を課している。**どういう行為が児童虐待にあたるかをよく理解して、深刻な事態を招かないように努める必要がある。**

少年法は、罪を犯した少年を大人とは別に扱うというわが国の伝統のうえに、アメリカの少年法制の影響が加わって成立した刑事訴訟法の特則であるが、ここ20年の重大な少年犯罪の続発を受けて、大きく変更が加えられてきている。

■ この章で扱う法規のポイント

◎児童福祉法
・児童福祉機関・施設との連携
・放課後児童クラブとの連携

◎児童憲章
・すべての児童の幸福の実現が目標

◎児童虐待防止法（児童虐待の防止等に関する法律）
・虐待の疑いだけでも通告を

◎少年法
・少年の健全な育成が本来の目的だが、重大犯罪続発に際し、処分を厳格化

◎文部省におけるセクシュアル・ハラスメントの防止等に関する規程
・何がセクハラかの把握と自戒
・未然防止のための努力
・事象発生の際の適切な対応

◎男女共同参画社会基本法
・男女共同参画社会の内容把握
・男女共同参画基本計画の把握

❷ 男女共同参画社会に向けた学校教育・社会教育の理解

　男女共同参画社会基本法が公布・施行されて20年近くがたった。男女共同参画社会とは何をめざす、どんな社会であるかということは該当の項に譲るが、法に基づいて政府は5年ごとに「男女共同参画基本計画」を策定・公表している。2015（平成27）年12月に閣議決定された最新の第四次計画では、教育・学習に関する施策の基本的方向について「学校教育及び社会教育において、教育に携わる者が男女共同参画の理念を理解するよう、意識啓発等に努めるとともに……近年の女性の活躍推進に向けた動きも踏まえ、多様化、高度化した学習需要に対応するとともに、女性のエンパワーメントに寄与するため、生涯にわたる学習機会の提供や社会参加の促進のための施策の一層の充実を図る」ことが重要であると述べている。

74 児童福祉法

関連法 児童福祉法

❶ 児童福祉関連法の歴史

　「**児童福祉**」という用語自体は第二次世界大戦後に登場したものだが、関連の法律は第二次世界大戦前に一応の整備をみている。

　1929（昭和4）年には1874（明治7）年以来の恤救規則にかえて**救護法**が制定され（施行は1932〔昭和7〕年）、貧困のため生活することができない者を居宅または養老院、孤児院、病院などの施設で、公費により救護することとされた。1933（昭和8）年には感化法（1900〔明治33〕年制定）にかわり**少年教護法**が成立し、不良行為をした、あるいはその虞のある児童を少年教護院での教育的保護を行うことにより、その不良化の防止が図られることになった。

　同じ1933年に**児童虐待防止法**、1937（昭和12）年には貧困母子世帯に対する扶助を定めた**母子保護法**がそれぞれ制定されたのである。なお、翌1938（昭和13）年には内務省から衛生局および社会局が分離し、**厚生省**（現：厚生労働省）が創設されている。

❷ 児童福祉法の制定

　第二次世界大戦後の1946（昭和21）年10月、連合国軍最高司令官総司令部（GHQ）は日本政府に、戦災孤児、混血児問題などについて福祉的政策をとるようにと指示し、これを受けて厚生省は翌11月、対象を「保護を要する児童」に限定した**児童保護法要綱案**を発表した。

　これに対し、1908（明治41）年以来民間の社会事業を推進してきた**中央社会事業協会**は翌1947（昭和22）年1月「不幸な浮浪児の保護の徹底をはかり、すすんで時代のわが国の命運をその双肩に担う児童の福祉を積極的に助長するためには、**児童福祉法**とも称すべき児童福祉の基本法を制定することが喫緊の要務である」との意見書を具体的な法案を付して提出した。児童福祉法は同年、厚生省「児童局」が中心となって成立した。

■ 児童福祉法が定める機関・施設・金銭給付

その内容をみれば、この法律が児童福祉について、具体的・網羅的な規定を
もっていることがわかる

○児童福祉機関
　　　児童福祉審議会
　　　児童委員―民生委員
　　　児童相談所―児童福祉司
　　　福祉事務所―社会福祉主事
　　　保健所

○児童福祉施設
　　　助産施設、乳児院、母子生活支援施設、保育所、幼保連携型認定こども園、
　　　児童厚生施設、児童養護施設、障害児入所施設、児童発達支援センター、
　　　児童心理治療施設、児童自立支援施設、児童家庭支援センター

○各種金銭給付
　　　児童扶養手当、特別児童扶養手当、児童手当

74

児童福祉法

　児童福祉法は、第１章総則、第２章福祉の保障、第３章事業、養育里親及び養
子縁組里親並びに施設、第４章費用、第５章国民健康保険団体連合会の児童福祉
法関係業務、第６章審査請求、第７章雑則、第８章罰則と附則とからなっている。
　この**法律の制定**によって、国が孤児や保護者が養育できない児童等、また母子
家庭等貧窮する児童とその保護者の救済を行うことが可能になった。今日までの
日本の児童福祉の基礎を確立した**画期的な立法**であった。

[関連資料] 若井彌一監修『2018 年度版必携教職六法』協同出版、2017 年

75 少年法

関連法 少年法

❶ 少年犯罪・非行への配慮

少年法（1948〔昭和 23〕年制定）については、少年による重大犯罪が相次いだことから近年になって大きな改正がたびたび行われ、注目が集まっている。

1922（大正 11）年に 14 歳以上 18 歳未満を対象とする（この年齢の少年犯罪は司法省の管轄に変わる）**少年法**（旧少年法）が制定された。旧少年法は①教育改善の観点からの少年刑事事件についての多くの特則、②多様な保護処分の設定（新たに法制化された矯正院への送致を含む）と刑事処分に対する優先、③虞犯少年（罪を犯すおそれのある少年）の保護処分対象への包含、④少年審判所（ケースワーク的機能を有する）の設置等を特徴としていた。

❷ 重大犯罪の続発による現行少年法の改正

第二次世界大戦後の少年犯罪や非行の増加に対処すべく、1948（昭和 23）年 6 月政府は「**少年法を改正する法律案**」を国会に提出、7 月に可決・成立して翌 1949（昭和 24）年 1 月から施行された。

近年の**重大な少年犯罪の続発**にともない、少年法は **4 度の改正**が行われた。まず **2000（平成 12）年**には旧法で 16 歳以上となっていた刑事処分可能年齢を戦前並みの 14 歳以上に引き下げ、16 歳以上の少年が被害者を死亡させた時は刑事処分が原則となった。

2007（平成 19）年の改正では少年院送致の年齢下限を 14 歳以上から「おおむね 12 歳以上」に引き下げ、警察官が触法の疑いのある少年を発見した場合、少年や保護者を呼び出して質問できる権限を明記した。

2008（平成 20）年の改正では、①重大事件の被害者等の少年審判傍聴の許可、②被害者等に対する審判状況の説明、③被害者等への記録の閲覧・謄写の許可、④特別な場合における被害者の配偶者、直系親族または兄弟姉妹の意見陳述の許可、が加えられた。

■ 重大少年犯罪が少年法改正に直結

> 1997 年　神戸児童連続殺傷事件（犯罪少年が 14 歳）
>
> → 　2000 年改正
> 　　①刑事処分可能年齢を 16 歳以上から 14 歳以上に引き下げ
> 　　② 16 歳以上の少年が被害者を死亡させたときは刑事処分が原則

> 2003 年　長崎・幼児誘拐殺害事件、2004 年　佐世保・同級生殺害事件
>
> → 　2007 年改正　少年院送致の年齢下限引き下げ、ほか
> 　　2008 年改正　少年審判の傍聴許可など、被害者側の立場を重視

> 2009 年　大阪府富田林・男子高校生殺害事件
>
> 　　（裁判長が不定期刑について「適切な法改正が望まれる」旨言及）
> → 　2014 年改正　言い渡しうる有期懲役の上限を 15 年から 20 年に、
> 　　不定期刑の上限を 5 〜 10 年から 10 〜 15 年に引き上げ

　最後に 2014（平成 26）年の改正では、18 歳未満の少年に対し無期懲役に
かえて言い渡せる有期懲役の上限を 15 年から 20 年に、不定期刑の上限も 5 〜
10 年から 10 〜 15 年に引き上げた。

関連資料　若井彌一監修『2018 年度版必携教職六法』協同出版、2017 年

76 児童福祉の規範としての児童憲章

関連法 児童憲章

❶ 児童憲章のできるまで

児童憲章は 1951（昭和 26）年 5 月 5 日、こどもの日に制定・発表された。法律でも命令でもないので法的拘束力はないが、児童のために実現したい理想を示し、いわば「**児童の権利宣言**」として児童福祉の規範となっている文書である。しかし、すでに**児童福祉法**が存在している（「74　児童福祉法の制定」項参照）のに、なぜこの憲章が必要になったのだろうか。

児童福祉法は 1947（昭和 22）年 12 月に公布された。しかし、その後も**子を親の従属物とみる旧来の児童観は容易には払拭されず、人身売買の残存を頂点に児童の健全な成長を阻害する事件が絶えなかった**。そこで**中央児童福祉審議会**は 1951（昭和 26）年 5 月 4 日に児童憲章の宣言を行った。

❷ 児童のための理想実現を国民に求める児童憲章

児童憲章は前文と総則 3 項、本則 12 条からなる。前文で**日本国憲法の精神**にしたがって正しい児童観を確立し**すべての児童の幸福を図る**ことを目的とすることを確認、総則 3 項「**児童は、人として尊ばれる。児童は、社会の一員として重んぜられる。児童は、よい環境のなかで育てられる**」は児童の健全な成長にとって必須な普遍的原理を示している。また、本則 12 条は日本国憲法に定められている基本的人権が児童にも保障されるべきことを確認し宣言したものであり、児童の健全な育成と健康な生活の保障（第 1 条）、成長の場としての家庭環境の保障（第 2 条）、衣食住と疾病・災害からの安全の保障（第 3 条）、個性と能力に応じた教育の保障（第 4 条）、教育の具体的目標（第 5 条）、就学機会と整った教育施設の保障（第 6 条）、職業指導機会の保障（第 7 条）、働く児童の教育機会と生活の保障（第 8 条）、よい遊び場と文化財の保障（第 9 条）、虐待・酷使・放任等からの防護の保障と非行児童の保護指導（第 10 条）、障がい児の医療・教育・保護の保障（第 11 条）、人類の平和・文化に貢献する国民像（第 12 条）をそれぞ

■ 児童憲章

> 　われらは、日本国憲法の精神にしたがい、**児童に対する正しい観念を確立し、すべての児童の幸福をはかるために**、この憲章を定める。
>
> 　**児童は、人として尊ばれる。**
>
> 　**児童は、社会の一員として重んぜられる。**
>
> 　**児童は、よい環境のなかで育てられる。**
>
> 1　すべての児童は、心身ともに、健やかにうまれ、育てられ、その生活を保障される。
>
> 2　すべての児童は、家庭で、正しい愛情と知識と技術をもつて育てられ、家庭に恵まれない児童には、これにかわる環境が与えられる。
>
> 3　すべての児童は、適当な栄養と住居と被服が与えられ、また、疾病と災害からまもられる。
>
> 4　すべての児童は、個性と能力に応じて教育され、社会の一員としての責任を自主的に果すように、みちびかれる。
>
> 5　すべての児童は、自然を愛し、科学と芸術を尊ぶように、みちびかれ、また、道徳的心情がつちかわれる。
>
> 6　すべての児童は、就学のみちを確保され、また、十分に整つた教育の施設を用意される。
>
> 7　すべての児童は、職業指導を受ける機会が与えられる。
>
> 8　すべての児童は、その労働において、心身の発育が阻害されず、教育を受ける機会が失われず、また児童としての生活がさまたげられないように、十分に保護される。
>
> 9　すべての児童は、よい遊び場と文化財を用意され、わるい環境からまもられる。
>
> 10　すべての児童は、虐待、酷使、放任その他不当な取扱からまもられる。あやまちをおかした児童は、適切に保護指導される。
>
> 11　すべての児童は、身体が不自由な場合、または精神の機能が不十分な場合に、適切な治療と教育の保護が与えられる。
>
> 12　すべての児童は、愛とまことによつて結ばれ、よい国民として人類の平和と文化に貢献するように、みちびかれる。

れ規定している。**法律の有する国家の強制力を欠くことで、逆に児童憲章は国民に崇高な道徳的理想の実現を求めることができるものになっている**のである。

関連資料　宮﨑秀一「児童憲章」『日本大百科全書（ニッポニカ）』小学館、1995 年

77 男女共同参画社会基本法

関連法 男女共同参画社会基本法

❶ 男女共同参画社会基本法

　男女共同参画社会基本法（1999〔平成11〕年6月公布・2001〔平成13〕年1月施行、以下、「基本法」）は、「男女共同参画社会の形成を総合的かつ計画的に推進することを目的とする」法律である（第1条）。「**男女共同参画社会**」の意味するところは、「**男女が、社会の対等な構成員として、自らの意思によって社会のあらゆる分野における活動に参画する機会が確保され、もって男女が均等に政治的、経済的、社会的及び文化的利益を享受することができ、かつ、共に責任を担うべき社会**」である。また、第1条の条文によれば、男女共同参画社会の形成が最終目的ではなく、「**男女の人権が尊重され、かつ、社会経済情勢の変化に対応できる豊かで活力ある社会**」の実現のために必要だとされている。そして、前文で「男女共同参画社会の実現を**21世紀の我が国社会を決定する最重要課題**と位置づけ、社会のあらゆる分野において、男女共同参画社会の形成の促進に関する施策の推進を図っていくことが重要である」としている。

❷ 政府の基本計画

　同法は第13条で「**男女共同参画基本計画**」の策定を政府に課しており、政府は同計画を法施行の翌2000（平成12）年から5年ごとに決定・公表してきた。その最新のものは2015（平成27）年12月の「**第4次男女共同参画基本計画**」である。政府はその「第1部基本的な方針」のなかで、さまざまな取り組みを進めてきた結果、「社会全体で女性の活躍の動きが拡大し、我が国社会は大きく変わり始めて」おり、さらに2015年8月に**女性の職業生活における活躍の推進に関する法律（女性活躍推進法）**が成立し、「我が国における男女共同参画社会の実現に向けた取組は新たな段階に入った」とする一方で、「長時間労働等を背景とした男女の仕事と生活を取り巻く状況、いわゆるM字カーブ問題や働き方の二極化、女性のライフスタイルや世帯構成の変化への対応等、さまざまな側面か

■ 男女共同参画社会のイメージ図

男性も女性も、意欲に応じて、あらゆる分野で活躍できる社会

職場に活気

- 女性の政策・方針決定過程への参画が進み、多様な人材が活躍することによって、経済活動の創造性が増し、生産性が向上
- 働き方の多様化が進み、男女がともに働きやすい職場環境が確保されることによって、個人が能力を最大限に発揮

家庭生活の充実

- 家族を構成する個人がお互いに尊重し合い協力し合うことによって、家族のパートナーシップの強化
- 仕事と家庭の両立支援環境が整い、男性の家庭への参画も進むことによって、男女がともに子育てや教育に参加

地域力の向上

- 男女がともに主体的に地域活動やボランティア等に参画することによって、地域コミュニティーが強化
- 地域の活性化、暮らし改善、子どもたちが伸びやかに育つ環境が実現

一人ひとりの豊かな人生

仕事、家庭、地域生活など、多様な活動を自らの希望に沿った形で展開でき、男女がともに夢や希望を実現

らの課題が存在しており、世代を越えた男女の理解の下、それらを解決していくため、真に実効性のある取組が求められている」とした。

　そこで、向こう5年間は「①男女が自らの意思に基づき、個性と能力を十分に発揮できる、多様性に富んだ豊かで活力ある社会　②男女の人権が尊重され、尊厳を持って個人が生きることのできる社会　③男性中心型労働慣行等の変革等を通じ、仕事と生活の調和が図られ、男女が共に充実した職業生活その他の社会生活及び家庭生活を送ることができる社会　④男女共同参画を我が国における最重要課題として位置づけ、国際的な評価を得られる社会」の実現を通じて、男女共同参画社会の形成の促進を図っていく、としている。

(関連資料) 内閣府「男女共同参画とは」(2017年11月22日アクセス)

78 児童虐待の防止等に関する法律

関連法 児童虐待の防止等に関する法律

❶ 児童虐待防止法

　児童福祉法には、虐待を発見した者の児童相談所などへの通告義務（第25条）、虐待が疑われた家庭などへの立ち入り調査（第29条）、虐待が疑われる児童の一時保護（第33条）、被虐待児の施設入所のための家庭裁判所への申し立て（第28条）などが規定されたが、諸般の事情であまり適用されてこなかった。

　児童相談所は1990（平成2）年度から「虐待に関する相談対応処理件数」の統計を取り始めたが、その数字は1990年代を通じて急増した。メディアによる報道、民間団体による防止活動の活発化、1994（平成6）年の児童の権利に関する条約批准もあって児童虐待は社会問題化し、関係者や研究者の間から「対応するための新たな法律が必要だ」という声が高まった。超党派の議員たちによって国会に上程された「児童虐待の防止等に関する法律」（正式名称）案は2000（平成12）年5月に可決・成立し、11月から施行された。

❷ 児童の虐待通告義務

　児童虐待防止法は第2条で、**児童虐待**とは**保護者がその監護する児童（18歳未満）に対して、①身体に外傷が生じ、または生じるおそれのある暴行を加えること（身体的虐待）、②わいせつな行為をする、またはさせること（性的虐待）、③心身の正常な発達を妨げるような著しい減食または長時間の放置や保護者以外の同居人が児童に対して行う身体的虐待・性的虐待・心理的虐待を放置するなど保護者としての監護を著しく怠ること（ネグレクト）、④著しい暴言または著しく拒絶的な対応など著しい心理的外傷を与える言動を行うこと（心理的虐待）**をいう、としている。

　第5条第1項では、**学校**や**教職員**は児童虐待を発見しやすい立場にあるので**早期発見**に努めなければならないとし、第6条第1項では虐待を「**受けたと思われる**」児童を発見した場合には速やかに市町村や都道府県が設置している福祉事務

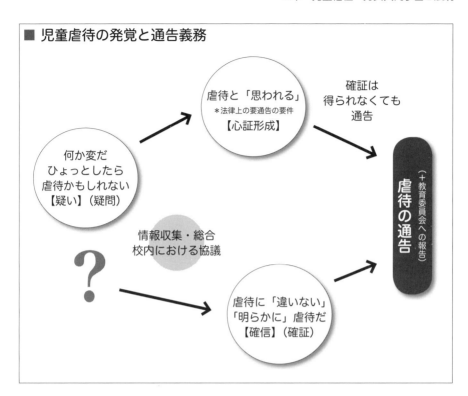

■ 児童虐待の発覚と通告義務

虐待と「思われる」
*法律上の要通告の要件
【心証形成】

確証は
得られなくても
通告

何か変だ
ひょっとしたら
虐待かもしれない
【疑い】（疑問）

？

情報収集・総合
校内における協議

虐待に「違いない」
「明らかに」虐待だ
【確信】（確証）

虐待の通告
（＋教育委員会への報告）

所または児童相談所に**通告**しなければならない、と定めている。すなわち、**教職員には虐待の確証がなくとも、「疑いがある」という心証だけで通告する義務が課されている。**

　この場合、**通告が結果として誤りであっても、通告したことの刑事上または民事上の責任が問われることはなく、地方公務員法に定める「守秘義務」に反することにもならない**（第6条第3項）。児童虐待の通告は児童の救済を最優先し、保護者と児童双方を支援する行為だからである。第6条第1項の通告義務が課されるのは法の制定当初は虐待を「受けた」児童を発見した者であったが、学校側が確証のないまま通告することをためらい取り返しのつかない事件につながることが繰り返されたため、2004（平成16）年に法改正が行われた。

関連資料 菱村幸彦編著『教育法規の要点がよくわかる本』新訂版、教育開発研究所、2015年

少年法と「厳罰主義」
（神戸児童連続殺傷事件）

■事件の概要

1997（平成9）年2月10日に、女児2名が何者かにハンマーで殴打された。同年3月16日に当時10歳の女児が殴られ重体となった（1週間後に死亡）。また別の女児も刺された。同年5月27日に、当時11歳の男児の切断された首が、神戸市立中学校の正門の上に置かれていた。切断された首には犯行声明文が添えられていて、「さあゲームの始まりです　愚鈍な警察諸君　ボクを止めてみたまえ　ボクは殺しが愉快でたまらない」といった非常に挑発的なメッセージが書かれていた。過熱した報道がなされ、さまざまな犯人像があげられたが、6月28日に逮捕されたのは、当時14歳、中学3年生の少年Aであった。普通の中学生が犯人であったことは、社会に大きな衝撃を与えたのである。（なお、少年Aが声明文で「酒鬼薔薇」と名乗ったことから、「酒鬼薔薇事件」とも呼ばれる。）

■審判要旨

当時の少年法では、14歳の少年は刑事処分の対象にはならなかった。1997年10月17日に、神戸家庭裁判所は、審判の結果として医療少年院にAを送致することを決定した。Aは精神鑑定を受けており、重度の行為障害が認められていたが、決定の詳しい理由は、少年審判は原則非公開となっているため不明である。

なお、2015（平成27）年4月に雑誌報道により、少年の実名等および被害者の実名については黒塗り等がされているものの、少年審判決定書の全文が公表された。公表したのは、退職した元裁判官である。これについて、神戸家庭裁判所や法曹関係者などは「守秘義務違反である」として元裁判官に抗議し、被害者の遺族も不快感を示した。

■コメント

事件発生から十数年以上を経過してもなお、事件の関係者のさまざまな動きがある。少年A自身や、少年Aの母親が手記を出版したり、上述の少年審判決定書が公開されたり、などである。その度ごとに報道がなされ、世間の注目を集める。それだけ大きな事件だったといえよう。

少年犯罪は、発生件数は減っているものの、その凶暴性は、筆舌に尽くしがたいものもある。そのような少年犯罪が起こる度に、「少年法を改正して、より低い年齢の者にも、重い刑を科すべきだ」という世論が起こる。それに後押しされるように、少しずつ少年法は改正されていっており、刑罰対象の低年齢化や厳罰化という方向性となっている。

しかし、罰が重くなったからといって、少年犯罪が抑えられるという根拠はないとも指摘されている。少年法の理念は、「矯正」「保護」「教育」であることは強調されてよい。

◆ 考えてみよう

◆ 日本の児童福祉について

　戦後の児童福祉法の制定の経緯とその意義を説明してみよう。また、児童
憲章の意義を述べてみよう。

◆ 男女共同参画社会とは

　男女共同参画社会とはどのような社会をいうのか、あなたの考えをまとめ
てみよう。また、男女共同参画社会を実現するために、行政や個人は具体的
にはどのような取り組みや行動を行うべきなのかを考えてみよう。

----

79 生涯学習社会における社会教育と法規

❶ 生涯学習の理念

　欧米の成人教育やユネスコの成人教育研究のなかで形成された**生涯学習**という教育・学習理論を取り上げ、わが国の国民への理解を広めたのは、臨時教育審議会（1984〔昭和59〕～1987〔昭和62〕年）の４次にわたる答申だった。個性重視の原則のもとに、生涯にわたる学習機会の整備が求められて教育を中心とする諸改革が提案された。続く1990（平成２）年１月の中央教育審議会答申は、「生涯学習は生活の向上、職業上の能力や自己の充実を目指し、各人が自発的意思に基づいて行うことを基本とするものであること」「必要に応じ、可能なかぎり自己に適した手段及び方法を自ら選びながら生涯を通じて行うものであること」「学校や社会の中で意図的、組織的な学習活動として行われるだけでなく、人々のスポーツ活動、文化活動、趣味、レクリエーション活動、ボランティア活動などの中でも行われるものである」とした。

　同答申を受けて、同年７月から「生涯学習の振興のための施策の推進体制等の整備に関する法律」（以下、「**生涯学習振興法**」）が施行され、生涯学習施策における配慮、生涯学習振興に資する都道府県事業に関わること、地域生涯学習振興基本構想、生涯学習審議会の設置などが求められた。そののち、**生涯学習**については、2006（平成18）年の教育基本法改訂に際して第３条で「生涯学習の理念」が示され、国の教育政策の基本理念となっている。

❷ 生涯教育と社会教育

　生涯学習に対して**生涯教育**という用語が使われる場合がある。両者の概念が混同されることが多いが、生涯教育の定義については、「生涯学習のために、自ら学習する意欲と能力を養い、社会のさまざまな教育機能を相互の関連性を考慮しつつ総合的に整備・充実しようとするのが生涯教育の考え方である」とした1981（昭和56）年の中央教育審議会の答申があり、生涯学習と生涯教育のとらえ方の相違を説明している。本質的には学習機能と教育機能の相違といった理解が必要であるが、両機能の相関関係がもたらす効果が生涯学習社会の建設に重要であると考えられている。具体的に生涯教育という場合、わが国の教育行政においては、学校教育と社会教育の２つを意味する。従前は、両者の特性の違いから、異なる行政機能として区分する傾向にあったが、

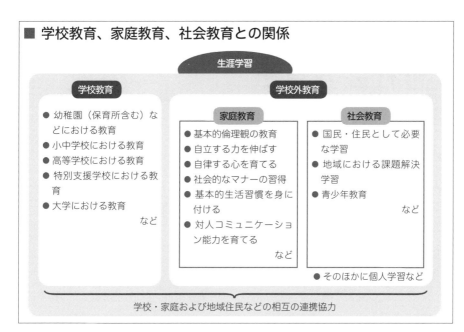

近年、学校教育と社会教育の**統合論**が提唱され、その流れを踏まえて 2015（平成27）年 12 月の中央教育審議会は、**学社連携・学社融合**を発展させて、「**地域社会における学校との協働**」を提唱した。学校教育行政と社会教育行政の協働化の図式のもとに**学校運営協議会**と**地域学校協働本部**の設置、連携と協働が求められている。

❸ 社会教育関係法規のしくみ

　社会教育については、1947（昭和22）年制定の旧教育基本法では第 7 条で示されていたが、2006（平成 18）年の改訂後には、第 10 条「家庭教育」、第 11 条「幼児期の教育」、第 12 条「社会教育」、第 13 条「学校、家庭及び地域住民等の相互の連携協力」の 4 つの条文に分岐した。時代の要請に従って課題をとらえたとい

うことであり、教育基本法第 12 条の「社会教育」では、国および地方公共団体による社会教育の奨励、学校の施設の利用等で社会教育の振興方策が明示され、具体策が社会教育法等で求められている。社会教育行政については、1949（昭和24）年に制定された社会教育法が拠りどころとなって法体系が形成され、いくつかの社会教育関連法がある。図書館法や博物館法があり、スポーツおよび体育に関しては、スポーツ振興法に代わるスポーツ基本法が 2011（平成 23）年に制定された。そのほか、音楽文化振興法、文化財保護法、文化芸術振興基本のための学習環境の整備等に関する法律、子どもの読書活動の推進に関する法律や文字・活字文化振興法等があり、幅広い領域で生涯学習・社会教育の振興を求めている。

80 社会教育法

関連法 教育基本法　学校教育法

❶ 社会教育とは何か

　基本的に**社会教育**とは、教育課程として実施されている学校教育以外のあらゆる教育を指すと考えられる。特性から**非定型教育**（Non-formal Education）の典型とされる社会教育は、わが国固有の教育機能であるが、国際社会における "Adult and Local Education" に近い概念だと考えられる。成人だけでなく、青少年も対象にした教育であり、継続性、組織性および体系性が弱いという特性があり、ファジー概念で構成される。1871（明治4）年の文部省（現：文部科学省）設置後、大正中期までは**通俗教育**と呼ばれていたが、その後は社会教育という呼称が用いられる。非定型教育には、家庭教育や職業教育、体育、スポーツ、習い事やレクリエーションなど多様なの領域が含まれ、**行政を中心とする公的社会教育**（社会教育行政）と**非定型教育全体を包括する一般社会教育**とに区分されることが多い。近年では、教育機会が多様化、高齢化、広域化し、学習活動や民間教育活動が広がったことから、社会教育を生涯学習や生涯教育という場合がある。

❷ 社会教育法とは何か

　1947（昭和22）年に教育基本法が制定されて戦後教育制度が形成され、1947（昭和22）年の学校教育法に次いで1949（昭和24）年に制定されたのが社会教育法である。社会教育法は、公的社会教育の考え方やあり方を規定するものであり、物的、人的、運営的な観点から社会教育を推進するための方策を示した法律である。社会教育が、基本的には個人の自主性や自発性に基づく学習活動に対する援助機能であることを踏まえて、社会教育法は行政に対して社会教育の**奨励**やすべての国民がみずから**実際生活に即する文化的教養**を高めうるような**環境醸成**によって振興を図るように求めており、特に公民館や学校施設の利用による社会教育事業の実施、社会教育関係団体や住民への支援方策などを明確にするための根拠法になっている。

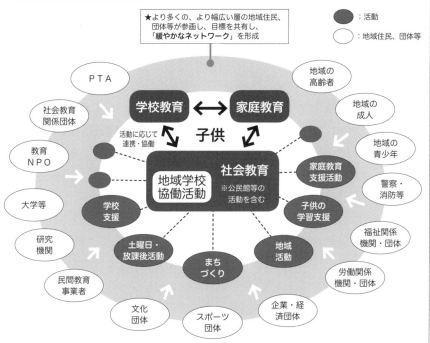

■ 地域全体で未来を担う子供たちの成長を支えるしくみ（活動概念図）

◎ 次代を担う子供に対して、どのような資質を育むのかという目標を共有し、地域社会と学校が協働。
◎ 従来の地縁団体だけではない、新しいつながりによる地域の教育力の向上・充実は、地域課題解決等に向けた連携・協働につながり、持続可能な地域社会の源となる。

★より多くの、より幅広い層の地域住民、団体等が参画し、目標を共有し、**「緩やかなネットワーク」** を形成

　：活動
　：地域住民、団体等

PTA
社会教育関係団体
教育NPO
大学等
研究機関
民間教育事業者
文化団体
スポーツ団体
企業・経済団体
労働関係機関・団体
福祉関係機関・団体
警察・消防等
地域の青少年
地域の成人
地域の高齢者

学校教育 ←→ **家庭教育**
子供
活動に応じて連携・協働
社会教育
地域学校協働活動
※公民館等の活動を含む
家庭教育支援活動
学校支援
子供の学習支援
土曜日・放課後活動
まちづくり
地域活動

出典：中央教育審議会「新しい時代の教育や地方創生の実現に向けた学校と地域の連携・協働の在り方と今後の推進方策について（答申）資料3/4」2015年12月

❸ 社会教育法のしくみ

　全57条からなる社会教育法は、これまで何度か一部改正されているが、基本的な骨組みとしての総則のもとに、社会教育の定義、行政の任務、市町村や都道府県の教育委員会の事務等が示されている。

　第9条の2、3では**社会教育主事（補）**について、第10条では**社会教育関係団体**について定めている。第15、17条では、**社会教育委員**について定められ、第20〜42条までは**公民館**についての規定となっているので、公民館法ととらえられる面がある。さらに第43〜47条では**学校施設**の利用、第49〜57条で**通信教育**について規定されている。なお同法第9条のもとに図書館法や博物館法が制定されている。

81 スポーツ基本法

関連法 文部科学省設置法第13〜16条　旧スポーツ振興法　（参考：運動部活動での指導のガイドライン）

❶ スポーツ基本法制定の背景

　社会教育における体育・スポーツは、従前は1964（昭和39）年の東京オリンピックを控えて、1961（昭和36）年に制定された**スポーツ振興法**のもとに社会体育として実施されてきた。その後、生涯学習社会の到来とスポーツをめぐる状況の変化もあって、2010（平成22）年には**スポーツ立国戦略**の5つの重点戦略が示され、2011（平成23）年の法改正によって**スポーツ基本法**が制定された。

　同法の制定を受けて、スポーツ立国の実現をめざした国家戦略として、スポーツに関する施策を総合的・計画的に推進するための基礎的な条件整備が求められ、2015（平成27）年には厚生労働省等を関係省庁とした文部科学省の外局として**スポーツ庁**が設置された。2020年の**東京オリンピック・パラリンピック**の開催ということもあって同法に対する期待が強い。

❷ スポーツ基本法の内容

　スポーツ基本法は、前文の冒頭で「スポーツは、世界共通の人類の文化である」という認識を示したうえで、第2条でわが国のスポーツに関する基本理念として、スポーツを通じて幸福で豊かな生活を営むことが人々の権利であるとし、国民が生涯にわたりあらゆる機会とあらゆる場所において、自主的かつ自律的にその適性および健康状態に応じて行うことができるようにすることを、推進することを明らかにした。第3条と第4条では、国と地方公共団体の責務を明示し、スポーツ団体の努力や国民の参加や支援の促進を必要としたうえで、第9条以下でスポーツ基本計画の策定と基本的施策を求めている。

　国による基礎的施策として、指導者等の養成等（第11条）、スポーツ施設の整備等（第12条）、スポーツ産業の事業者との連携等（第18条）があげられ、競技水準の向上等について、優秀なスポーツ選手の育成等（第25条）、国際競技大会の招致又は開催の支援等（第27条）、企業、大学等によるスポーツへの支援（第

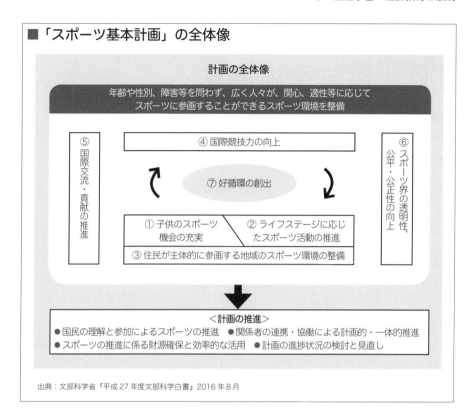

出典：文部科学省『平成27年度文部科学白書』2016年8月

28条)、ドーピング防止活動の推進（第29条）が定められた。

❸ スポーツ基本法と学校

　同法第13条は支障のない範囲において学校の施設を一般のスポーツのための利用に供することができ、国および地方公共団体はその利用を容易にし、利便性を向上させるための施設等の整備に努めることとしている。第14条は、国や地方公共団体に、スポーツ事故の防止等についての方策を求め、そのための指導者等の研修、施設の整備、心身の健康の保持増進および安全の確保に関する知識の普及等その他の必要な措置を講ずるよう努めなければならないとしている。また第17条で、学校における体育に関する指導の充実、スポーツ施設の整備、教員の資質の向上、地域におけるスポーツ指導者等の活用その他必要な施策を講じるよう努めることを求めた。

82 生涯学習振興法

関連法 社会教育法

❶ 生涯学習振興法制定の背景

　中曽根内閣は 1984（昭和 59）年に**臨時教育審議会**を総理府に設置した。同審議会は、生涯学習をキーワードとして、4 次に示した答申により、21 世紀に向けての社会の変化や文化の発展に対応する教育の実現を期し、さまざまな課題の克服をめざした具体的な提言を行った。1990（平成 2）年には中央教育審議会が「生涯学習の基盤整備について」を答申し、国・都道府県・市町村における各種施策の連絡調整、地域における生涯学習の中心機関としての**生涯学習推進センター**の設置、生涯学習活動重点地域の設定、民間教育事業への支援などを求めた。これを受けて 6 月に制定されたのが生涯学習の振興のための施策の推進体制等の整備に関する法律（以下、「**生涯学習振興法**」）である。

❷ 生涯学習振興法の内容

　生涯学習振興法は、①生涯学習施策において配慮すべきこと、②生涯学習の振興に資するための都道府県の事業に関すること、③**地域生涯学習**振興基本構想、④都道府県生涯学習審議会の設置を求めるものである。

　①については、国や地方公共団体に対して、生涯学習振興のための施策を実施するにあたって、学習に関する国民の自発的意思を尊重し、職業能力の開発や向上などについて別に講じられる施策と相まって、効果的に実施することを求めている。②については、学校教育や社会教育に関わる学習や文化活動の機会に関する情報を収集、整理、提供し、住民の学習に対する需要や学習の成果の評価に関する調査研究を行い、地域の実情に即した学習方法の開発を実施することをあげ、③については、住民の生涯学習の振興に資する多様な機会の総合的提供を、民間事業者の能力を活用しつつ行うことを踏まえた基本的な構想を作成すること、④については、都道府県に生涯学習審議会を設置することなどを示している。

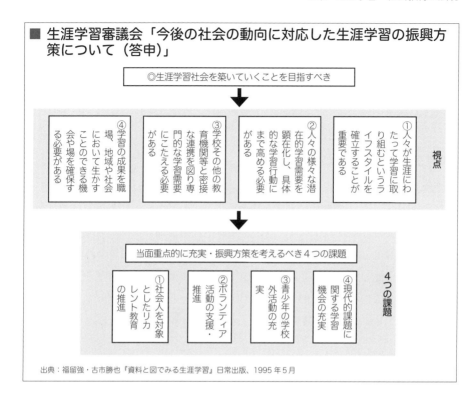

■ 生涯学習審議会「今後の社会の動向に対応した生涯学習の振興方策について（答申）」

◎生涯学習社会を築いていくことを目指すべき

視点

① 人々が生涯にわたって学習に取り組むというライフスタイルを確立することが重要である

② 人々の様々な潜在的学習需要を顕在化し、具体的な学習行動にまで高める必要がある

③ 学校その他の教育機関等と密接な連携を図り専門的な学習需要にこたえる必要がある

④ 学習の成果を職場、地域や社会において生かすことのできる機会や場を確保する必要がある

当面重点的に充実・振興方策を考えるべき４つの課題

４つの課題

① 社会人を対象としたリカレント教育の推進

② ボランティア活動の支援・推進

③ 青少年の学校外活動の充実

④ 現代的課題に関する学習機会の充実

出典：福留強・古市勝也『資料と図でみる生涯学習』日常出版、1995 年 5 月

82
生涯学習振興法

❸ 生涯学習審議会の設置とその後の動向

　1992（平成 4）年に、生涯学習審議会は「今後の社会の動向に対応した生涯学習の振興方策について」を答申し、①社会人を対象とした**リカレント教育**の推進、②**ボランティア活動**の支援・推進、③青少年の学校外活動の充実、④現代的課題に関する学習機会の充実を当面の重要課題とした。その後、1996（平成 8）年に「地域における生涯学習機会の充実方策について」、1998（平成 10）年に「社会の変化に対応した今後の社会教育行政の在り方について」、1999（平成 11）年には「学習の成果を幅広く生かす」と「生活体験・自然体験が日本の子どもの心をはぐくむ」を、2000（平成 12）年に「新しい情報通信技術を活用した生涯学習の推進方策について－情報化で広がる生涯学習の展望」を答申した後、中央教育審議会に編入されている。このなかでも、特に 1998（平成 10）年の答申は重要とされ、**ネットワーク型行政**の推進が必要だと指摘された。

（関連資料）生涯学習審議会「今後の社会の動向に対応した生涯学習の振興方策について（答申）」1992 年 7 月／福留強・古市勝也『資料と図でみる生涯学習』日常出版、1995 年 5 月

83 図書館法

関連法 社会教育法第 9 条　学校図書館法

❶ 社会教育施設としての図書館

　教育基本法や社会教育法において社会教育のための機関だとされる図書館は、1872（明治 5 ）年の**書籍館**の開設に始まり、1899（明治 32）年の図書館令公布によって全国各地で設置された。図書の閲覧や貸出を通して国民の教養を高める社会教育施設として、全国で 3,280 館（2016 年度統計）が図書サービスを行っている。図書館の種類には、公共図書館、学校図書館、大学図書館や専門図書館などがあり、このほか私立図書館も約 20 館ある。近年では、類似施設としての情報館やメディアセンター等も存在し、図書館数は漸増傾向にある。

❷ 図書館法のしくみ

　図書館法は全 29 条からなり、設置の目的、図書館奉仕、図書館司書や公立・私立図書館の設置や運営等について示している。図書館は、国民の教育と文化の発展に寄与することを目的とした社会教育施設であり、第 2 条で、図書、記録その他必要な資料の収集、整理、保存して一般公衆の利用に供し、教養、調査研究、レクリエーションなどに資する施設とされている。資料の収集、分類、提供等の図書館で実施される奉仕については第 3 条で定められており、閲覧・貸出業務以外にも多くの業務が求められている。第 4 条では、図書館に配置する専門的職員を**司書および司書補**とし、専門的事務に従事するとしている。第 5 条は司書および司書補についての資格取得の条件を記述しており、第 6 条以下で司書および司書補に対する講習や研修の実施、図書館の設置基準や運営基準を設けること、運営状況に関する評価や情報提供などの図書館事務について定められている。

　公立図書館については、同法第 10 ～ 23 条で職員の配置、**図書館協議会**の設置・運営、入館料や国の補助金等について定められており、公教育の視点から公立図書館では**入館料不徴収の原則**があり、私立図書館とは異なる。

　私立図書館については、同法第 25 ～ 29 条で規定し、都道府県教育委員会は指

■ 公共図書館経年変化

年	図書館数	自動車図書館台数	専任職員数（　）内は兼任	蔵書冊数（千冊）	年度	年間受入図書冊数（千冊）
2010	3,188	557	12,114 (1,306)	393,292	09	18,095
2011	3,210	557	11,759 (1,311)	400,119	10	17,949
2012	3,234	552	11,652 (1,278)	410,224	11	18,956
2013	3,248	552	11,172 (1,221)	417,547	12	17,577
2014	3,246	548	10,933 (1,203)	423,828	13	17,282
2015	3,261	545	10,539 (1,304)	430,993	14	16,308
2016	3,280	546	10,443 (1,161)	436,961	15	16,467

年	個人貸出		団体貸出		資料費（万円）	
	登録者数（千人）	貸出数（千点）	団体数	貸出数（千点）	前年度決算	今年度予算
2010	52,706	711,715	183,663	20,060	307 4181	284 1626
2011	53,444	716,181	196,432	20,269	294 1037	278 6075
2012	54,126	714,971	183,712	20,635	289 4189	279 8192
2013	54,792	711,494	179,818	22,285	285 8814	279 3171
2014	55,290	695,277	176,931	23,010	285 4618	285 1733
2015	55,726	690,480	202,775	23,553	280 6947	281 2894
2016	57,509	703,517	212,262	24,303	284 4268	279 2309

出典：日本図書館協会図書館調査事業委員会編『日本の図書館　統計と名簿』日本図書館協会、2017 年 2 月

導資料の作製や調査研究のために必要な報告を求めることができ、国および地方公共団体、私立図書館の求めに応じて必要な物資の確保に関わる援助を与えることができるとなっている。

❸ 図書館の活用と学校教育

　図書館と学校教育の関連については、図書館法の関連法である社会教育法で示されている。情報化の進展に対応して、情報の収集および利用を円滑かつ適正に行うために必要な知識または技能に関する学習の機会を提供することを奨励することから、学校の授業の終了後または休業日において学校、社会教育施設その他適切な施設を利用して行う学習その他の事業の実施ならびにその奨励に関することが求められている。また社会教育における学習の成果を活用して、学校、社会教育施設その他地域において行う教育活動その他の活動の機会を提供する事業の実施およびその奨励に関すること、社会教育に関する情報の収集、整理および提供に関することが示されている。

(関連資料) 日本図書館協会図書館調査事業委員会編『日本の図書館　統計と名簿』日本図書館協会、2017 年 2 月

84 学校図書館法

関連法 学校図書館法

❶ 学校図書館とは

　学校における図書館活動の拠点が**学校図書館（図書室）**である。学校教育法施行規則第１条では、学校施設設備と教育環境において、学校の目的を実現するために必要な校地、校舎、校具、運動場、図書館または図書室、保健室その他の設備を設けなければならないとされ、学校図書館法第３条には、学校は学校図書館を設けなければならないとある。「**生きる力**」を身につけるために、学校図書館が果たす役割が大きいことが期待され、学校図書館には「学習センター」「情報センター」「読書センター」の機能が必要とされている。近年、学校図書館整備が重要な教育課題であることから、2017（平成29）年から新「学校図書館図書整備等５か年計画」が始まり、「学校図書館図書の整備」「学校図書館への新聞配備」「**学校司書の配置**」を予算化している。

❷ 学校図書館法とは

　学校図書館とは、学校図書館法第２条で小・中・高等学校等において図書、視聴覚教育資料、その他学校教育に必要な資料を収集、整理、保存し、児童・生徒や教員の利用に供する場であるとしたうえで、その目的として①学校の教育課程の展開に寄与すること、②児童・生徒の健全な教養を育成することをあげている。学校図書館の運営については、第４条で、児童・生徒や教員の利用に供する図書館資料を収集し、資料の分類排列を適切にし、その目録を整備するとともに、読書会、研究会、鑑賞会、映写会、資料展示会等を行うこととなっている。

　また、図書館資料の利用その他学校図書館の利用に関し、児童・生徒に対し指導を行うこと、ほかの学校の学校図書館、図書館、博物館、公民館等と緊密に連絡し、協力することも求められており、支障のない範囲で一般公衆の利用に供することが可能となっている。

　学校図書館における専門的職務の担当者が司書教諭であり、**司書教諭**講習修了

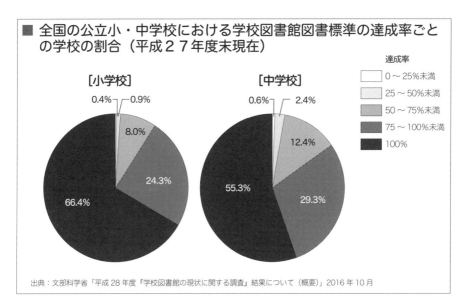

者でなければならない。この司書教諭のほかに、学校図書館の運営改善及び向上を図る職務に従事する職員として学校図書館担当職員（学校司書）を置くように努めなければならないとされている。

❸ 学校図書館の充実のために

　学校図書館については、図書標準の確保という考え方から、学校規模に応じて整備すべき蔵書冊数の数値目標「**学校図書館図書標準**」が定められている。この標準をもとに、新しい蔵書を購入したり、古い蔵書を廃棄したりすることが必要とされている。新しい蔵書の購入も重要であるが、予算等の問題から寄付図書運動もある。また新しい情報メディアを導入することも今後の課題である。こうした充実策により調べ学習が円滑に行われるような環境が望まれる。

　学校図書館活動の活性化には、ボランティアの役割も重要である。地域によっては学校図書館担当職員（学校司書）とともに学校図書館支援員が配置されている学校もあるが、学校支援ボランティアの役割が大きい。たとえば読書サークルのメンバーが、お話し会、読み聞かせ、紙芝居、ブック・トーク等の活動を展開している。メンバーの多くが地域住民であるところから、学校と地域社会の連携につながるケースが多い。

85 博物館法

関連法 博物館法

❶ 社会教育施設としての博物館とは

　図書館と同様に、社会教育のための機関とされている施設に博物館がある。博物館は特定の分野において価値の高い事物や資料などを収集、保存し、資料を展示することによって観覧者の学習を支援する社会教育施設であり、1871（明治4）年に湯島に**観覧所**が開設されて以来、全国各地に設置され、2015（平成27）年10月1日現在では全国で1,256館ある。博物館の種類は多くにわたっており、美術館、文学館、歴史館、科学館、郷土資料館、歴史民俗資料館などや動植物園、水族館などの生態園についても、登録により博物館として扱われる。法制上の要件から博物館、博物館類似施設に分類される。

❷ 博物館法の内容

　博物館法は全29条からなり、目的、事業、学芸員等に関する事項、登録、公立博物館と私立博物館の設置や運営等について示している。博物館は、国民の教育、学術および文化の発展に寄与することを目的とし、同法第2条で歴史、芸術、民俗、産業、自然科学等に関する資料を収集し、保管し、展示して教育的配慮のもとに一般公衆の利用に供し、その教養、調査研究、レクリエーション等に資するために必要な事業を行い、あわせて資料に関する調査研究をすることを目的として登録された機関であると規定している。実際の事業については、第3条で実物、標本、模写、模型、文献、図表、写真、フィルム、レコード等の博物館資料を豊富に収集し、保管し、展示することなど11の項目の事業が示されている。第4〜9条の2は博物館職員の規定で、館長、学芸員のほか学芸員補やその他の職員を置くとされ、特に専門的職員である**学芸員**は専門的事項をつかさどる。

　第10〜15条までは登録や廃止に関わる規定であり、博物館登録の申請、審査等について示されている。第18〜26条までは公立博物館についての設置、所管、**博物館協議会**、入館料（原則は無料）等、博物館の補助等に関わる事項が、

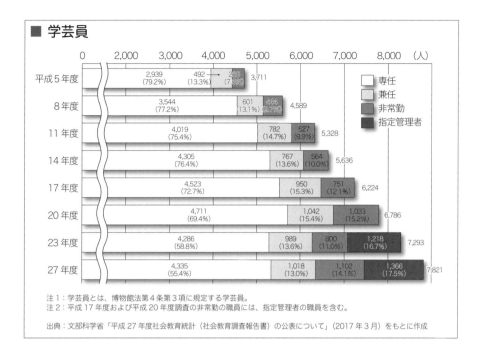

■ 学芸員

	専任	兼任	非常勤	指定管理者	合計
平成5年度	2,939 (79.2%)	492 (13.3%)	280 (7.5%)		3,711
8年度	3,544 (77.2%)	601 (13.1%)	444 (9.7%)		4,589
11年度	4,019 (75.4%)	782 (14.7%)	527 (9.9%)		5,328
14年度	4,305 (76.4%)	767 (13.6%)	564 (10.0%)		5,636
17年度	4,523 (72.7%)	950 (15.3%)	751 (12.1%)		6,224
20年度	4,711 (69.4%)	1,042 (15.4%)	1,033 (15.2%)		6,786
23年度	4,286 (58.8%)	989 (13.6%)	800 (11.0%)	1,218 (16.7%)	7,293
27年度	4,335 (55.4%)	1,018 (13.0%)	1,102 (14.1%)	1,366 (17.5%)	7,821

注1：学芸員とは、博物館法第4条第3項に規定する学芸員。
注2：平成17年度および平成20年度調査の非常勤の職員には、指定管理者の職員を含む。

出典：文部科学省「平成27年度社会教育統計（社会教育調査報告書）の公表について」（2017年3月）をもとに作成

第27～28条では、私立博物館について規定されている。

❸ 博物館の活用と学校教育

　社会教育法において、博物館と学校教育の関連について記されている点は図書館法と同様である。展示されているモノ（博物館資料）の鑑賞だけでなく、児童・生徒がモノを通じて文化・歴史・自然等について考え、学習する機会を提供することが期待されている。地域学習の拠点であり、児童・生徒の参加体験型学習の場ともいえる。博物館は、地域の文化遺産の再発見、商工観光と連携できるような地域資源の活用、ビオトープのような生態系の自然との共生、芸術文化との直接的なふれあい、科学実験への取組や創作物の工作や実習など、さまざまな学習プログラムを可能とする。さらにプログラムの実施において、地域住民の参加・参画を得て、ボランティア支援なども期待できるので、博物館、学校と地域社会が結びつくことになる。

関連資料　文部科学省「平成27年度社会教育統計（社会教育調査報告書）」2017年3月

文化芸術基本法・音楽振興法

関連法 文字・活字文化振興法

❶ わが国の文化芸術政策と立法

　文化芸術を創造し、享受し、文化的な環境の中で生きることは人間にとっての喜びであり、願望でもある。文化芸術の役割は人類社会において不変のものであり、生活に活力を与えるものでもあることから、わが国の文化芸術の振興に関わる理念を示し、行政の責務を定め、文化芸術に関わる施策を明らかにすることによって、心豊かな社会の形成と世界平和に寄与することをめざして制定されたのが**文化芸術基本法**である。2001（平成 13）年に**文化芸術振興法**として制定され、2017（平成 29）年に**文化芸術基本法**に改正された。本法は前文と 3 章などから構成されている。この法律は、国や地方公共団体による文化芸術に関する責務と基本方針を示し、さらに基本的施策について具体化しており、自主的に文化芸術活動を行う個人や団体に対して、その活動の促進を図ることによって心豊かな国民生活の形成を図ることを目的としている。

❷ 文化芸術基本法の役割

　文化芸術立国をめざすわが国は、あらゆる人々が全国のさまざまな場所において創作活動への参加や鑑賞体験を可能とする機会の提供を求めている。文化プログラムの全国展開、被災地とともに各地域の文化芸術の魅力を国内外に発信し、文化芸術関係の新たな雇用や産業の創出を芸術立国の姿として、その実現のための方策について文化芸術基本法等を根拠として総合的な推進を図ろうとしている。文化芸術の各分野振興と活動の充実に向けての支援、生活文化の振興、地域における振興、国際交流等の推進、芸術家等の養成と確保、国語の正しい理解と日本語教育の普及・充実、文化芸術作品の展示、その他の基盤の整備等を具体的施策としている。文化芸術資源で未来を切り拓こうとすることを基本方針として豊かな社会を築くことを文化芸術基本法に求めている。この法律をもとに、地方公共団体においては、**文化芸術振興条例**や振興計画を策定し、地域の特性に応じ

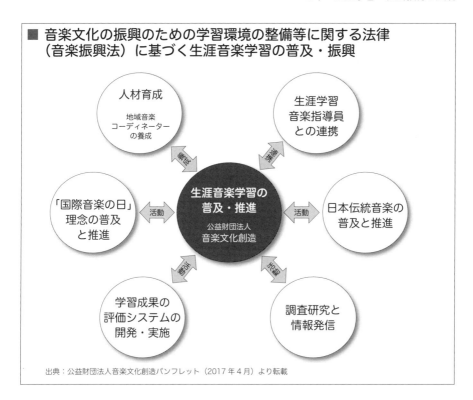

■ 音楽文化の振興のための学習環境の整備等に関する法律
　（音楽振興法）に基づく生涯音楽学習の普及・振興

出典：公益財団法人音楽文化創造パンフレット（2017年4月）より転載

た文化芸術振興策が具体的に推進されるようになった。

❸ 音楽振興法（音楽文化の振興のための学習環境の整備等に関する法律）と学校

　1994（平成6）年に議員立法によって制定された法律で、音楽文化が明るく豊かな国民生活の形成、国際相互理解や国際文化交流の促進に役立つことを踏まえて、生涯学習の一環として音楽学習に関わる環境の整備を図り、音楽文化の振興を図ることを目的としている。この法律で示している音楽文化とは、音楽の創造や演奏、音楽の鑑賞その他音楽に関わる国民娯楽、さらに音楽に係る文化財保護法に規定する文化財、出版および著作権、著作権法が規定する権利や国民の文化的生活の向上のための活動をいう。音楽学習とは、学校教育、家庭教育や社会教育に係る学習、文化活動その他の生涯学習の諸活動を指す。同法は全7条からなり、国と地方公共団体の役割を定めるとともに、民間団体の行う事業の振興に努めるものとしている。

87 文字・活字文化振興法

関連法 文字・活字文化振興法

❶ 文字・活字文化振興法制定の背景

　識字率が極めて高いわが国において、近年、国民の「**活字離れ**」が指摘され、読解力や文章表現力の弱体化が問題となっている。インターネットなどのITメディアの普及によって書籍や新聞などの活字媒体の利用率が下落し、言語能力の低下を招いた結果だと考えられている。また若者を中心とした「**読書離れ**」も問題視され、日本語の混乱や思考力の衰退と関連づける意見も広がりつつある。

　こうした問題を課題とし、文字・活字文化の振興を求めた超党派の国会議員によって法案がまとめられ 2005（平成 17）年に成立したのが**文字・活字文化振興法**である。そして読書週間の初日である 10 月 27 日が**文字・活字文化の日**と定められた。

❷ 文字・活字文化振興法の内容

　この法律の目的は、わが国における文字・活字文化の振興に関する施策の総合的な推進を図ることで、知的で心豊かな国民生活や活力ある社会の実現に寄与することとなっている。同法第 2 条で文字・活字文化とは、活字その他の文字を用いて表現されたものを読み、および書くことを中心として行われる精神的な活動、出版活動その他の文章を人に提供するための活動ならびに出版物その他のこれらの活動の文化的所産をいうと定義されている。

　同法が求める内容を具体的にみると、国や地方公共団体に文字・活字メディアの振興施策の実施を望んでおり、公立図書館の充実や学校教育における言語力の涵養（かんよう）があげられている。第 7 条では、地域における文字・活字文化の振興が期待されており、公立図書館の設置や図書館奉仕の整備についての適切な対応を必要としている。第 8 条では、学校教育において言語力の涵養に結びつくような効果的な手法の普及、その他の教育方法の改善を講じることを課題としている。司書教諭などの教職員の資質の向上や学校司書の配置などが望まれるとともに、図書

■ 1か月に読む（見る）書籍・DVD等の平均冊・本数

		全体の平均						
		合計	単行本	文庫・新書	週刊誌	月刊誌	マンガ・本	ビデオ・DVD
全体		5.5	0.8	0.6	1.0	0.7	0.9	1.5
年代	10代後半	11.0	1.3	0.9	1.6	1.1	4.2	1.9
	20代	10.1	1.5	0.8	1.1	0.9	3.1	2.6
	30代	7.0	0.9	0.7	1.3	0.9	1.1	2.1
	40代	5.4	0.7	0.7	1.0	0.8	0.6	1.6
	50代	5.3	0.7	0.6	1.1	0.6	0.4	1.8
	60代	3.9	0.7	0.6	1.0	0.5	0.2	1.0
	70代	2.6	0.6	0.4	0.7	0.4	0.1	0.5

注：四捨五入の関係により、単行本と文庫・新書の合計は報告書本文と一致しない場合がある。
出典：毎日新聞社『2011年版読書世論調査』 毎日新聞社東京本社広告局、2011年

■ 読書量の変化

[男性]
無回答 7%
増えた 22%
減った 71%

[女性]
無回答 8%
増えた 21%
減った 72%

出典：同前

館資料の充実や情報化の推進などの整備が急務となっている。

❸ 文字・活字文化振興法に基づく学校教育の課題

　同法を踏まえた学校教育の具体的課題についてみると、以下のような施策があげられる。①読書指導の充実、②司書教諭や学校司書の配置、③図書整備費の充実、④新聞を活用した教育活動の推進、⑤教職員の養成と研修などである。

　第8条で求められている**読書教育**については、すでに全国の学校で展開されており、**朝の読書**、**読み聞かせ**、**調べ学習**などの学校図書館利用などが効果的であると考えられる。また司書教諭を核とした学校図書活動を組織するとともに、地域住民のなかから学校司書を雇用したり、学校図書館支援ボランティアや読書ボランティアなどの協力を求めることが重要である。また、調べ学習に必要な資料の充実に努めるとともに、NIE（新聞を教材とする学習）のような運動に見られる教育実践も期待されている。

関連資料 文部科学省「人の、地域の、日本の未来を育てる読書環境の実現のために」2011年9月

88 文化財保護法、ユネスコ活動に関する法律

関連法 文化財保護法　ユネスコ活動に関する法律

❶ 文化財保護法の内容

文化財を保存し、活用を図ることによって国民の文化的向上に資することや世界文化の進歩に貢献することを目的に、1950（昭和25）年に制定されたのが**文化財保護法**である。文化財を定義すると、①有形の文化的所産で歴史的・芸術的価値の高いものや考古資料や学術上価値の高い歴史資料、②無形の文化的所産で歴史上、芸術上価値の高いもの、③民俗文化財とされるもの、④埋蔵文化財などの価値の高い遺跡、史跡、名勝地、天然記念物等の学術上価値の高い記念物、⑤重要文化的景観とされるもの、⑥伝統的建造物群をいう。

同法は、国や地方公共団体に対して適切な保存を求めるとともに、国民や所有者等に対する心構え等の制約を求めている。地方公共団体は、法定による事務があり、**地方文化財保護審議会**を設置できる。従前は地方教育委員会事務局社会教育課に主管課があったが、近年、首長部局に移管されている場合がある。

❷ ユネスコ活動に関する法律の内容

ユネスコは、国際連合の経済社会理事会の専門的機関であり、教育、科学、文化を通して国際連合憲章、**ユネスコ憲章**および**世界人権宣言**の精神の実現を図ろうとする組織である。ユネスコ活動は、ユネスコ憲章前文で「人の心の中に平和のとりでを築かねばならない」という目的の達成をめざしており、**初等教育（識字）**の普及（日本では世界寺子屋運動）、**ユネスコスクール**の実施尾よび**世界文化遺産**活動等の事業を行っている。

わが国においては、ユネスコ活動に関する法律のもとに、文部科学省内にある**日本ユネスコ国内委員会**が所掌事務を遂行している。同法は、国内のユネスコ活動の目標や活動について定義し、国外諸機関との協力、国や地方公共団体の活動を規定するとともに、**民間ユネスコ活動**に対する事業援助に言及している。

■ 国指定文化財の件数 (2017〔平成29〕年12月1日現在)

指定		
重要文化財（うち国宝）		13,166件（1,110件）*1
	美術工芸品	10,686件（885件）
	建造物	2,480件（225件）
史跡名勝天然記念物 （うち特別史跡名勝天然記念物）		3,288件（173件）*2
	史跡	1,795件（62件）
	名勝	408件（36件）
	天然記念物	1,025件（75件）
重要無形文化財		
芸能	各個認定	39件（57人）
	総合認定	14件（14団体）
工芸技術	各個認定	39件（58人）*3
	保持団体	16件（16団体）
重要有形民俗文化財		220件
重要無形民俗文化財		303件
選定		
重要文化的景観		58件
重要伝統的建造物群保存地区		117地区
登録		
登録有形文化財（建造物）		14件
登録有形文化財（美術工芸品）		11,502件
登録有形民俗文化財		42件
登録記念物		104件

＊1　重要文化財の件数は国宝の件数を含む
＊2　史跡名勝天然記念物の件数は、特別史跡名勝天然記念物含む
＊3　工芸技術の各個認定者は重複認定があり、実員数は57人となる
＊4　選定保存技術については保持団体に重複認定があるため、（　）内が実団体件数になる
出典：文化庁「文化財指定等の件数」（2017年12月1日現在）をもとに作成

❸ 文化財保護法やユネスコ活動に関する法律と学校教育

　文化財保護法関連の学習については、従前から学校行事に国宝や重要文化財、史跡・名勝等の見学があるが、近年、ユネスコが推進する世界遺産活動事業としての**文化遺産**や**無形文化遺産**に関わる知識の理解等が広がりつつある。また、博物館やその他の社会教育施設を活用し実習・観察等の活動が実施されている。

　ユネスコスクールとは、ユネスコの理念を実現するために平和や国際的連携を実践する学校をいう。国連の理解、人権や民主主義の理解と促進、異文化理解や環境教育の分野において独自のプログラムのもとにした教育が実施される。**ESD**（持続可能な開発のための教育）の推進拠点としても位置づけられており、わが国には約1,000校の加盟校があり、文部科学省や日本ユネスコ協会連盟等の支援が行われている。

(関連資料) 文化庁「文化財指定等の件数」（2017年12月1日現在）

◆ 生涯学習社会の「社会教育」について

　臨時教育審議会によって、「生涯学習」が提唱された背景について考えてみよう。なぜ生涯学習なのかということを踏まえて、社会教育の考え方や進め方について、学校教育との関連にも留意し、教育基本法や社会教育法の内容から説明してみよう。

◆ 生涯スポーツ・生涯健康学習の振興について

　スポーツ基本法の基本理念について考えてみよう。学校施設の利用が法定されていることを踏まえて、どのような形で住民のスポーツ・体育活動を支援できるのかを探ってみよう。また、地域におけるスポーツ指導者の活用や生涯健康学習とされる活動をどう組織するのかを具体的に述べてみよう。

◆ 図書館・学校図書館の活用について

　国の基本施策として図書館活動の普及があり、学校図書館も関連して積極的な活用が進んでいる。図書の貸出、閲覧や検索といった活動のほかに、読書活動などが組織されているが、充実のための課題や方策について具体的に述べてみよう。

_____

_____

_____

_____

_____

主な教育法規

日本国憲法

前文

日本国民は、正当に選挙された国会における代表者を通じて行動し、われらとわれらの子孫のために、諸国民との協和による成果と、わが国全土にわたつて自由のもたらす恵沢を確保し、政府の行為によつて再び戦争の惨禍が起ることのないやうにすることを決意し、ここに主権が国民に存することを宣言し、この憲法を確定する。そもそも国政は、国民の厳粛な信託によるものであつて、その権威は国民に由来し、その権力は国民の代表者がこれを行使し、その福利は国民がこれを享受する。これは人類普遍の原理であり、この憲法は、かかる原理に基くものである。われらは、これに反する一切の憲法、法令及び詔勅を排除する。

日本国民は、恒久の平和を念願し、人間相互の関係を支配する崇高な理想を深く自覚するのであつて、平和を愛する諸国民の公正と信義に信頼して、われらの安全と生存を保持しようと決意した。われらは、平和を維持し、専制と隷従、圧迫と偏狭を地上から永遠に除去しようと努めてゐる国際社会において、名誉ある地位を占めたいと思ふ。われらは、全世界の国民が、ひとしく恐怖と欠乏から免かれ、平和のうちに生存する権利を有することを確認する。

われらは、いづれの国家も、自国のことのみに専念して他国を無視してはならないのであつて、政治道徳の法則は、普遍的なものであり、この法則に従ふことは、自国の主権を維持し、他国と対等関係に立たうとする各国の責務であると信ずる。

日本国民は、国家の名誉にかけ、全力をあげてこの崇高な理想と目的を達成することを誓ふ。

第十三条 すべて国民は、個人として尊重される。生命、自由及び幸福追求に対する国民の権利については、公共の福祉に反しない限り、立法その他の国政の上で、最大の尊重を必要とする。

第十四条 すべて国民は、法の下に平等であつて、人種、信条、性別、社会的身分又は門地により、政治的、経済的又は社会的関係において、差別されない。

2　華族その他の貴族の制度は、これを認めない。

3　栄誉、勲章その他の栄典の授与は、いかなる特権も伴はない。栄典の授与は、現にこれを有し、又は将来これを受ける者の一代に限り、その効力を有する。

第十九条 思想及び良心の自由は、これを侵してはならない。

第二十条 信教の自由は、何人に対してもこれを保障する。いかなる宗教団体も、国から特権を受け、又は政治上の権力を行使してはならない。

2　何人も、宗教上の行為、祝典、儀式又は行事に参加することを強制されない。

3　国及びその機関は、宗教教育その他いかなる宗教的活動もしてはならない。

第二十三条 学問の自由は、これを保障する。

第二十五条 すべて国民は、健康で文化的な最低限度の生活を営む権利を有する。

2　国は、すべての生活部面について、社会福祉、社会保障及び公衆衛生の向上及び増進に努めなければならない。

第二十六条 すべて国民は、法律の定めるところにより、その能力に応じて、ひとしく教育を受ける権利を有する。

2　すべて国民は、法律の定めるところにより、その保護する子女に普通教育を受けさせる義務を負ふ。義務教育は、これを無償とする。

第二十七条 すべて国民は、勤労の権利を有し、義務を負ふ。

2　賃金、就業時間、休息その他の勤労条件に関する基準は、法律でこれを定める。

3　児童は、これを酷使してはならない。

第八十九条 公金その他の公の財産は、宗教上の組織若しくは団体の使用、便益若しくは維持のため、又は公の支配に属しない慈善、教育若しくは博愛の事業に対し、これを支出し、又はその利用に供してはならない。

教育基本法

教育基本法（昭和二十二年法律第二十五号）の全部を改正する。

前文

我々日本国民は、たゆまぬ努力によって築いてきた民主的で文化的な国家を更に発展させるとともに、世界の平和と人類の福祉の向上に貢献することを願うもの

である。

我々は、この理想を実現するため、個人の尊厳を重んじ、真理と正義を希求し、公共の精神を尊び、豊かな人間性と創造性を備えた人間の育成を期するとともに、伝統を継承し、新しい文化の創造を目指す教育を推進する。ここに、我々は、日本国憲法の精神にのっとり、我が国の未来を切り拓く教育の基本を確立し、その振興を図るため、この法律を制定する。

第一章　教育の目的及び理念

（教育の目的）

第一条　教育は、人格の完成を目指し、平和で民主的な国家及び社会の形成者として必要な資質を備えた心身ともに健康な国民の育成を期して行われなければならない。

（教育の目標）

第二条　教育は、その目的を実現するため、学問の自由を尊重しつつ、次に掲げる目標を達成するよう行われるものとする。

一　幅広い知識と教養を身に付け、真理を求める態度を養い、豊かな情操と道徳心を培うとともに、健やかな身体を養うこと。

二　個人の価値を尊重して、その能力を伸ばし、創造性を培い、自主及び自律の精神を養うとともに、職業及び生活との関連を重視し、勤労を重んずる態度を養うこと。

三　正義と責任、男女の平等、自他の敬愛と協力を重んずるとともに、公共の精神に基づき、主体的に社会の形成に参画し、その発展に寄与する態度を養うこと。

四　生命を尊び、自然を大切にし、環境の保全に寄与する態度を養うこと。

五　伝統と文化を尊重し、それらをはぐくんできた我が国と郷土を愛するとともに、他国を尊重し、国際社会の平和と発展に寄与する態度を養うこと。

（生涯学習の理念）

第三条　国民一人一人が、自己の人格を磨き、豊かな人生を送ることができるよう、その生涯にわたって、あらゆる機会に、あらゆる場所において学習することができ、その成果を適切に生かすことのできる社会の実現が図られなければならない。

（教育の機会均等）

第四条　すべて国民は、ひとしく、その能力に応じた教育を受ける機会を与えられなければならず、人種、信条、性別、社会的身分、経済的地位又は門地によって、教育上差別されない。

2　国及び地方公共団体は、障害のある者が、その障害の状態に応じ、十分な教育を受けられるよう、教育上必要な支援を講じなければならない。

3　国及び地方公共団体は、能力があるにもかかわらず、経済的理由によって修学が困難な者に対して、奨学の措置を講じなければならない。

第二章　教育の実施に関する基本

（義務教育）

第五条　国民は、その保護する子に、別に法律で定めるところにより、普通教育を受けさせる義務を負う。

2　義務教育として行われる普通教育は、各個人の有する能力を伸ばしつつ社会において自立的に生きる基礎を培い、また、国家及び社会の形成者として必要とされる基本的な資質を養うことを目的として行われるものとする。

3　国及び地方公共団体は、義務教育の機会を保障し、その水準を確保するため、適切な役割分担及び相互の協力の下、その実施に責任を負う。

4　国又は地方公共団体の設置する学校における義務教育については、授業料を徴収しない。

（学校教育）

第六条　法律に定める学校は、公の性質を有するものであって、国、地方公共団体及び法律に定める法人のみが、これを設置することができる。

2　前項の学校においては、教育の目標が達成されるよう、教育を受ける者の心身の発達に応じて、体系的な教育が組織的に行われなければならない。この場合において、教育を受ける者が、学校生活を営む上で必要な規律を重んずるとともに、自ら進んで学習に取り組む意欲を高めることを重視して行われなければならない。

（大学）

第七条　大学は、学術の中心として、高い教養と専門的能力を培うとともに、深く真理を探究して新たな知見を創造し、これらの成果を広く社会に提供することにより、社会の発展に寄与するものとする。

2　大学については、自主性、自律性その他の大学における教育及び研究の特性が尊重されなければならない。

（私立学校）

第八条　私立学校の有する公の性質及び学校教育において果たす重要な役割にかんがみ、国及び地方公共団体は、その自主性を尊重しつつ、助成その他の適当な方法によって私立学校教育の振興に努めなければならない。

（教員）

第九条　法律に定める学校の教員は、自己の崇高な使命を深く自覚し、絶えず研究と修養に励み、その職責の遂行に努めなければならない。

2　前項の教員については、その使命と職責の重要性

にかんがみ、その身分は尊重され、待遇の適正が期せられるとともに、養成と研修の充実が図られなければならない。

（家庭教育）
第十条　父母その他の保護者は、子の教育について第一義的責任を有するものであって、生活のために必要な習慣を身に付けさせるとともに、自立心を育成し、心身の調和のとれた発達を図るよう努めるものとする。
2　国及び地方公共団体は、家庭教育の自主性を尊重しつつ、保護者に対する学習の機会及び情報の提供その他の家庭教育を支援するために必要な施策を講ずるよう努めなければならない。

（幼児期の教育）
第十一条　幼児期の教育は、生涯にわたる人格形成の基礎を培う重要なものであることにかんがみ、国及び地方公共団体は、幼児の健やかな成長に資する良好な環境の整備その他適当な方法によって、その振興に努めなければならない。

（社会教育）
第十二条　個人の要望や社会の要請にこたえ、社会において行われる教育は、国及び地方公共団体によって奨励されなければならない。
2　国及び地方公共団体は、図書館、博物館、公民館その他の社会教育施設の設置、学校の施設の利用、学習の機会及び情報の提供その他の適当な方法によって社会教育の振興に努めなければならない。

（学校、家庭及び地域住民等の相互の連携協力）
第十三条　学校、家庭及び地域住民その他の関係者は、教育におけるそれぞれの役割と責任を自覚するとともに、相互の連携及び協力に努めるものとする。

（政治教育）
第十四条　良識ある公民として必要な政治的教養は、教育上尊重されなければならない。
2　法律に定める学校は、特定の政党を支持し、又はこれに反対するための政治教育その他政治的活動をしてはならない。

（宗教教育）
第十五条　宗教に関する寛容の態度、宗教に関する一般的な教養及び宗教の社会生活における地位は、教育上尊重されなければならない。
2　国及び地方公共団体が設置する学校は、特定の宗教のための宗教教育その他宗教的活動をしてはならない。

第三章　教育行政

（教育行政）

第十六条　教育は、不当な支配に服することなく、この法律及び他の法律の定めるところにより行われるべきものであり、教育行政は、国と地方公共団体との適切な役割分担及び相互の協力の下、公正かつ適正に行われなければならない。
2　国は、全国的な教育の機会均等と教育水準の維持向上を図るため、教育に関する施策を総合的に策定し、実施しなければならない。
3　地方公共団体は、その地域における教育の振興を図るため、その実情に応じた教育に関する施策を策定し、実施しなければならない。
4　国及び地方公共団体は、教育が円滑かつ継続的に実施されるよう、必要な財政上の措置を講じなければならない。

（教育振興基本計画）
第十七条　政府は、教育の振興に関する施策の総合的かつ計画的な推進を図るため、教育の振興に関する施策についての基本的な方針及び講ずべき施策その他必要な事項について、基本的な計画を定め、これを国会に報告するとともに、公表しなければならない。
2　地方公共団体は、前項の計画を参酌し、その地域の実情に応じ、当該地方公共団体における教育の振興のための施策に関する基本的な計画を定めるよう努めなければならない。

第四章　法令の制定

第十八条　この法律に規定する諸条項を実施するため、必要な法令が制定されなければならない。

附　則　（抄）
（施行期日）
1　この法律は、公布の日から施行する。

児童憲章

八　すべての児童は、その労働において、心身の発育が阻害されず、教育を受ける機会が失われず、また児童としての生活がさまたげられないように、十分に保護される。

十　すべての児童は、虐待、酷使、放任その他不当な取扱からまもられる。
あやまちをおかした児童は、適切に保護指導される。

児童の権利に関する条約

第一条　この条約の適用上、児童とは、18歳未満のすべての者をいう。ただし、当該児童で、その者に適用される法律によりより早く成年に達したものを除く。

第十二条

1　締約国は、自己の意見を形成する能力のある児童がその児童に影響を及ぼすすべての事項について自由に自己の意見を表明する権利を確保する。この場合において、児童の意見は、その児童の年齢及び成熟度に従って相応に考慮されるものとする。

2　このため、児童は、特に、自己に影響を及ぼすあらゆる司法上及び行政上の手続において、国内法の手続規則に合致する方法により直接に又は代理人若しくは適当な団体を通じて聴取される機会を与えられる。

第十三条

1　児童は、表現の自由についての権利を有する。この権利には、口頭、手書き若しくは印刷、芸術の形態又は自ら選択する他の方法により、国境とのかかわりなく、あらゆる種類の情報及び考えを求め、受け及び伝える自由を含む。

2　1の権利の行使については、一定の制限を課することができる。ただし、その制限は、法律によって定められ、かつ、次の目的のために必要とされるものに限る。

(a) 他の者の権利又は信用の尊重

(b) 国の安全、公の秩序又は公衆の健康若しくは道徳の保護

第十四条

1　締約国は、思想、良心及び宗教の自由についての児童の権利を尊重する。

2　締約国は、児童が1の権利を行使するに当たり、父母及び場合により法定保護者が児童に対しその発達しつつある能力に適合する方法で指示を与える権利及び義務を尊重する。

3　宗教又は信念を表明する自由については、法律で定める制限であって公共の安全、公の秩序、公衆の健康若しくは道徳又は他の者の基本的な権利及び自由を保護するために必要なもののみを課することができる。

第十五条

1　締約国は、結社の自由及び平和的な集会の自由についての児童の権利を認める。

2　1の権利の行使については、法律で定める制限であって国の安全若しくは公共の安全、公の秩序、公衆の健康若しくは道徳の保護又は他の者の権利及び自由の保護のため民主的社会において必要なもの以外のいかなる制限も課することができない。

第十六条

1　いかなる児童も、その私生活、家族、住居若しくは通信に対して恣意的に若しくは不法に干渉され又は名誉及び信用を不法に攻撃されない。

2　児童は、1の干渉又は攻撃に対する法律の保護を受ける権利を有する。

第十八条

1　締約国は、児童の養育及び発達について父母が共同の責任を有するという原則についての認識を確保するために最善の努力を払う。父母又は場合により法定保護者は、児童の養育及び発達についての第一義的な責任を有する。児童の最善の利益は、これらの者の基本的な関心事項となるものとする。

2　締約国は、この条約に定める権利を保障し及び促進するため、父母及び法定保護者が児童の養育についての責任を遂行するに当たりこれらの者に対して適当な援助を与えるものとし、また、児童の養護のための施設、設備及び役務の提供の発展を確保する。

3　締約国は、父母が働いている児童が利用する資格を有する児童の養護のための役務の提供及び設備からその児童が便益を受ける権利を有することを確保するためのすべての適当な措置をとる。

第二十三条

1　締約国は、精神的又は身体的な障害を有する児童が、その尊厳を確保し、自立を促進し及び社会への積極的な参加を容易にする条件の下で十分かつ相応な生活を享受すべきであることを認める。

2　締約国は、障害を有する児童が特別の養護についての権利を有することを認めるものとし、利用可能な手段の下で、申込みに応じた、かつ、当該児童の状況及び父母又は当該児童を養護している他の者の事情に適した援助を、これを受ける資格を有する児童及びこのような児童の養護について責任を有する者に与えることを奨励し、かつ、確保する。

3　障害を有する児童の特別の必要を認めて、2の規定に従って与えられる援助は、父母又は当該児童を養護している他の者の資力を考慮して可能な限り無償で与えられるものとし、かつ、障害を有する児童が可能な限り社会への統合及び個人の発達（文化的及び精神的な発達を含む。）を達成することに資する方法で当該児童が教育、訓練、保健サービス、リハビリテーション・サービス、雇用のための準備及びレクリエーションの機会を実質的に利用し及び享受することができるように行われるものとする。

4　締約国は、国際協力の精神により、予防的な保健並びに障害を有する児童の医学的、心理学的及び機能的治療の分野における適当な情報の交換（リハビリテーション、教育及び職業サービスの方法に関する情報の普及及び利用を含む。）であってこれらの分野における自国の能力及び技術を向上させ並びに自国の経験を広げることができるようにすることを目的とするものを促進する。これに関しては、特に、開発途上国の必要を考慮する。

第二十八条

1　締約国は、教育についての児童の権利を認めるものとし、この権利を漸進的にかつ機会の平等を基礎とし

て達成するため、特に、

(a) 初等教育を義務的なものとし、すべての者に対して無償のものとする。

(b) 種々の形態の中等教育（一般教育及び職業教育を含む。）の発展を奨励し、すべての児童に対し、これらの中等教育が利用可能であり、かつ、これらを利用する機会が与えられるものとし、例えば、無償教育の導入、必要な場合における財政的援助の提供のような適当な措置をとる。

(c) すべての適当な方法により、能力に応じ、すべての者に対して高等教育を利用する機会が与えられるものとする。

(d) すべての児童に対し、教育及び職業に関する情報及び指導が利用可能であり、かつ、これらを利用する機会が与えられるものとする。

(e) 定期的な登校及び中途退学率の減少を奨励するための措置をとる。

2　締約国は、学校の規律が児童の人間の尊厳に適合する方法で及びこの条約に従って運用されることを確保するためのすべての適当な措置をとる。

3　締約国は、特に全世界における無知及び非識字の廃絶に寄与し並びに科学上及び技術上の知識並びに最新の教育方法の利用を容易にするため、教育に関する事項についての国際協力を促進し、及び奨励する。これに関しては、特に、開発途上国の必要を考慮する。

第二十九条

1　締約国は、児童の教育が次のことを指向すべきことに同意する。

(a) 児童の人格、才能並びに精神的及び身体的な能力をその可能な最大限度まで発達させること。

(b) 人権及び基本的自由並びに国際連合憲章にうたう原則の尊重を育成すること。

(c) 児童の父母、児童の文化的同一性、言語及び価値観、児童の居住国及び出身国の国民的価値観並びに自己の文明と異なる文明に対する尊重を育成すること。

(d) すべての人民の間の、種族的、国民的及び宗教的集団の間の並びに原住民である者の間の理解、平和、寛容、両性の平等及び友好の精神に従い、自由な社会における責任ある生活のために児童に準備させること。

(e) 自然環境の尊重を育成すること。

2　この条又は前条のいかなる規定も、個人及び団体が教育機関を設置し及び管理する自由を妨げるものと解してはならない。ただし、常に、1に定める原則が遵守されること及び当該教育機関において行われる教育が国によって定められる最低限度の基準に適合することを条件とする。

世界人権宣言

第一条　すべての人間は、生れながらにして自由であり、かつ、尊厳と権利とについて平等である。人間は、

理性と良心とを授けられており、互いに同胞の精神をもって行動しなければならない。

第二十六条　1　すべて人は、教育を受ける権利を有する。教育は、少なくとも初等の及び基礎的な段階においては、無償でなければならない。初等教育は、義務的でなければならない。技術教育及び職業教育は、一般に利用できるものでなければならず、また、高等教育は、能力に応じ、すべての者にひとしく開放されていなければならない。

2　教育は、人格の完全な発展並びに人権及び基本的自由の尊重の強化を目的としなければならない。教育は、すべての国又は人種的若しくは宗教的集団の相互間の理解、寛容及び友好関係を増進し、かつ、平和の維持のため、国際連合の活動を促進するものでなければならない。

3　親は、子に与える教育の種類を選択する優先的権利を有する。

経済的、社会的及び文化的権利に関する国際規約（A規約）

第十三条　1　この規約の締約国は、教育についてのすべての者の権利を認める。締約国は、教育が人格の完成及び人格の尊厳についての意識の十分な発達を指向し並びに人権及び基本的自由の尊重を強化すべきことに同意する。更に、締約国は、教育が、すべての者に対し、自由な社会に効果的に参加すること、諸国民の間及び人種的、種族的又は宗教的集団の間の理解、寛容及び友好を促進すること並びに平和の維持のための国際連合の活動を助長することを可能にすべきことに同意する。

2　この規約の締約国は、1の権利の完全な実現を達成するため、次のことを認める。

(a)　初等教育は、義務的なものとし、すべての者に対して無償のものとすること。

(b)　種々の形態の中等教育（技術的及び職業的中等教育を含む。）は、すべての適当な方法により、特に、無償教育の漸進的な導入により、一般的に利用可能であり、かつ、すべての者に対して機会が与えられるものとすること。

(c)　高等教育は、すべての適当な方法により、特に、無償教育の漸進的な導入により、能力に応じ、すべての者に対して均等に機会が与えられるものとすること。

(d)　基礎教育は、初等教育を受けなかつた者又はその全課程を修了しなかつた者のため、できる限り奨励され又は強化されること。

(e)　すべての段階にわたる学校制度の発展を積極的に追求し、適当な奨学金制度を設立し及び教育職員の物質的条件を不断に改善すること。

3　この規約の締約国は、父母及び場合により法定保護者が、公の機関によつて設置される学校以外の学校で

あつて国によつて定められ又は承認される最低限度の教育上の基準に適合するものを児童のために選択する自由並びに自己の信念に従つて児童の宗教的及び道徳的教育を確保する自由を有することを尊重することを約束する。

4 この条のいかなる規定も、個人及び団体が教育機関を設置し及び管理する自由を妨げるものと解してはならない。ただし、常に、1に定める原則が遵守されること及び当該教育機関において行なわれる教育が国によつて定められる最低限度の基準に適合することを条件とする。

第十四条 この規約の締約国となる時にその本土地域又はその管轄の下にある他の地域において無償の初等義務教育を確保するに至つていない各締約国は、すべての者に対する無償の義務教育の原則をその計画中に定める合理的な期間内に漸進的に実施するための詳細な行動計画を二年以内に作成しかつ採用することを約束する。

市民的及び政治的権利に関する国際規約（Ｂ規約）

第二十四条 すべての児童は、人種、皮膚の色、性、言語、宗教、国民的若しくは社会的出身、財産又は出生によるいかなる差別もなしに、未成年者としての地位に必要とされる保護の措置であつて家族、社会及び国による措置についての権利を有する。

2 すべての児童は、出生の後直ちに登録され、かつ、氏名を有する。

3 すべての児童は、国籍を取得する権利を有する。

あらゆる形態の人種差別の撤廃に関する国際条約

第一条

1 この条約において、「人種差別」とは、人種、皮膚の色、世系又は民族的若しくは種族的出身に基づくあらゆる区別、排除、制限又は優先であつて、政治的、経済的、社会的、文化的その他のあらゆる公的生活の分野における平等の立場での人権及び基本的自由を認識し、享有し又は行使することを妨げ又は害する目的又は効果を有するものをいう。

2 この条約は、締約国が市民と市民でない者との間に設ける区別、排除、制限又は優先については、適用しない。

3 この条約のいかなる規定も、国籍、市民権又は帰化に関する締約国の法規に何ら影響を及ぼすものと解してはならない。ただし、これらに関する法規は、いかなる特定の民族に対しても差別を設けていないことを条件とする。

4 人権及び基本的自由の平等な享有又は行使を確保

するため、保護を必要としている特定の人種若しくは種族の集団又は個人の適切な進歩を確保することのみを目的として、必要に応じてとられる特別措置は、人種差別とみなさない。ただし、この特別措置は、その結果として、異なる人種の集団に対して別個の権利を維持することとなつてはならず、また、その目的が達成された後は継続してはならない。

第二条

1 締約国は、人種差別を非難し、また、あらゆる形態の人種差別を撤廃する政策及びあらゆる人間間の理解を促進する政策をすべての適当な方法により遅滞なくとることを約束する。このため、

(a) 各締約国は、個人、集団又は団体に対する人種差別の行為又は慣行に従事しないこと並びに国及び地方のすべての公の当局及び機関がこの義務に従つて行動するよう確保することを約束する。

(b) 各締約国は、いかなる個人又は団体による人種差別も後援せず、擁護せず又は支持しないことを約束する。

(c) 各締約国は、政府（国及び地方）の政策を再検討し及び人種差別を生じさせ又は永続化させる効果を有するいかなる法令も改正し、廃止し又は無効にするために効果的な措置をとる。

(d) 各締約国は、すべての適当な方法（状況により必要とされるときは、立法を含む。）により、いかなる個人、集団又は団体による人種差別も禁止し、終了させる。

(e) 各締約国は、適当なときは、人種間の融和を目的とし、かつ、複数の人種で構成される団体及び運動を支援し並びに人種間の障壁を撤廃する他の方法を奨励すること並びに人種間の分断を強化するようないかなる動きも抑制することを約束する。

2 締約国は、状況により正当とされる場合には、特定の人種の集団又はこれに属する個人に対し人権及び基本的自由の十分かつ平等な享有を保障するため、社会的、経済的、文化的その他の分野において、当該人種の集団又は個人の適切な発展及び保護を確保するための特別かつ具体的な措置をとる。この措置は、いかなる場合においても、その目的が達成された後、その結果として、異なる人種の集団に対して不平等又は別個の権利を維持することとなつてはならない。

学習権宣言

学習権を承認するか否かは、人類にとつて、これまでにもまして重要な課題となつている。

学習権とは、

読み書きの権利であり、

問い続け、深く考える権利であり、

想像し、創造する権利であり、

自分自身の世界を読み取り、歴史をつづる権利であり、

あらゆる教育の手だてを得る権利であり、

個人的・集団的力量を発達させる権利である。

成人教育パリ会議は、この権利の重要性を再確認する。

学習権は未来のためにとっておかれる文化的ぜいたく品ではない。それは、生き残るという問題が解決されてから生じる権利ではない。それは、基礎的な欲求が満たされたあとに行使されるようなものではない。

学習権は、人間の生存にとって不可欠な手段である。

もし、世界の人々が、食糧の生産やその他の基本的人間の欲求が満たされることを望むならば、世界の人々は学習権をもたなければならない。もし、女性も男性も、より健康な生活を営もうとするなら、彼らは学習権をもたなければならない。

もし、わたしたちが戦争を避けようとするなら、平和に生きることを学び、お互いに理解し合うことを学ばねばならない。

"学習"こそはキーワードである。

学習権なくしては、人間的発達はありえない。

学習権なくしては、農業や工業の躍進も地域の健康の増進もなく、そして、さらに学習条件の改善もないであろう。

この権利なしには、都市や農村で働く人たちの生活水準の向上もないであろう。

国際連合教育科学文化機関憲章（ユネスコ憲章）

第一条　目的及び任務

1　この機関の目的は、国際連合憲章が世界の諸人民に対して人種、性、言語又は宗教の差別なく確認している正義、法の支配、人権及び基本的自由に対する普遍的な尊重を助長するために教育、科学及び文化を通じて諸国民の間の協力を促進することによって、平和及び安全に貢献することである。

2　この目的を実現するために、この機関は、次のことを行う。

(a)　大衆通報（マス・コミュニケーション）のあらゆる方法を通じて諸人民が相互に知り且つ理解することを促進する仕事に協力すること並びにこの目的で言語及び表象による思想の自由な交流を促進するために必要な国際協定を勧告すること。

(b)　次のようにして一般の教育と文化の普及とに新しい刺激を与えること。

加盟国の要請によって教育事業の発展のためにその国と協力すること。

人種、性又は経済的若しくは社会的な差別にかかわらない教育の機会均等の理想を進めるために、諸国民の間における協力の関係をつくること。

自由の責任に対して世界の児童を準備させるのに最も適した教育方法を示唆すること。

(c)　次のようにして知識を維持し、増進し、且つ、普及すること。

世界の遺産である図書、芸術作品並びに歴史及び科学の記念物の保存及び保護を確保し、且つ、関係諸国民

に対して必要な国際条約を勧告すること。

教育、科学及び文化の分野で活動している人々との国際的交換並びに出版物、芸術的及び科学的に意義のある物その他の参考資料の交換を含む知的活動のすべての部門における諸国民の間の協力を奨励すること。

いずれの国で作成された印刷物及び刊行物でもすべての国の人民が利用できるようにする国際協力の方法を発案すること。

3　この機関の加盟国の文化及び教育制度の独立、統一性及び実りの多い多様性を維持するために、この機関は、加盟国の国内管轄権に本質的に属する事項に干渉することを禁止される。

ユネスコ活動に関する法律

（ユネスコ活動の目標）

第一条　わが国におけるユネスコ活動は、国際連合教育科学文化機関憲章(昭和二十六年条約第四号。以下「ユネスコ憲章」という。)の定めるところに従い、国際連合の精神に則つて、教育、科学及び文化を通じ、わが国民の間に広く国際的理解を深めるとともに、わが国民と世界諸国民との間に理解と協力の関係を進め、もつて世界の平和と人類の福祉に貢献することを目標とする。

（設置）

第五条　ユネスコ憲章第七条の規定の趣旨に従い、我が国におけるユネスコ活動に関する助言、企画、連絡及び調査のための機関として、文部科学省に、日本ユネスコ国内委員会（以下「国内委員会」という。）を置く。

学校教育法

第一条　この法律で、学校とは、幼稚園、小学校、中学校、義務教育学校、高等学校、中等教育学校、特別支援学校、大学及び高等専門学校とする。

第二条　学校は、国（国立大学法人法（平成十五年法律第百十二号）第二条第一項に規定する国立大学法人及び独立行政法人国立高等専門学校機構を含む。以下同じ。）、地方公共団体（地方独立行政法人法（平成十五年法律第百十八号）第六十八条第一項に規定する公立大学法人（以下「公立大学法人」という。）を含む。次項及び第百二十七条において同じ。）及び私立学校法（昭和二十四年法律第二百七十号）第三条に規定する学校法人（以下「学校法人」という。）のみが、これを設置することができる。

2　この法律で、国立学校とは、国の設置する学校を、公立学校とは、地方公共団体の設置する学校を、私立学校とは、学校法人の設置する学校をいう。

第三条　学校を設置しようとする者は、学校の種類に

応じ、文部科学大臣の定める設備、編制その他に関する設置基準に従い、これを設置しなければならない。

第五条 学校の設置者は、その設置する学校を管理し、法令に特別の定のある場合を除いては、その学校の経費を負担する。

第七条 学校には、校長及び相当数の教員を置かなければならない。

第八条 校長及び教員（教育職員免許法（昭和二十四年法律第百四十七号）の適用を受ける者を除く。）の資格に関する事項は、別に法律で定めるもののほか、文部科学大臣がこれを定める。

第十一条 校長及び教員は、教育上必要があると認めるときは、文部科学大臣の定めるところにより、児童、生徒及び学生に懲戒を加えることができる。ただし、体罰を加えることはできない。

第十二条 学校においては、別に法律で定めるところにより、幼児、児童、生徒及び学生並びに職員の健康の保持増進を図るため、健康診断を行い、その他その保健に必要な措置を講じなければならない。

第十六条 保護者（子に対して親権を行う者（親権を行う者のないときは、未成年後見人）をいう。以下同じ。）は、次条に定めるところにより、子に九年の普通教育を受けさせる義務を負う。

第十七条 保護者は、子の満六歳に達した日の翌日以後における最初の学年の初めから、満十二歳に達した日の属する学年の終わりまで、これを小学校、義務教育学校の前期課程又は特別支援学校の小学部に就学させる義務を負う。ただし、子が、満十二歳に達した日の属する学年の終わりまでに小学校の課程、義務教育学校の前期課程又は特別支援学校の小学部の課程を修了しないときは、満十五歳に達した日の属する学年の終わり（それまでの間においてこれらの課程を修了したときは、その修了した日の属する学年の終わり）までとする。

2 保護者は、子が小学校の課程、義務教育学校の前期課程又は特別支援学校の小学部の課程を修了した日の翌日以後における最初の学年の初めから、満十五歳に達した日の属する学年の終わりまで、これを中学校、義務教育学校の後期課程、中等教育学校の前期課程又は特別支援学校の中学部に就学させる義務を負う。

3 前二項の義務の履行の督促その他これらの義務の履行に関し必要な事項は、政令で定める。

第十九条 経済的理由によつて、就学困難と認められる学齢児童又は学齢生徒の保護者に対しては、市町村は、必要な援助を与えなければならない。

第二十条 学齢児童又は学齢生徒を使用する者は、その使用によつて、当該学齢児童又は学齢生徒が、義務教育を受けることを妨げてはならない。

第二十一条 義務教育として行われる普通教育は、教育基本法（平成十八年法律第百二十号）第五条第二項に規定する目的を実現するため、次に掲げる目標を達成するよう行われるものとする。

一 学校内外における社会的活動を促進し、自主、自律及び協同の精神、規範意識、公正な判断力並びに公共の精神に基づき主体的に社会の形成に参画し、その発展に寄与する態度を養うこと。

二 学校内外における自然体験活動を促進し、生命及び自然を尊重する精神並びに環境の保全に寄与する態度を養うこと。

三 我が国と郷土の現状と歴史について、正しい理解に導き、伝統と文化を尊重し、それらをはぐくんできた我が国と郷土を愛する態度を養うとともに、進んで外国の文化の理解を通じて、他国を尊重し、国際社会の平和と発展に寄与する態度を養うこと。

四 家族と家庭の役割、生活に必要な衣、食、住、情報、産業その他の事項について基礎的な理解と技能を養うこと。

五 読書に親しませ、生活に必要な国語を正しく理解し、使用する基礎的な能力を養うこと。

六 生活に必要な数量的な関係を正しく理解し、処理する基礎的な能力を養うこと。

七 生活にかかわる自然現象について、観察及び実験を通じて、科学的に理解し、処理する基礎的な能力を養うこと。

八 健康、安全で幸福な生活のために必要な習慣を養うとともに、運動を通じて体力を養い、心身の調和的発達を図ること。

九 生活を明るく豊かにする音楽、美術、文芸その他の芸術について基礎的な理解と技能を養うこと。

十 職業についての基礎的な知識と技能、勤労を重んずる態度及び個性に応じて将来の進路を選択する能力を養うこと。

第二十二条 幼稚園は、義務教育及びその後の教育の基礎を培うものとして、幼児を保育し、幼児の健やかな成長のために適当な環境を与えて、その心身の発達を助長することを目的とする。

第二十三条 幼稚園における教育は、前条に規定する目的を実現するため、次に掲げる目標を達成するよう行われるものとする。

一 健康、安全で幸福な生活のために必要な基本的な習慣を養い、身体諸機能の調和的発達を図ること。

二 集団生活を通じて、喜んでこれに参加する態度を

養うとともに家族や身近な人への信頼感を深め、自主、自律及び協同の精神並びに規範意識の芽生えを養うこと。

三　身近な社会生活、生命及び自然に対する興味を養い、それらに対する正しい理解と態度及び思考力の芽生えを養うこと。

四　日常の会話や、絵本、童話等に親しむことを通じて、言葉の使い方を正しく導くとともに、相手の話を理解しようとする態度を養うこと。

五　音楽、身体による表現、造形等に親しむことを通じて、豊かな感性と表現力の芽生えを養うこと。

第二十五条　幼稚園の教育課程その他の保育内容に関する事項は、第二十二条及び第二十三条の規定に従い、文部科学大臣が定める。

第二十七条　幼稚園には、園長、教頭及び教諭を置かなければならない。

2　幼稚園には、前項に規定するもののほか、副園長、主幹教諭、指導教諭、養護教諭、栄養教諭、事務職員、養護助教諭その他必要な職員を置くことができる。

3　第一項の規定にかかわらず、副園長を置くときその他特別の事情のあるときは、教頭を置かないことができる。

4　園長は、園務をつかさどり、所属職員を監督する。

5　副園長は、園長を助け、命を受けて園務をつかさどる。

6　教頭は、園長（副園長を置く幼稚園にあつては、園長及び副園長）を助け、園務を整理し、及び必要に応じ幼児の保育をつかさどる。

7　主幹教諭は、園長（副園長を置く幼稚園にあつては、園長及び副園長）及び教頭を助け、命を受けて園務の一部を整理し、並びに幼児の保育をつかさどる。

8　指導教諭は、幼児の保育をつかさどり、並びに教諭その他の職員に対して、保育の改善及び充実のために必要な指導及び助言を行う。

9　教諭は、幼児の保育をつかさどる。

10　特別の事情のあるときは、第一項の規定にかかわらず、教諭に代えて助教諭又は講師を置くことができる。

11　学校の実情に照らし必要があると認めるときは、第七項の規定にかかわらず、園長（副園長を置く幼稚園にあつては、園長及び副園長）及び教頭を助け、命を受けて園務の一部を整理し、並びに幼児の養護又は栄養の指導及び管理をつかさどる主幹教諭を置くことができる。

第二十九条　小学校は、心身の発達に応じて、義務教育として行われる普通教育のうち基礎的なものを施すことを目的とする。

第三十条　小学校における教育は、前条に規定する目的を実現するために必要な程度において第二十一条各号に掲げる目標を達成するよう行われるものとする。

2　前項の場合においては、生涯にわたり学習する基盤が培われるよう、基礎的な知識及び技能を習得させるとともに、これらを活用して課題を解決するために必要な思考力、判断力、表現力その他の能力をはぐくみ、主体的に学習に取り組む態度を養うことに、特に意を用いなければならない。

第三十三条　小学校の教育課程に関する事項は、第二十九条及び第三十条の規定に従い、文部科学大臣が定める。

第三十四条　小学校においては、文部科学大臣の検定を経た教科用図書又は文部科学省が著作の名義を有する教科用図書を使用しなければならない。

2　前項の教科用図書以外の図書その他の教材で、有益適切なものは、これを使用することができる。

3　第一項の検定の申請に係る教科用図書に関し調査審議させるための審議会等（国家行政組織法（昭和二十三年法律第百二十号）第八条に規定する機関をいう。以下同じ。）については、政令で定める。

第三十七条　小学校には、校長、教頭、教諭、養護教諭及び事務職員を置かなければならない。

2　小学校には、前項に規定するもののほか、副校長、主幹教諭、指導教諭、栄養教諭その他必要な職員を置くことができる。

3　第一項の規定にかかわらず、副校長を置くときその他特別の事情のあるときは教頭を、養護をつかさどる主幹教諭を置くときは養護教諭を、特別の事情のあるときは事務職員を、それぞれ置かないことができる。

4　校長は、校務をつかさどり、所属職員を監督する。

5　副校長は、校長を助け、命を受けて校務をつかさどる。

6　副校長は、校長に事故があるときはその職務を代理し、校長が欠けたときはその職務を行う。この場合において、副校長が二人以上あるときは、あらかじめ校長が定めた順序で、その職務を代理し、又は行う。

7　教頭は、校長（副校長を置く小学校にあつては、校長及び副校長）を助け、校務を整理し、及び必要に応じ児童の教育をつかさどる。

8　教頭は、校長（副校長を置く小学校にあつては、校長及び副校長）に事故があるときは校長の職務を代理し、校長（副校長を置く小学校にあつては、校長及び副校長）が欠けたときは校長の職務を行う。この場合において、教頭が二人以上あるときは、あらかじめ校長が定めた順序で、校長の職務を代理し、又は行う。

9　主幹教諭は、校長（副校長を置く小学校にあつては、校長及び副校長）及び教頭を助け、命を受けて校務の一部を整理し、並びに児童の教育をつかさどる。

10　指導教諭は、児童の教育をつかさどり、並びに教諭その他の職員に対して、教育指導の改善及び充実のために必要な指導及び助言を行う。

11　教諭は、児童の教育をつかさどる。

12　養護教諭は、児童の養護をつかさどる。

13　栄養教諭は、児童の栄養の指導及び管理をつかさどる。

14　事務職員は、事務をつかさどる。

15　助教諭は、教諭の職務を助ける。

16　講師は、教諭又は助教諭に準ずる職務に従事する。

17　養護助教諭は、養護教諭の職務を助ける。

18　特別の事情のあるときは、第一項の規定にかかわらず、教諭に代えて助教諭又は講師を、養護教諭に代えて養護助教諭を置くことができる。

19　学校の実情に照らし必要があると認めるときは、第九項の規定にかかわらず、校長（副校長を置く小学校にあつては、校長及び副校長）及び教頭を助け、命を受けて校務の一部を整理し、並びに児童の養護又は栄養の指導及び管理をつかさどる主幹教諭を置くことができる。

第三十八条　市町村は、その区域内にある学齢児童を就学させるに必要な小学校を設置しなければならない。ただし、教育上有益かつ適切であると認めるときは、義務教育学校の設置をもつてこれに代えることができる。

第四十二条　小学校は、文部科学大臣の定めるところにより当該小学校の教育活動その他の学校運営の状況について評価を行い、その結果に基づき学校運営の改善を図るため必要な措置を講ずることにより、その教育水準の向上に努めなければならない。

第四十三条　小学校は、当該小学校に関する保護者及び地域住民その他の関係者の理解を深めるとともに、これらの者との連携及び協力の推進に資するため、当該小学校の教育活動その他の学校運営の状況に関する情報を積極的に提供するものとする。

第四十五条　中学校は、小学校における教育の基礎の上に、心身の発達に応じて、義務教育として行われる普通教育を施すことを目的とする。

第四十六条　中学校における教育は、前条に規定する目的を実現するため、第二十一条各号に掲げる目標を達成するよう行われるものとする。

第四十九条の二　義務教育学校は、心身の発達に応じて、義務教育として行われる普通教育を基礎的なものから一貫して施すことを目的とする。

第四十九条の三　義務教育学校における教育は、前条に規定する目的を実現するため、第二十一条各号に掲げる目標を達成するよう行われるものとする。

第五十条　高等学校は、中学校における教育の基礎の上に、心身の発達及び進路に応じて、高度な普通教育及び専門教育を施すことを目的とする。

第五十一条　高等学校における教育は、前条に規定する目的を実現するため、次に掲げる目標を達成するよう行われるものとする。

一　義務教育として行われる普通教育の成果を更に発展拡充させて、豊かな人間性、創造性及び健やかな身体を養い、国家及び社会の形成者として必要な資質を養うこと。

二　社会において果たさなければならない使命の自覚に基づき、個性に応じて将来の進路を決定させ、一般的な教養を高め、専門的な知識、技術及び技能を習得させること。

三　個性の確立に努めるとともに、社会について、広く深い理解と健全な批判力を養い、社会の発展に寄与する態度を養うこと。

第六十一条　高等学校に、全日制の課程、定時制の課程又は通信制の課程のうち二以上の課程を置くときは、それぞれの課程に関する校務を分担して整理する教頭を置かなければならない。ただし、命を受けて当該課程に関する校務をつかさどる副校長が置かれる一の課程については、この限りでない。

第六十三条　中等教育学校は、小学校における教育の基礎の上に、心身の発達及び進路に応じて、義務教育として行われる普通教育並びに高度な普通教育及び専門教育を一貫して施すことを目的とする。

第六十四条　中等教育学校における教育は、前条に規定する目的を実現するため、次に掲げる目標を達成するよう行われるものとする。

一　豊かな人間性、創造性及び健やかな身体を養い、国家及び社会の形成者として必要な資質を養うこと。

二　社会において果たさなければならない使命の自覚に基づき、個性に応じて将来の進路を決定させ、一般的な教養を高め、専門的な知識、技術及び技能を習得させること。

三　個性の確立に努めるとともに、社会について、広く深い理解と健全な批判力を養い、社会の発展に寄与する態度を養うこと。

第七十二条　特別支援学校は、視覚障害者、聴覚障害者、知的障害者、肢体不自由者又は病弱者（身体虚弱者を含む。以下同じ。）に対して、幼稚園、小学校、中学校又は高等学校に準ずる教育を施すとともに、障害による学習上又は生活上の困難を克服し自立を図るために必要な知識技能を授けることを目的とする。

第七十三条　特別支援学校においては、文部科学大臣の定めるところにより、前条に規定する者に対する教

育のうち当該学校が行うものを明らかにするものとする。

第八十条 都道府県は、その区域内にある学齢児童及び学齢生徒のうち、視覚障害者、聴覚障害者、知的障害者、肢体不自由者又は病弱者で、その障害が第七十五条の政令で定める程度のものを就学させるに必要な特別支援学校を設置しなければならない。

第八十三条 大学は、学術の中心として、広く知識を授けるとともに、深く専門の学芸を教授研究し、知的、道徳的及び応用的能力を展開させることを目的とする。
2 大学は、その目的を実現するための教育研究を行い、その成果を広く社会に提供することにより、社会の発展に寄与するものとする。

第百十五条 高等専門学校は、深く専門の学芸を教授し、職業に必要な能力を育成することを目的とする。
2 高等専門学校は、その目的を実現するための教育を行い、その成果を広く社会に提供することにより、社会の発展に寄与するものとする。

第百二十四条 第一条に掲げるもの以外の教育施設で、職業若しくは実際生活に必要な能力を育成し、又は教養の向上を図ることを目的として次の各号に該当する組織的な教育を行うもの（当該教育を行うにつき他の法律に特別の規定があるもの及び我が国に居住する外国人を専ら対象とするものを除く。）は、専修学校とする。
一 修業年限が一年以上であること。
二 授業時数が文部科学大臣の定める授業時数以上であること。
三 教育を受ける者が常時四十人以上であること。

第百二十五条 専修学校には、高等課程、専門課程又は一般課程を置く。
2 専修学校の高等課程においては、中学校若しくはこれに準ずる学校若しくは義務教育学校を卒業した者若しくは中等教育学校の前期課程を修了した者又は文部科学大臣の定めるところによりこれと同等以上の学力があると認められた者に対して、中学校における教育の基礎の上に、心身の発達に応じて前条の教育を行うものとする。
3 専修学校の専門課程においては、高等学校若しくはこれに準ずる学校若しくは中等教育学校を卒業した者又は文部科学大臣の定めるところによりこれに準ずる学力があると認められた者に対して、高等学校における教育の基礎の上に、前条の教育を行うものとする。
4 専修学校の一般課程においては、高等課程又は専門課程の教育以外の前条の教育を行うものとする。

第百二十六条 高等課程を置く専修学校は、高等専修学校と称することができる。
2 専門課程を置く専修学校は、専門学校と称することができる。

第百二十七条 専修学校は、国及び地方公共団体のほか、次に該当する者でなければ、設置することができない。
一 専修学校を経営するために必要な経済的基礎を有すること。
二 設置者（設置者が法人である場合にあつては、その経営を担当する当該法人の役員とする。次号において同じ。）が専修学校を経営するために必要な知識又は経験を有すること。
三 設置者が社会的信望を有すること。

第百二十八条 専修学校は、次に掲げる事項について文部科学大臣の定める基準に適合していなければならない。
一 目的、生徒の数又は課程の種類に応じて置かなければならない教員の数
二 目的、生徒の数又は課程の種類に応じて有しなければならない校地及び校舎の面積並びにその位置及び環境
三 目的、生徒の数又は課程の種類に応じて有しなければならない設備
四 目的又は課程の種類に応じた教育課程及び編制の大綱

第百二十九条 専修学校には、校長及び相当数の教員を置かなければならない。
2 専修学校の校長は、教育に関する識見を有し、かつ、教育、学術又は文化に関する業務に従事した者でなければならない。
3 専修学校の教員は、その担当する教育に関する専門的な知識又は技能に関し、文部科学大臣の定める資格を有する者でなければならない。

第百三十条 国又は都道府県（都道府県が単独で又は他の地方公共団体と共同して設立する公立大学法人を含む。）が設置する専修学校の設置廃止（高等課程、専門課程又は一般課程の設置廃止を含む。）、設置者の変更及び目的の変更は、市町村の設置する専修学校にあつては都道府県の教育委員会、私立の専修学校にあつては都道府県知事の認可を受けなければならない。
2 都道府県の教育委員会又は都道府県知事は、専修学校の設置（高等課程、専門課程又は一般課程の設置を含む。）の認可の申請があつたときは、申請の内容が第百二十四条、第百二十五条及び前三条の基準に適合するかどうかを審査した上で、認可に関する処分をしなければならない。
3 前項の規定は、専修学校の設置者の変更及び目的の変更の認可の申請があつた場合について準用する。
4 都道府県の教育委員会又は都道府県知事は、第一

項の認可をしない処分をするときは、理由を付した書面をもつて申請者にその旨を通知しなければならない。

第百三十一条　国又は都道府県（都道府県が単独で又は他の地方公共団体と共同して設立する公立大学法人を含む。）が設置する専修学校を除くほか、専修学校の設置者は、その設置する専修学校の名称、位置又は学則を変更しようとするときその他政令で定める場合に該当するときは、市町村の設置する専修学校にあつては都道府県の教育委員会に、私立の専修学校にあつては都道府県知事に届け出なければならない。

第百三十二条　専修学校の専門課程（修業年限が二年以上であることその他の文部科学大臣の定める基準を満たすものに限る。）を修了した者（第九十条第一項に規定する者に限る。）は、文部科学大臣の定めるところにより、大学に編入学することができる。

第百三十三条　第五条、第六条、第九条から第十二条まで、第十三条第一項、第十四条及び第四十二条から第四十四条までの規定は専修学校に、第百五条の規定は専門課程を置く専修学校に準用する。この場合において、第十条中「大学及び高等専門学校にあつては文部科学大臣に、大学及び高等専門学校以外の学校にあつては都道府県知事に」とあるのは「都道府県知事に」と、同項中「第四条第一項各号に掲げる学校」とあるのは「市町村（市町村が単独で又は他の市町村と共同して設立する公立大学法人を含む。）の設置する専修学校又は私立の専修学校」と、「同項各号に定める者」とあるのは「都道府県の教育委員会又は都道府県知事」と、同項第二号中「その者」とあるのは「当該都道府県の教育委員会又は都道府県知事」と、第十四条中「大学及び高等専門学校以外の市町村の設置する学校については都道府県の教育委員会、大学及び高等専門学校以外の私立学校については都道府県知事」とあるのは「市町村（市町村が単独で又は他の市町村と共同して設立する公立大学法人を含む。）の設置する専修学校については都道府県の教育委員会、私立の専修学校については都道府県知事」と読み替えるものとする。

2　都道府県の教育委員会又は都道府県知事は、前項において準用する第十三条第一項の規定による処分をするときは、理由を付した書面をもつて当該専修学校の設置者にその旨を通知しなければならない。

第百三十四条　第一条に掲げるもの以外のもので、学校教育に類する教育を行うもの（当該教育を行うにつき他の法律に特別の規定があるもの及び第百二十四条に規定する専修学校の教育を行うものを除く。）は、各種学校とする。

2　第四条第一項前段、第五条から第七条まで、第九条から第十一条まで、第十三条第一項、第十四条及び第四十二条から第四十四条までの規定は、各種学校に

準用する。この場合において、第四条第一項前段中「次の各号に掲げる学校」とあるのは「市町村の設置する各種学校又は私立の各種学校」と、「当該各号に定める者」とあるのは「都道府県の教育委員会又は都道府県知事」と、第十条中「大学及び高等専門学校にあつては文部科学大臣に、大学及び高等専門学校以外の学校にあつては都道府県知事に」とあるのは「都道府県知事に」と、第十三条第一項中「第四条第一項各号に掲げる学校」とあるのは「市町村の設置する各種学校又は私立の各種学校」と、「同項各号に定める者」とあるのは「都道府県の教育委員会又は都道府県知事」と、同項第二号中「その者」とあるのは「当該都道府県の教育委員会又は都道府県知事」と、第十四条中「大学及び高等専門学校以外の市町村の設置する学校については都道府県の教育委員会、大学及び高等専門学校以外の私立学校については都道府県知事」とあるのは「市町村の設置する各種学校については都道府県の教育委員会、私立の各種学校については都道府県知事」と読み替えるものとする。

3　前項のほか、各種学校に関し必要な事項は、文部科学大臣が、これを定める。

第百四十五条　第二十条の規定に違反した者は、十万円以下の罰金に処する。

学校教育法施行令

第五条　市町村の教育委員会は、就学予定者（法第十七条第一項又は第二項の規定により、翌学年の初めから小学校、中学校、義務教育学校、中等教育学校又は特別支援学校に就学させるべき者をいう。以下同じ。）のうち、認定特別支援学校就学者（視覚障害者、聴覚障害者、知的障害者、肢体不自由者又は病弱者（身体虚弱者を含む。）で、その障害が、第二十二条の三の表に規定する程度のもの（以下「視覚障害者等」という。）のうち、当該市町村の教育委員会が、その障害の状態、その者の教育上必要な支援の内容、地域における教育の体制の整備の状況その他の事情を勘案して、その住所の存する都道府県の設置する特別支援学校に就学させることが適当であると認める者をいう。以下同じ。以外の者について、その保護者に対し、翌学年の初めから二月前までに、小学校、中学校又は義務教育学校の入学期日を通知しなければならない。

2　市町村の教育委員会は、当該市町村の設置する小学校及び義務教育学校学校の数の合計数が二以上である場合又は当該市町村の設置する中学校（法第七十一条の規定により高等学校における教育と一貫した教育を施すもの（以下「併設型中学校」という。）を除く。以下この項、次条第七号、第六条の三第一項、第七条及び第八条において同じ。）及び義務教育学校の数の合計数が二以上である場合においては、前項の通知において当該就学予定者の就学すべき小学校、中学校を又

は義務教育学校を指定しなければならない。

3　前二項の規定は、第九条第一項又は第十七条の届出のあつた就学予定者については、適用しない。

第六条　前条の規定は、次に掲げる者について準用する。この場合において、同条第一項中「翌学年の初めから二月前までに」とあるのは、「速やかに」と読み替えるものとする。

一　就学予定者で前条第一項に規定する通知の期限の翌日以後に当該市町村の教育委員会が作成した学齢簿に新たに記載されたもの又は学齢児童若しくは学齢生徒でその住所地の変更により当該学齢簿に新たに記載されたもの（認定特別支援学校就学者及び当該市町村の設置する小学校、中学校又は義務教育学校に在学する者を除く。）

二　次条第二項の通知を受けた学齢児童又は学齢生徒

三　第六条の三第二項の通知を受けた学齢児童又は学齢生徒（同条第三項の通知に係る学齢児童及び学齢生徒を除く。）

四　第十条又は第十八条の通知を受けた学齢児童又は学齢生徒（認定特別支援学校就学者を除く。）

五　第十二条第一項の通知を受けた学齢児童又は学齢生徒のうち、認定特別支援学校就学者の認定をした者以外の者（同条第三項の通知に係る学齢児童及び学齢生徒を除く。）

六　第十二条の二第一項の通知を受けた学齢児童又は学齢生徒のうち、認定特別支援学校就学者の認定をした者以外の者（同条第三項の通知に係る学齢児童及び学齢生徒を除く。）

七　小学校、中学校又は義務教育学校の新設、廃止等によりその就学させるべき小学校、中学校又は義務教育学校を変更する必要を生じた児童生徒等

第六条の二　特別支援学校に在学する学齢児童又は学齢生徒で視覚障害者等でなくなつたものがあるときは、当該学齢児童又は学齢生徒の在学する特別支援学校の校長は、速やかに、当該学齢児童又は学齢生徒の住所の存する都道府県の教育委員会に対し、その旨を通知しなければならない。

2　都道府県の教育委員会は、前項の通知を受けた学齢児童又は学齢生徒について、当該学齢児童又は学齢生徒の住所の存する市町村の教育委員会に対し、速やかに、その氏名及び視覚障害者等でなくなつた旨を通知しなければならない。

第六条の三　特別支援学校に在学する学齢児童又は学齢生徒でその障害の状態、その者の教育上必要な支援の内容、地域における教育の体制の整備の状況その他の事情の変化により当該学齢児童又は学齢生徒の住所の存する市町村の設置する小学校、中学校又は義務教育学校に就学することが適当であると思料するもの（視覚障害者等でなくなつた者を除く。）があるときは、当

該学齢児童又は学齢生徒の在学する特別支援学校の校長は、速やかに、当該学齢児童又は学齢生徒の住所の存する都道府県の教育委員会に対し、その旨を通知しなければならない。

2　都道府県の教育委員会は、前項の通知を受けた学齢児童又は学齢生徒について、当該学齢児童又は学齢生徒の住所の存する市町村の教育委員会に対し、速やかに、その氏名及び同項の通知があつた旨を通知しなければならない。

3　市町村の教育委員会は、前項の通知を受けた学齢児童又は学齢生徒について、当該特別支援学校に引き続き就学させることが適当であると認めたときは、都道府県の教育委員会に対し、速やかに、その旨を通知しなければならない。

4　都道府県の教育委員会は、前項の通知を受けたときは、第一項の校長に対し、速やかに、その旨を通知しなければならない。

第六条の四　学齢児童及び学齢生徒のうち視覚障害者等で小学校、中学校、義務教育学校又は中等教育学校に在学するもののうち視覚障害者等でなくなつたものがあるときは、その在学する小学校、中学校、義務教育学校又は中等教育学校の校長は、速やかに、当該学齢児童又は学齢生徒の住所の存する市町村の教育委員会に対し、その旨を通知しなければならない。

第十四条　都道府県の教育委員会は、第十一条第一項（第十一条の二、第十一条の三、第十二条第二項及び第十二条の二第二項において準用する場合を含む。）の通知を受けた児童生徒等及び特別支援学校の新設、廃止等によりその就学させるべき特別支援学校を変更する必要を生じた児童生徒等について、その保護者に対し、第十一条第一項（第十一条の二において準用する場合を含む。）の通知を受けた児童生徒等にあつては翌学年の初めから二月前までに、その他の児童生徒等にあつては速やかに特別支援学校の入学期日を通知しなければならない。

2　都道府県の教育委員会は、当該都道府県の設置する特別支援学校が二校以上ある場合においては、前項の通知において当該児童生徒等を就学させるべき特別支援学校を指定しなければならない。

3　前二項の規定は、前条の通知を受けた児童生徒等については、適用しない。

学校教育法施行規則

第一条　学校には、その学校の目的を実現するために必要な校地、校舎、校具、運動場、図書館又は図書室、保健室その他の設備を設けなければならない。

2　学校の位置は、教育上適切な環境に、これを定めなければならない。

第二十条　校長（学長及び高等専門学校の校長を除く。）の資格は、次の各号のいずれかに該当するものとする。
一　教育職員免許法（昭和二十四年法律第百四十七号）による教諭の専修免許状又は一種免許状（高等学校及び中等教育学校の校長にあつては、専修免許状）を有し、かつ、次に掲げる職（以下「教育に関する職」という。）に五年以上あつたこと
　イ　学校教育法第一条に規定する学校及び同法第百二十四条に規定する専修学校の校長（就学前の子どもに関する教育、保育等の総合的な提供の推進に関する法律（平成十八年法律第七十七号）第二条第七項に規定する幼保連携型認定こども園（以下「幼保連携型認定こども園」という。）の園長を含む。）の職
　ロ　学校教育法第一条に規定する学校及び幼保連携型認定こども園の教授、准教授、助教、副校長（幼保連携型認定こども園の副園長を含む。）、教頭、主幹教諭（幼保連携型認定こども園の主幹養護教諭及び主幹栄養教諭を含む。）、指導教諭、教諭、助教諭、養護教諭、養護助教諭、栄養教諭、主幹保育教諭、指導保育教諭、保育教諭、助保育教諭、講師（常時勤務の者に限る。）及び同法第百二十四条に規定する専修学校の教員（以下本条中「教員」という。）の職
　ハ　学校教育法第一条に規定する学校及び幼保連携型認定こども園の事務職員（単純な労務に雇用される者を除く。本条中以下同じ。）、実習助手、寄宿舎指導員及び学校栄養職員（学校給食法（昭和二十九年法律第百六十号）第七条に規定する職員のうち栄養教諭以外の者をいい、同法第六条に規定する施設の当該職員を含む。）の職
　ニ　学校教育法等の一部を改正する法律（平成十九年法律第九十六号）第一条の規定による改正前の学校教育法第九十四条の規定により廃止された従前の法令の規定による学校及び旧教員養成諸学校官制（昭和二十一年勅令第二百八号）第一条の規定による教員養成諸学校の長の職
　ホ　ニに掲げる学校及び教員養成諸学校における教員及び事務職員に相当する者の職
　ヘ　海外に在留する邦人の子女のための在外教育施設（以下「在外教育施設」という。）で、文部科学大臣が小学校、中学校又は高等学校の課程と同等の課程を有するものとして認定したものにおけるイからハまでに掲げる者に準ずるものの職
　ト　ヘに規定する職のほか、外国の学校におけるイからハまでに掲げる者に準ずるものの職
　チ　少年院法（平成二十六年法律第五十八号）による少年院又は児童福祉法（昭和二十二年法律第百六十四号）による児童自立支援施設（児童福祉法等の一部を改正する法律（平成九年法律第七十四号）附則第七条第一項の規定により証明書を発行することができるもので、同条第二項の規定によりその例によることとされた同法による改正前の児童福祉法第四十八条第四項ただし書の規定による指定を受けたものを除く。）において教育を担当する者の職
　リ　イからチまでに掲げるもののほか、国又は地方公共団体において教育事務又は教育を担当する国家公務員又は地方公務員（単純な労務に雇用される者を除く。）の職
　ヌ　外国の官公庁におけるリに準ずる者の職
二　教育に関する職に十年以上あつたこと

第二十一条　私立学校の設置者は、前条の規定により難い特別の事情のあるときは、五年以上教育に関する職又は教育、学術に関する業務に従事し、かつ、教育に関し高い識見を有する者を校長として採用することができる。

第二十四条　校長は、その学校に在学する児童等の指導要録（学校教育法施行令第三十一条に規定する児童等の学習及び健康の状況を記録した書類の原本をいう。以下同じ。）を作成しなければならない。
2　校長は、児童等が進学した場合においては、その作成に係る当該児童等の指導要録の抄本又は写しを作成し、これを進学先の校長に送付しなければならない。
3　校長は、児童等が転学した場合においては、その作成に係る当該児童等の指導要録の写しを作成し、その写し（転学してきた児童等については転学により送付を受けた指導要録（就学前の子どもに関する教育、保育等の総合的な提供の推進に関する法律施行令（平成二十六年政令第二百三号）第八条に規定する園児の学習及び健康の状況を記録した書類の原本を含む。）の写しを含む。）及び前項の抄本又は写しを転学先の校長、保育所の長又は認定こども園の長に送付しなければならない。

第二十六条　校長及び教員が児童等に懲戒を加えるに当つては、児童等の心身の発達に応ずる等教育上必要な配慮をしなければならない。
2　懲戒のうち、退学、停学及び訓告の処分は、校長（大学にあつては、学長の委任を受けた学部長を含む。）が行う。
3　前項の退学は、公立の小学校、中学校（学校教育法第七十一条の規定により高等学校における教育と一貫した教育を施すもの（以下「併設型中学校」という。）を除く。）、義務教育学校又は特別支援学校に在学する学齢児童又は学齢生徒を除き、次の各号のいずれかに該当する児童等に対して行うことができる。
一　性行不良で改善の見込がないと認められる者
二　学力劣等で成業の見込がないと認められる者
三　正当の理由がなくて出席常でない者
四　学校の秩序を乱し、その他学生又は生徒としての本分に反した者
4　第二項の停学は、学齢児童又は学齢生徒に対しては、行うことができない。
5　学長は、学生に対する第二項の退学、停学及び訓

告の処分の手続を定めなければならない。

第三十八条　幼稚園の教育課程その他の保育内容については、この章に定めるもののほか、教育課程その他の保育内容の基準として文部科学大臣が別に公示する幼稚園教育要領によるものとする。

第四十三条　小学校においては、調和のとれた学校運営が行われるためにふさわしい校務分掌の仕組みを整えるものとする。

第四十八条　小学校には、設置者の定めるところにより、校長の職務の円滑な執行に資するため、職員会議を置くことができる。
2　職員会議は、校長が主宰する。

第四十九条　小学校には、設置者の定めるところにより、学校評議員を置くことができる。
2　学校評議員は、校長の求めに応じ、学校運営に関し意見を述べることができる。
3　学校評議員は、当該小学校の職員以外の者で教育に関する理解及び識見を有するもののうちから、校長の推薦により、当該小学校の設置者が委嘱する。

第五十条　小学校の教育課程は、国語、社会、算数、理科、生活、音楽、図画工作、家庭及び体育の各教科（以下この節において「各教科」という。）、道徳、外国語活動、総合的な学習の時間並びに特別活動によつて編成するものとする。
2　私立の小学校の教育課程を編成する場合は、前項の規定にかかわらず、宗教を加えることができる。この場合においては、宗教をもつて前項の道徳に代えることができる。

第五十二条　小学校の教育課程については、この節に定めるもののほか、教育課程の基準として文部科学大臣が別に公示する小学校学習指導要領によるものとする。

第五十二条の二　小学校（第七十九条の九第二項に規定する中学校併設型小学校を除く。）においては、中学校における教育との一貫性に配慮した教育を施すため、当該小学校の設置者が当該中学校の設置者との協議に基づき定めるところにより、教育課程を編成することができる。
2　前項の規定により教育課程を編成する小学校（以下「中学校連携型小学校」という。）は、第七十四条の二第一項の規定により教育課程を編成する中学校と連携し、その教育課程を実施するものとする。

第五十二条の三　中学校連携型小学校の各学年における各教科、道徳、外国語活動、総合的な学習の時間及び特別活動のそれぞれの授業時数並びに各学年におけ

るこれらの総授業時数は、別表第二の二に定める授業時数を標準とする。

第五十二条の四　中学校連携型小学校の教育課程については、この章に定めるもののほか、教育課程の基準の特例として文部科学大臣が別に定めるところによるものとする。

第五十六条　小学校において、学校生活への適応が困難であるため相当の期間小学校を欠席し引き続き欠席すると認められる児童を対象として、その実態に配慮した特別の教育課程を編成して教育を実施する必要があると文部科学大臣が認める場合においては、文部科学大臣が別に定めるところにより、第五十条第一項、第五十一条（中学校連携型小学校にあつては第五十二条の三、第七十九条の九第二項に規定する中学校併設型小学校にあつては第七十九条の十二において準用する第七十九条の五第一項）又は第五十二条の規定によらないことができる。

第五十六条の二　小学校において、日本語に通じない児童のうち、当該児童の日本語を理解し、使用する能力に応じた特別の指導を行う必要があるものを教育する場合には、文部科学大臣が別に定めるところにより、第五十条第一項、第五十一条（中学校連携型小学校にあつては第五十二条の三、第七十九条の九第二項に規定する中学校併設型小学校にあつては第七十九条の十二において準用する第七十九条の五第一項）及び第五十二条の規定にかかわらず、特別の教育課程によることができる。

第五十六条の三　前条の規定により特別の教育課程による場合においては、校長は、児童が設置者の定めるところにより他の小学校、義務教育学校の前期課程又は特別支援学校の小学部において受けた授業を、当該児童の在学する小学校において受けた当該特別の教育課程に係る授業とみなすことができる。

第五十六条の四　小学校において、学齢を経過した者のうち、その者の年齢、経験又は勤労の状況その他の実情に応じた特別の指導を行う必要があるものを夜間その他特別の時間において教育する場合には、文部科学大臣が別に定めるところにより、第五十条第一項、第五十一条（中学校連携型小学校にあつては第五十二条の三、第七十九条の九第二項に規定する中学校併設型小学校にあつては第七十九条の十二において準用する第七十九条の五第一項）及び第五十二条の規定にかかわらず、特別の教育課程によることができる。

第五十七条　小学校において、各学年の課程の修了又は卒業を認めるに当たつては、児童の平素の成績を評価して、これを定めなければならない。

第五十九条　小学校の学年は、四月一日に始まり、翌年三月三十一日に終わる。

第七十二条　中学校の教育課程は、国語、社会、数学、理科、音楽、美術、保健体育、技術・家庭及び外国語の各教科（以下本章及び第七章中「各教科」という。）、道徳、総合的な学習の時間並びに特別活動によつて編成するものとする。

第七十四条　中学校の教育課程については、この章に定めるもののほか、教育課程の基準として文部科学大臣が別に公示する中学校学習指導要領によるものとする。

第七十四条の二　中学校（併設型中学校、第七十五条第二項に規定する連携型中学校及び第七十九条の九第二項に規定する小学校併設型中学校を除く。）においては、小学校における教育との一貫性に配慮した教育を施すため、当該中学校の設置者が当該小学校の設置者との協議に基づき定めるところにより、教育課程を編成することができる。

2　前項の規定により教育課程を編成する中学校（以下「小学校連携型中学校」という。）は、中学校連携型小学校と連携し、その教育課程を実施するものとする。

第七十四条の三　小学校連携型中学校の各学年における各教科、道徳、総合的な学習の時間及び特別活動のそれぞれの授業時数並びに各学年におけるこれらの総授業時数は、別表第二の三に定める授業時数を標準とする。

第七十四条の四　小学校連携型中学校の教育課程については、この章に定めるもののほか、教育課程の基準の特例として文部科学大臣が別に定めるところによるものとする。

第七十九条　第四十一条から第四十九条まで、第五十条第二項、第五十四条から第六十八条までの規定は、中学校に準用する。この場合において、第四十二条中「五学級」とあるのは「二学級」と、第五十五条から第五十六条の二まで及び第五十六条の四の規定中「第五十条第一項」とあるのは「第七十二条」と、「第五十一条（中学校連携型小学校にあつては第五十二条の三、第七十九条の九第二項に規定する中学校併設型小学校にあつては第七十九条の十二において準用する第七十九条の五第一項）」とあるのは「第七十三条（併設型中学校にあつては第百十七条において準用する第百七条、小学校連携型中学校にあつては第七十四条の三、連携型中学校にあつては第七十六条、第七十九条の九第二項に規定する小学校併設型中学校にあつては第七十九条の十二において準用する第七十九条の五第二項）」と、「第五十二条」とあるのは「第七十四条」と、第五十五条の二中「第三十条第一項」とあるのは「第四十六条」と、第五十六条の三中「他の小学校、義務教育学校の前期課程又は特別支援学校の小学部」とあるのは「他の中学校、義務教育学校の後期課程、中等教育学校の前期課程又は特別支援学校の中学部」と読み替えるものとする。

第五章の二　義務教育学校並びに中学校併設型小学校及び小学校併設型中学校
第一節　義務教育学校

第七十九条の二　義務教育学校の前期課程の設備、編制その他設置に関する事項については、小学校設置基準の規定を準用する。

2　義務教育学校の後期課程の設備、編制その他設置に関する事項については、中学校設置基準の規定を準用する。

第七十九条の三　義務教育学校の学級数は、十八学級以上二十七学級以下を標準とする。ただし、地域の実態その他により特別の事情のあるときは、この限りでない。

第七十九条の四　義務教育学校の分校の学級数は、特別の事情のある場合を除き、八学級以下とし、前条の学級数に算入しないものとする。

第七十九条の五　次条第一項において準用する第五十条第一項に規定する義務教育学校の前期課程の各学年における各教科、道徳、外国語活動、総合的な学習の時間及び特別活動のそれぞれの授業時数並びに各学年におけるこれらの総授業時数は、別表第二の二に定める授業時数を標準とする。

2　次条第二項において準用する第七十二条に規定する義務教育学校の後期課程の各学年における各教科、道徳、総合的な学習の時間及び特別活動のそれぞれの授業時数並びに各学年におけるこれらの総授業時数は、別表第二の三に定める授業時数を標準とする。

第七十九条の六　義務教育学校の前期課程の教育課程については、第五十条、第五十二条の規定に基づき文部科学大臣が公示する小学校学習指導要領及び第五十五条から第五十六条の四までの規定を準用する。この場合において、第五十五条から第五十六条までの規定中「第五十条第一項、第五十一条（中学校連携型小学校にあつては第五十二条の三、第七十九条の九第二項に規定する中学校併設型小学校にあつては第七十九条の十二において準用する第七十九条の五第一項）又は第五十二条」とあるのは「第七十九条の五第一項又は第七十九条の六第一項において準用する第五十条第一項若しくは第五十二条の規定に基づき文部科学大臣が公示する小学校学習指導要領」と、第五十五条の二中「第

三十条第一項」とあるのは「第四十九条の六第一項」と、第五十六条の二及び第五十六条の四中「第五十条第一項、第五十一条（中学校連携型小学校にあつては第五十二条の三、第七十九条の九第二項に規定する中学校併設型小学校にあつては第七十九条の十二において準用する第七十九条の五第一項）及び第五十二条」とあるのは「第七十九条の五第一項並びに第七十九条の六第一項において準用する第五十条第一項及び第五十二条の規定に基づき文部科学大臣が公示する小学校学習指導要領」と読み替えるものとする。

2　義務教育学校の後期課程の教育課程については、第五十条第二項、第五十五条から第五十六条の四まで及び第七十二条の規定並びに第七十四条の規定に基づき文部科学大臣が公示する中学校学習指導要領の規定を準用する。この場合において、第五十五条から第五十六条までの規定中「第五十条第一項、第五十一条（中学校連携型小学校にあつては第五十二条の三、第七十九条の九第二項に規定する中学校併設型小学校にあつては第七十九条の十二において準用する第七十九条の五第一項）又は第五十二条」とあるのは「第七十九条の五第二項並びに第七十九条の六第二項において準用する第七十二条若しくは第七十四条の規定に基づき文部科学大臣が公示する中学校学習指導要領」と、第五十五条の二中「第三十条第一項」とあるのは「第四十九条の六第二項」と、第五十六条の二及び第五十六条の四中「第五十条第一項、第五十一条（中学校連携型小学校にあつては第五十二条の三、第七十九条の九第二項に規定する中学校併設型小学校にあつては第七十九条の十二において準用する第七十九条の五第一項）及び第五十二条」とあるのは「第七十九条の五第二項並びに第七十九条の六第二項において準用する第七十二条及び第七十四条の規定に基づき文部科学大臣が公示する中学校学習指導要領」と、第五十六条の四中「他の小学校、義務教育学校の前期課程又は特別支援学校の小学部」とあるのは「他の中学校、義務教育学校の後期課程、中等教育学校の前期課程又は特別支援学校の中学部」と読み替えるものとする。

第七十九条の七　義務教育学校の教育課程については、この章に定めるもののほか、教育課程の基準の特例として文部科学大臣が別に定めるところによるものとする。

第七十九条の八　第四十三条から第四十九条まで、第五十三条、第五十四条、第五十七条から第七十一条まで（第六十九条を除く。）及び第七十八条の規定は、義務教育学校に準用する。

2　第七十八条の二の規定は、義務教育学校の後期課程に準用する。

第二節　中学校併設型小学校及び小学校併設型中学校

第七十九条の九　同一の設置者が設置する小学校（中学校連携型小学校を除く。）及び中学校（併設型中学校、小学校連携型中学校及び連携型中学校を除く。）においては、義務教育学校に準じて、小学校における教育と中学校における教育を一貫して施すことができる。

2　前項の規定により中学校における教育と一貫した教育を施す小学校（以下「中学校併設型小学校」という。）及び同項の規定により小学校における教育と一貫した教育を施す中学校（以下「小学校併設型中学校」という。）においては、小学校における教育と中学校における教育を一貫して施すためにふさわしい運営の仕組みを整えるものとする。

第七十九条の十　中学校併設型小学校の教育課程については、第四章に定めるもののほか、教育課程の基準の特例として文部科学大臣が別に定めるところによるものとする。

2　小学校併設型中学校の教育課程については、第五章に定めるもののほか、教育課程の基準の特例として文部科学大臣が別に定めるところによるものとする。

第七十九条の十一　中学校併設型小学校及び小学校併設型中学校においては、小学校における教育と中学校における教育を一貫して施すため、設置者の定めるところにより、教育課程を編成するものとする。

第七十九条の十二　第七十九条の五第一項の規定は中学校併設型小学校に、同条第二項の規定は小学校併設型中学校に準用する。

第八十四条　高等学校の教育課程については、この章に定めるもののほか、教育課程の基準として文部科学大臣が別に公示する高等学校学習指導要領によるものとする。

第八十六条　高等学校において、学校生活への適応が困難であるため、相当の期間高等学校を欠席し引き続き欠席すると認められる生徒、高等学校を退学し、その後高等学校に入学していないと認められる者若しくは学校教育法第五十七条に規定する高等学校の入学資格を有するが、高等学校に入学していないと認められる者又は疾病による療養のため若しくは障害のため、相当の期間高等学校を欠席すると認められる生徒、高等学校を退学し、その後高等学校に入学していないと認められる者若しくは学校教育法第五十七条に規定する高等学校の入学資格を有するが、高等学校に入学していないと認められる者を対象として、その実態に配慮した特別の教育課程を編成して教育を実施する必要があると文部科学大臣が認める場合においては、文部科学大臣が別に定めるところにより、第八十三条又は第八十四条の規定によらないことができる。

第百九条　中等教育学校の教育課程については、この

章に定めるもののほか、教育課程の基準の特例として文部科学大臣が別に定めるところによるものとする。

第二百二十九条　特別支援学校の幼稚部の教育課程その他の保育内容並びに小学部、中学部及び高等部の教育課程については、この章に定めるもののほか、教育課程その他の保育内容又は教育課程の基準として文部科学大臣が別に公示する特別支援学校幼稚部教育要領、特別支援学校小学部・中学部学習指導要領及び特別支援学校高等部学習指導要領によるものとする。

義務教育諸学校の教科用図書の無償措置に関する法律

（この法律の目的）
第一条　この法律は、教科用図書の無償給付その他義務教育諸学校の教科用図書を無償とする措置について必要な事項を定めるとともに、当該措置の円滑な実施に資するため、義務教育諸学校の教科用図書の採択及び発行の制度を整備し、もつて義務教育の充実を図ることを目的とする。

（教科用図書の給与）
第五条　義務教育諸学校の設置者は、第三条の規定により国から無償で給付された教科用図書を、それぞれ当該学校の校長を通じて児童又は生徒に給与するものとする。
2　学年の中途において転学した児童又は生徒については、その転学後において使用する教科用図書は、前項の規定にかかわらず、文部科学省令で定める場合を除き、給与しないものとする。

教科書の発行に関する臨時措置法

第二条　この法律において「教科書」とは、小学校、中学校、義務教育学校、高等学校、中等教育学校及びこれらに準ずる学校において、教育課程の構成に応じて組織排列された教科の主たる教材として、教授の用に供せられる児童又は生徒用図書であつて、文部科学大臣の検定を経たもの又は文部科学省が著作の名義を有するものをいう。
2　この法律において「発行」とは、教科書を製造供給することをいい、「発行者」とは、発行を担当する者をいう。

著作権法

第二条　この法律において、次の各号に掲げる用語の意義は、当該各号に定めるところによる。
一　著作物　思想又は感情を創作的に表現したものであつて、文芸、学術、美術又は音楽の範囲に属するものをいう。

（学校その他の教育機関における複製等）
第三十五条　学校その他の教育機関（営利を目的として設置されているものを除く。）において教育を担任する者及び授業を受ける者は、その授業の過程における使用に供することを目的とする場合には、必要と認められる限度において、公表された著作物を複製することができる。ただし、当該著作物の種類及び用途並びにその複製の部数及び態様に照らし著作権者の利益を不当に害することとなる場合は、この限りでない。
2　公表された著作物については、前項の教育機関における授業の過程において、当該授業を直接受ける者に対して当該著作物をその原作品若しくは複製物を提供し、若しくは提示して利用する場合又は当該著作物を第三十八条第一項の規定により上演し、演奏し、上映し、若しくは口述して利用する場合には、当該授業が行われる場所以外の場所において当該授業を同時に受ける者に対して公衆送信（自動公衆送信の場合にあつては、送信可能化を含む。）を行うことができる。ただし、当該著作物の種類及び用途並びに当該公衆送信の態様に照らし著作権者の利益を不当に害することとなる場合は、この限りでない。

文部科学省設置法

第三条　文部科学省は、教育の振興及び生涯学習の推進を中核とした豊かな人間性を備えた創造的な人材の育成、学術及び文化の振興、科学技術の総合的な振興並びにスポーツに関する施策の総合的な推進を図るとともに、宗教に関する行政事務を適切に行うことを任務とする。
2　前項に定めるもののほか、文部科学省は、同項の任務に関連する特定の内閣の重要政策に関する内閣の事務を助けることを任務とする。
3　文部科学省は、前項の任務を遂行するに当たり、内閣官房を助けるものとする。

地方自治法

第百八十条の二　普通地方公共団体の長は、その権限に属する事務の一部を、当該普通地方公共団体の委員会又は委員と協議して、普通地方公共団体の委員会、委員会の委員長（教育委員会にあつては、教育長）、委員若しくはこれらの執行機関の事務を補助する職員若しくはこれらの執行機関の管理に属する機関の職員に委任し、又はこれらの執行機関の事務を補助する職員若しくはこれらの執行機関の管理に属する機関の職員をして補助執行させることができる。ただし、政令で定める普通地方公共団体の委員会又は委員については、この限りでない。

第二百八十四条

2 普通地方公共団体及び特別区は、その事務の一部を共同処理するため、その協議により規約を定め、都道府県の加入するものにあつては総務大臣、その他のものにあつては都道府県知事の許可を得て、一部事務組合を設けることができる。この場合において、一部事務組合内の地方公共団体につきその執行機関の権限に属する事項がなくなつたときは、その執行機関は、一部事務組合の成立と同時に消滅する。

地方教育行政の組織及び運営に関する法律

（この法律の趣旨）

第一条　この法律は、教育委員会の設置、学校その他の教育機関の職員の身分取扱その他地方公共団体における教育行政の組織及び運営の基本を定めることを目的とする。

（基本理念）

第一条の二　地方公共団体における教育行政は、教育基本法（平成十八年法律第百二十号）の趣旨にのっとり、教育の機会均等、教育水準の維持向上及び地域の実情に応じた教育の振興が図られるよう、国との適切な役割分担及び相互の協力の下、公正かつ適正に行われなければならない。

（大綱の策定等）

第一条の三　地方公共団体の長は、教育基本法第十七条第一項に規定する基本的な方針を参酌し、その地域の実情に応じ、当該地方公共団体の教育、学術及び文化の振興に関する総合的な施策の大綱（以下単に「大綱」という。）を定めるものとする。

2　地方公共団体の長は、大綱を定め、又はこれを変更しようとするときは、あらかじめ、次条第一項の総合教育会議において協議するものとする。

3　地方公共団体の長は、大綱を定め、又はこれを変更したときは、遅滞なく、これを公表しなければならない。

4　第一項の規定は、地方公共団体の長に対し、第二十一条に規定する事務を管理し、又は執行する権限を与えるものと解釈してはならない。

（総合教育会議）

第一条の四　地方公共団体の長は、大綱の策定に関する協議及び次に掲げる事項についての協議並びにこれらに関する次項各号に掲げる構成員の事務の調整を行うため、総合教育会議を設けるものとする。

一　教育を行うための諸条件の整備その他の地域の実情に応じた教育、学術及び文化の振興を図るため重点的に講ずべき施策

二　児童、生徒等の生命又は身体に現に被害が生じ、又はまさに被害が生ずるおそれがあると見込まれる場合等の緊急の場合に講ずべき措置

2　総合教育会議は、次に掲げる者をもって構成する。

一　地方公共団体の長

二　教育委員会

3　総合教育会議は、地方公共団体の長が招集する。

4　教育委員会は、その権限に属する事務に関して協議する必要があると思料するときは、地方公共団体の長に対し、協議すべき具体的事項を示して、総合教育会議の招集を求めることができる。

5　総合教育会議は、第一項の協議を行うに当たつて必要があると認めるときは、関係者又は学識経験を有する者から、当該協議すべき事項に関して意見を聴くことができる。

6　総合教育会議は、公開する。ただし、個人の秘密を保つため必要があると認めるとき、又は会議の公正が害されるおそれがあると認めるときその他公益上必要があると認めるときは、この限りでない。

7　地方公共団体の長は、総合教育会議の終了後、遅滞なく、総合教育会議の定めるところにより、その議事録を作成し、これを公表するよう努めなければならない。

8　総合教育会議においてその構成員の事務の調整が行われた事項については、当該構成員は、その調整の結果を尊重しなければならない。

9　前各項に定めるもののほか、総合教育会議の運営に関し必要な事項は、総合教育会議が定める。

（設置）

第二条　都道府県、市（特別区を含む。以下同じ。）町村及び第二十一条に規定する事務の全部又は一部を処理する地方公共団体の組合に教育委員会を置く。

（組織）

第三条　教育委員会は、教育長及び四人の委員をもって組織する。ただし、条例で定めるところにより、都道府県若しくは市又は地方公共団体の組合のうち都道府県若しくは市が加入するものの教育委員会にあつては教育長及び五人以上の委員、町村又は地方公共団体の組合のうち町村のみが加入するものの教育委員会にあつては教育長及び二人以上の委員をもって組織することができる。

（任命）

第四条　教育長は、当該地方公共団体の長の被選挙権を有する者で、人格が高潔で、教育行政に関し識見を有するもののうちから、地方公共団体の長が、議会の同意を得て、任命する。

2　委員は、当該地方公共団体の長の被選挙権を有する者で、人格が高潔で、教育、学術及び文化（以下単に「教育」という。）に関し識見を有するもののうちから、地方公共団体の長が、議会の同意を得て、任命する。

3　次の各号のいずれかに該当する者は、教育長又は

委員となることができない。
一　破産手続開始の決定を受けて復権を得ない者
二　禁錮以上の刑に処せられた者
4　教育長及び委員の任命については、そのうち委員の定数に一を加えた数の二分の一以上の者が同一の政党に所属することとなつてはならない。
5　地方公共団体の長は、第二項の規定による委員の任命に当たつては、委員の年齢、性別、職業等に著しい偏りが生じないように配慮するとともに、委員のうちに保護者（親権を行う者及び未成年後見人をいう。第四十七条の六第二項第二号及び第五項において同じ。）である者が含まれるようにしなければならない。

（任期）
第五条　教育長の任期は三年とし、委員の任期は四年とする。ただし、補欠の教育長又は委員の任期は、前任者の残任期間とする。
2　教育長及び委員は、再任されることができる。

（教育長）
第十三条　教育長は、教育委員会の会務を総理し、教育委員会を代表する。
2　教育長に事故があるとき、又は教育長が欠けたときは、あらかじめその指名する委員がその職務を行う。

（会議）
第十四条　教育委員会の会議は、教育長が招集する。
2　教育長は、委員の定数の三分の一以上の委員から会議に付議すべき事件を示して会議の招集を請求された場合には、遅滞なく、これを招集しなければならない。
3　教育委員会は、教育長及び在任委員の過半数が出席しなければ、会議を開き、議決をすることができない。ただし、第六項の規定による除斥のため過半数に達しないとき、又は同一の事件につき再度招集しても、なお過半数に達しないときは、この限りでない。
4　教育委員会の会議の議事は、第七項ただし書の発議に係るものを除き、出席者の過半数で決し、可否同数のときは、教育長の決するところによる。
5　教育長に事故があり、又は教育長が欠けた場合の前項の規定の適用については、前条第二項の規定により教育長の職務を行う者は、教育長とみなす。
6　教育委員会の教育長及び委員は、自己、配偶者若しくは三親等以内の親族の一身上に関する事件又は自己若しくはこれらの者の従事する業務に直接の利害関係のある事件については、その議事に参与することができない。ただし、教育委員会の同意があるときは、会議に出席し、発言することができる。
7　教育委員会の会議は、公開する。ただし、人事に関する事件その他の事件について、教育長又は委員の発議により、出席者の三分の二以上の多数で議決したときは、これを公開しないことができる。
8　前項ただし書の教育長又は委員の発議は、討論を

行わないでその可否を決しなければならない。
9　教育長は、教育委員会の会議の終了後、遅滞なく、教育委員会規則で定めるところにより、その議事録を作成し、これを公表するよう努めなければならない。

（事務局）
第十七条　教育委員会の権限に属する事務を処理させるため、教育委員会に事務局を置く。
2　教育委員会の事務局の内部組織は、教育委員会規則で定める。

（指導主事その他の職員）
第十八条　都道府県に置かれる教育委員会（以下「都道府県委員会」という。）の事務局に、指導主事、事務職員及び技術職員を置くほか、所要の職員を置く。
2　市町村に置かれる教育委員会（以下「市町村委員会」という。）の事務局に、前項の規定に準じて指導主事その他の職員を置く。
3　指導主事は、上司の命を受け、学校（学校教育法（昭和二十二年法律第二十六号）第一条に規定する学校及び就学前の子どもに関する教育、保育等の総合的な提供の推進に関する法律（平成十八年法律第七十七号）第二条第七項に規定する幼保連携型認定こども園（以下「幼保連携型認定こども園」という。）をいう。以下同じ。）における教育課程、学習指導その他学校教育に関する専門的事項の指導に関する事務に従事する。
4　指導主事は、教育に関し識見を有し、かつ、学校における教育課程、学習指導その他学校教育に関する専門的事項について教養と経験がある者でなければならない。指導主事は、大学以外の公立学校（地方公共団体が設置する学校をいう。以下同じ。）の教員（教育公務員特例法（昭和二十四年法律第一号）第二条第二項に規定する教員をいう。以下同じ。）をもつて充てることができる。
5　事務職員は、上司の命を受け、事務に従事する。
6　技術職員は、上司の命を受け、技術に従事する。
7　第一項及び第二項の職員は、教育委員会が任命する。
8　教育委員会は、事務局の職員のうち所掌事務に係る教育行政に関する相談に関する事務を行う職員を指定するものとする。
9　前各項に定めるもののほか、教育委員会の事務局に置かれる職員に関し必要な事項は、政令で定める。

（教育委員会の職務権限）
第二十一条
九　校長、教員その他の教育関係職員並びに生徒、児童及び幼児の保健、安全、厚生及び福利に関すること。
十　教育委員会の所管に属する学校その他の教育機関の環境衛生に関すること。

（長の職務権限）
第二十二条

主な教育法規

六 前号に掲げるもののほか、教育委員会の所掌に係る事項に関する予算を執行すること。

(事務の委任等)
第二十五条
4 教育長は、第一項の規定により委任された事務その他その権限に属する事務の一部を事務局の職員若しくは教育委員会の所管に属する学校その他の教育機関の職員（以下この項及び次条第一項において「事務局職員等」という。）に委任し、又は事務局職員等をして臨時に代理させることができる。

(教育機関の職員)
第三十一条 前条に規定する学校に、法律で定めるところにより、学長、校長、園長、教員、事務職員、技術職員その他の所要の職員を置く。
2 前条に規定する学校以外の教育機関に、法律又は条例で定めるところにより、事務職員、技術職員その他の所要の職員を置く。
3 前二項に規定する職員の定数は、この法律に特別の定がある場合を除き、当該地方公共団体の条例で定めなければならない。ただし、臨時又は非常勤の職員については、この限りでない。

(学校等の管理)
第三十三条 教育委員会は、法令又は条例に違反しない限度において、その所管に属する学校その他の教育機関の施設、設備、組織編制、教育課程、教材の取扱その他学校その他の教育機関の管理運営の基本的事項について、必要な教育委員会規則を定めるものとする。この場合において、当該教育委員会規則で定めようとする事項のうち、その実施のためには新たに予算を伴うこととなるものについては、教育委員会は、あらかじめ当該地方公共団体の長に協議しなければならない。
2 前項の場合において、教育委員会は、学校における教科書以外の教材の使用について、あらかじめ、教育委員会に届け出させ、又は教育委員会の承認を受けさせることとする定を設けるものとする。

(研修)
第四十五条 県費負担教職員の研修は、地方公務員法第三十九条第二項の規定にかかわらず、市町村委員会も行うことができる。
2 市町村委員会は、都道府県委員会が行う県費負担教職員の研修に協力しなければならない。

第四十七条の五 教育委員会は、教育委員会規則で定めるところにより、その所管に属する学校のうちその指定する二以上の学校に係る事務（学校教育法第三十七条第十四項（同法第二十八条、第四十九条、第四十九条の八、第六十二条、第七十条第一項及び第八十二条において準用する場合を含む。）の規定により事務職員

がつかさどる事務その他の事務であつて共同処理することが当該事務の効果的な処理に資するものとして政令で定めるものに限る。）を当該学校の事務職員が共同処理するための組織として、当該指定する二以上の学校のうちいずれか一の学校に、共同学校事務室を置くことができる。
2 共同学校事務室に、室長及び所要の職員を置く。
3 室長は、共同学校事務室の室務をつかさどる。
4 共同学校事務室の室長及び職員は、第一項の規定による指定を受けた学校であつて、当該共同学校事務室がその事務を共同処理する学校の事務職員をもつて充てる。ただし、当該事務職員をもつて室長に充てることが困難であるときその他特別の事情があるときは、当該事務職員以外の者をもつて室長に充てることができる。
5 前三項に定めるもののほか、共同学校事務室の室長及び職員に関し必要な事項は、政令で定める。

教育職員免許法

(定義)
第二条 この法律において「教育職員」とは、学校（学校教育法（昭和二十二年法律第二十六号）第一条に規定する幼稚園、小学校、中学校、義務教育学校、高等学校、中等教育学校及び特別支援学校（第三項において「第一条学校」という。）並びに就学前の子どもに関する教育、保育等の総合的な提供の推進に関する法律（平成十八年法律第七十七号）第二条第七項に規定する幼保連携型認定こども園（以下「幼保連携型認定こども園」という。）をいう。以下同じ。）の主幹教諭（幼保連携型認定こども園の主幹養護教諭及び主幹栄養教諭を含む。以下同じ。）、指導教諭、教諭、助教諭、養護教諭、養護助教諭、栄養教諭、主幹保育教諭、指導保育教諭、保育教諭、助保育教諭及び講師（以下「教員」という。）をいう。
2 この法律で「免許管理者」とは、免許状を有する者が教育職員及び文部科学省令で定める教育の職にある者である場合にあつてはその者の勤務地の都道府県の教育委員会、これらの者以外の者である場合にあつてはその者の住所地の都道府県の教育委員会をいう。
3 この法律において「所轄庁」とは、大学附置の国立学校（国（国立大学法人法（平成十五年法律第百十二号）第二条第一項に規定する国立大学法人を含む。以下この項において同じ。）が設置する学校をいう。以下同じ。）又は公立学校（地方公共団体（地方独立行政法人法（平成十五年法律第百十八号）第六十八条第一項に規定する公立大学法人（以下単に「公立大学法人」という。）を含む。）が設置する学校をいう。以下同じ。）の教員にあつてはその大学の学長、大学附置の学校以外の公立学校（第一条学校に限る。）の教員にあつてはその学校を所管する教育委員会、大学附置の学校以外の公立学校（幼保連携型認定こども園に限る。）の教員

にあつてはその学校を所管する地方公共団体の長、私立学校（国及び地方公共団体（公立大学法人を含む。）以外の者が設置する学校をいう。以下同じ。）の教員にあつては都道府県知事（地方自治法（昭和二十二年法律第六十七号）第二百五十二条の十九第一項の指定都市又は同法第二百五十二条の二十二第一項の中核市（以下この項において「指定都市等」という。）の区域内の幼保連携型認定こども園の教員にあつては、当該指定都市等の長）をいう。

4　この法律で「自立教科等」とは、理療（あん摩、マツサージ、指圧等に関する基礎的な知識技能の修得を目標とした教科をいう。）、理学療法、理容その他の職業についての知識技能の修得に関する教科及び学習上又は生活上の困難を克服し自立を図るために必要な知識技能の修得を目的とする教育に係る活動（以下「自立活動」という。）をいう。

5　この法律で「特別支援教育領域」とは、学校教育法第七十二条に規定する視覚障害者、聴覚障害者、知的障害者、肢体不自由者又は病弱者（身体虚弱者を含む。）に関するいずれかの教育の領域をいう。

（免許）

第三条　教育職員は、この法律により授与する各相当の免許状を有する者でなければならない。

2　前項の規定にかかわらず、主幹教諭（養護又は栄養の指導及び管理をつかさどる主幹教諭を除く。）及び指導教諭については各相当学校の教諭の免許状を有する者を、養護をつかさどる主幹教諭については養護教諭の免許状を有する者を、栄養の指導及び管理をつかさどる主幹教諭については栄養教諭の免許状を有する者を、講師については各相当学校の教員の相当免許状を有する者を、それぞれ充てるものとする。

3　特別支援学校の教員（養護又は栄養の指導及び管理をつかさどる主幹教諭、養護教諭、養護助教諭、栄養教諭並びに特別支援学校において自立教科等の教授を担任する教員を除く。）については、第一項の規定にかかわらず、特別支援学校の教員の免許状のほか、特別支援学校の各部に相当する学校の教員の免許状を有する者でなければならない。

4　義務教育学校の教員（養護又は栄養の指導及び管理をつかさどる主幹教諭、養護教諭、養護助教諭並びに栄養教諭を除く。）については、第一項の規定にかかわらず、小学校の教員の免許状及び中学校の教員の免許状を有する者でなければならない。

5　中等教育学校の教員（養護又は栄養の指導及び管理をつかさどる主幹教諭、養護教諭、養護助教諭並びに栄養教諭を除く。）については、第一項の規定にかかわらず、中学校の教員の免許状及び高等学校の教員の免許状を有する者でなければならない。

6　幼保連携型認定こども園の教員の免許については、第一項の規定にかかわらず、就学前の子どもに関する教育、保育等の総合的な提供の推進に関する法律の定

めるところによる。

（免許状を要しない非常勤の講師）

第三条の二　次に掲げる事項の教授又は実習を担任する非常勤の講師については、前条の規定にかかわらず、各相当学校の教員の相当免許状を有しない者を充てることができる。

一　小学校における次条第六項第一号に掲げる教科の領域の一部に係る事項

二　中学校における次条第五項第一号に掲げる教科及び第十六条の三第一項の文部科学省令で定める教科の領域の一部に係る事項

三　義務教育学校における前二号に掲げる事項

四　高等学校における次条第五項第二号に掲げる教科及び第十六条の三第一項の文部科学省令で定める教科の領域の一部に係る事項

五　中等教育学校における第二号及び前号に掲げる事項

六　特別支援学校（幼稚部を除く。）における第一号、第二号及び第四号に掲げる事項並びに自立教科等の領域の一部に係る事項

七　教科に関する事項で文部科学省令で定めるもの

2　前項の場合において、非常勤の講師に任命し、又は雇用しようとする者は、あらかじめ、文部科学省令で定めるところにより、その旨を第五条第七項で定める授与権者に届け出なければならない。

（種類）

第四条　免許状は、普通免許状、特別免許状及び臨時免許状とする。

2　普通免許状は、学校（義務教育学校、中等教育学校及び幼保連携型認定こども園を除く。）の種類ごとの教諭の免許状、養護教諭の免許状及び栄養教諭の免許状とし、それぞれ専修免許状、一種免許状及び二種免許状（高等学校教諭の免許状にあつては、専修免許状及び一種免許状）に区分する。

3　特別免許状は、学校（幼稚園、義務教育学校、中等教育学校及び幼保連携型認定こども園を除く。）の種類ごとの教諭の免許状とする。

4　臨時免許状は、学校（義務教育学校、中等教育学校及び幼保連携型認定こども園を除く。）の種類ごとの助教諭の免許状及び養護助教諭の免許状とする。

5　中学校及び高等学校の教員の普通免許状及び臨時免許状は、次に掲げる各教科について授与するものとする。

一　中学校の教員にあつては、国語、社会、数学、理科、音楽、美術、保健体育、保健、技術、家庭、職業（職業指導及び職業実習（農業、工業、商業、水産及び商船のうちいずれか一以上の実習とする。以下同じ。）を含む。）、職業指導、職業実習、外国語（英語、ドイツ語、フランス語その他の各外国語に分ける。）及び宗教

二　高等学校の教員にあつては、国語、地理歴史、公民、数学、理科、音楽、美術、工芸、書道、保健体育、保健、

看護、看護実習、家庭、家庭実習、情報、情報実習、農業、農業実習、工業、工業実習、商業、商業実習、水産、水産実習、福祉、福祉実習、商船、商船実習、職業指導、外国語（英語、ドイツ語、フランス語その他の各外国語に分ける。）及び宗教

6　小学校教諭、中学校教諭及び高等学校教諭の特別免許状は、次に掲げる教科又は事項について授与するものとする。

一　小学校教諭にあつては、国語、社会、算数、理科、生活、音楽、図画工作、家庭、体育及び外国語（英語、ドイツ語、フランス語その他の各外国語に分ける。）

二　中学校教諭にあつては、前項第一号に掲げる各教科及び第十六条の三第一項の文部科学省令で定める教科

三　高等学校教諭にあつては、前項第二号に掲げる各教科及びこれらの教科の領域の一部に係る事項で第十六条の四第一項の文部科学省令で定めるもの並びに第十六条の三第一項の文部科学省令で定める教科

第四条の二　特別支援学校の教員の普通免許状及び臨時免許状は、一又は二以上の特別支援教育領域について授与するものとする。

2　特別支援学校において専ら自立教科等の教授を担任する教員の普通免許状及び臨時免許状は、前条第二項の規定にかかわらず、文部科学省令で定めるところにより、障害の種類に応じて文部科学省令で定める自立教科等について授与するものとする。

3　特別支援学校教諭の特別免許状は、前項の文部科学省令で定める自立教科等について授与するものとする。

第二十二条　第三条の規定に違反して、相当の免許状を有しない者を教育職員（幼保連携型認定こども園の教員を除く。次項において同じ。）に任命し、又は雇用した場合には、その違反行為をした者は、三十万円以下の罰金に処する。

2　第三条の規定に違反して、相当の免許状を有しないにもかかわらず教育職員となつた者も、前項と同様とする。

教育公務員特例法

（この法律の趣旨）
第一条　この法律は、教育を通じて国民全体に奉仕する教育公務員の職務とその責任の特殊性に基づき、教育公務員の任免、人事評価、給与、分限、懲戒、服務及び研修等について規定する。

（定義）
第二条　この法律において「教育公務員」とは、地方公務員のうち、学校（学校教育法（昭和二十二年法律第二十六号）第一条に規定する学校及び就学前の子どもに関する教育、保育等の総合的な提供の推進に関する法律（平成十八年法律第七十七号）第二条第七項に規定する幼保連携型認定こども園（以下「幼保連携型

認定こども園」という。）をいう。以下同じ。）であつて地方公共団体が設置するもの（以下「公立学校」という。）の学長、校長（園長を含む。以下同じ。）、教員及び部局長並びに教育委員会の専門的教育職員をいう。

2　この法律において「教員」とは、公立学校の教授、准教授、助教、副校長（副園長を含む。以下同じ。）、教頭、主幹教諭（幼保連携型認定こども園の主幹養護教諭及び主幹栄養教諭を含む。以下同じ。）、指導教諭、教諭、助教諭、養護教諭、養護助教諭、栄養教諭、主幹保育教諭、指導保育教諭、保育教諭、助保育教諭及び講師（常時勤務の者及び地方公務員法（昭和二十五年法律第二百六十一号）第二十八条の五第一項に規定する短時間勤務の職を占める者に限る。第二十三条第二項を除き、以下同じ。）をいう。

3　この法律で「部局長」とは、大学（公立学校であるものに限る。第二十六条第一項を除き、以下同じ。）の副学長、学部長その他政令で指定する部局の長をいう。

4　この法律で「評議会」とは、大学に置かれる会議であつて当該大学を設置する地方公共団体の定めるところにより学長、学部長その他の者で構成するものをいう。

5　この法律で「専門的教育職員」とは、指導主事及び社会教育主事をいう。

（採用及び昇任の方法）
第十一条　公立学校の校長の採用（現に校長の職以外の職に任命されている者を校長の職に任命する場合を含む。）並びに教員の採用（現に教員の職以外の職に任命されている者を教員の職に任命する場合を含む。以下この条において同じ。）及び昇任（採用に該当するものを除く。）は、選考によるものとし、その選考は、大学附置の学校にあつては当該大学の学長が、大学附置の学校以外の公立学校（幼保連携型認定こども園を除く。）にあつてはその校長及び教員の任命権者である教育委員会の教育長が、大学附置の学校以外の公立学校（幼保連携型認定こども園に限る。）にあつてはその校長及び教員の任命権者である地方公共団体の長が行う。

（研修）
第二十一条　教育公務員は、その職責を遂行するために、絶えず研究と修養に努めなければならない。

2　教育公務員の任命権者は、教育公務員（公立の小学校等の校長及び教員（臨時的に任用された者その他の政令で定める者を除く。以下この章において同じ。）を除く。）の研修について、それに要する施設、研修を奨励するための方途その他研修に関する計画を樹立し、その実施に努めなければならない。

（研修の機会）
第二十二条　教育公務員には、研修を受ける機会が与えられなければならない。

2　教員は、授業に支障のない限り、本属長の承認を

受けて、勤務場所を離れて研修を行うことができる。

3 教育公務員は、任命権者の定めるところにより、現職のままで、長期にわたる研修を受けることができる。

（校長及び教員としての資質の向上に関する指標の策定に関する指針）

第二十二条の二 文部科学大臣は、公立の小学校等の校長及び教員の計画的かつ効果的な資質の向上を図るため、次条第一項に規定する指標の策定に関する指針（以下「指針」という。）を定めなければならない。

2 指針においては、次に掲げる事項を定めるものとする。

一 公立の小学校等の校長及び教員の資質の向上に関する基本的な事項

二 次条第一項に規定する指標の内容に関する事項

三 その他公立の小学校等の校長及び教員の資質の向上を図るに際し配慮すべき事項

3 文部科学大臣は、指針を定め、又はこれを変更したときは、遅滞なく、これを公表しなければならない。

（校長及び教員としての資質の向上に関する指標）

第二十二条の三 公立の小学校等の校長及び教員の任命権者は、指針を参酌し、その地域の実情に応じ、当該校長及び教員の職責、経験及び適性に応じて向上を図るべき校長及び教員としての資質に関する指標（以下「指標」という。）を定めるものとする。

2 公立の小学校等の校長及び教員の任命権者は、指標を定め、又はこれを変更しようとするときは、あらかじめ第二十二条の五第一項に規定する協議会において協議するものとする。

3 公立の小学校等の校長及び教員の任命権者は、指標を定め、又はこれを変更したときは、遅滞なく、これを公表するよう努めるものとする。

4 独立行政法人教職員支援機構は、指標を策定する者に対して、当該指標の策定に関する専門的な助言を行うものとする。

（教員研修計画）

第二十二条の四 公立の小学校等の校長及び教員の任命権者は、指標を踏まえ、当該校長及び教員の研修について、毎年度、体系的かつ効果的に実施するための計画（以下この条において「教員研修計画」という。）を定めるものとする。

2 教員研修計画においては、おおむね次に掲げる事項を定めるものとする。

一 任命権者が実施する第二十三条第一項に規定する初任者研修、第二十四条第一項に規定する中堅教諭等資質向上研修その他の研修（以下この項において「任命権者実施研修」という。）に関する基本的な方針

二 任命権者実施研修の体系に関する事項

三 任命権者実施研修の時期、方法及び施設に関する事項

四 研修を奨励するための方途に関する事項

五 前各号に掲げるもののほか、研修の実施に関し必要な事項として文部科学省令で定める事項

3 公立の小学校等の校長及び教員の任命権者は、教員研修計画を定め、又はこれを変更したときは、遅滞なく、これを公表するよう努めるものとする。

（協議会）

第二十二条の五 公立の小学校等の校長及び教員の任命権者は、指標の策定に関する協議並びに当該指標に基づく当該校長及び教員の資質の向上に関して必要な事項についての協議を行うための協議会（以下「協議会」という。）を組織するものとする。

2 協議会は、次に掲げる者をもって構成する。

一 指標を策定する任命権者

二 公立の小学校等の校長及び教員の研修に協力する大学その他の当該校長及び教員の資質の向上に関係する大学として文部科学省令で定める者

三 その他当該任命権者が必要と認める者

3 協議会において協議が調った事項については、協議会の構成員は、その協議の結果を尊重しなければならない。

4 前三項に定めるもののほか、協議会の運営に関し必要な事項は、協議会が定める。

（初任者研修）

第二十三条 公立の小学校等の教諭等の任命権者は、当該教諭等（臨時的に任用された者その他の政令で定める者を除く。）に対して、その採用（現に教諭等の職以外の職に任命されている者を教諭等の職に任命する場合を含む。附則第五条第一項において同じ。）の日から一年間の教諭又は保育教諭の職務の遂行に必要な事項に関する実践的な研修（以下「初任者研修」という。）を実施しなければならない。

2 任命権者は、初任者研修を受ける者（次項において「初任者」という。）の所属する学校の副校長、教頭、主幹教諭（養護又は栄養の指導及び管理をつかさどる主幹教諭を除く。）、指導教諭、教諭、主幹保育教諭、指導保育教諭、保育教諭又は講師のうちから、指導教員を命じるものとする。

3 指導教員は、初任者に対して教諭又は保育教諭の職務の遂行に必要な事項について指導及び助言を行うものとする。

（中堅教諭等資質向上研修）

第二十四条 公立の小学校等の教諭等（臨時的に任用された者その他の政令で定める者を除く。以下この項において同じ。）の任命権者は、当該教諭等に対して、個々の能力、適性等に応じて、公立の小学校等における教育に関し相当の経験を有し、その教育活動その他の学校運営の円滑かつ効果的な実施において中核的な役割を果たすことが期待される中堅教諭等としての職

務を遂行する上で必要とされる資質の向上を図るために必要な事項に関する研修（以下「中堅教諭等資質向上研修」という。）を実施しなければならない。

2　任命権者は、中堅教諭等資質向上研修を実施するに当たり、中堅教諭等資質向上研修を受ける者の能力、適性等について評価を行い、その結果に基づき、当該者ごとに中堅教諭等資質向上研修に関する計画書を作成しなければならない。

（指導改善研修）

第二十五条　公立の小学校等の教諭等の任命権者は、児童、生徒又は幼児（以下「児童等」という。）に対する指導が不適切であると認定した教諭等に対して、その能力、適性等に応じて、当該指導の改善を図るために必要な事項に関する研修（以下「指導改善研修」という。）を実施しなければならない。

2　指導改善研修の期間は、一年を超えてはならない。ただし、特に必要があると認めるときは、任命権者は、指導改善研修を開始した日から引き続き二年を超えない範囲内で、これを延長することができる。

3　任命権者は、指導改善研修を実施するに当たり、指導改善研修を受ける者の能力、適性等に応じて、その者ごとに指導改善研修に関する計画書を作成しなければならない。

4　任命権者は、指導改善研修の終了時において、指導改善研修を受けた者の児童等に対する指導の改善の程度に関する認定を行わなければならない。

5　任命権者は、第一項及び前項の認定に当たつては、教育委員会規則（幼保連携型認定こども園にあつては、地方公共団体の規則。次項において同じ。）で定めるところにより、教育学、医学、心理学その他の児童等に対する指導に関する専門的知識を有する者及び当該任命権者の属する都道府県又は市町村の区域内に居住する保護者（親権を行う者及び未成年後見人をいう。）である者の意見を聴かなければならない。

6　前項に定めるもののほか、事実の確認の方法その他第一項及び第四項の認定の手続に関し必要な事項は、教育委員会規則で定めるものとする。

7　前各項に規定するもののほか、指導改善研修の実施に関し必要な事項は、政令で定める。

（指導改善研修後の措置）

第二十五条の二　任命権者は、前条第四項の認定において指導の改善が不十分でなお児童等に対する指導を適切に行うことができないと認める教諭等に対して、免職その他の必要な措置を講ずるものとする。

地方公務員法

（懲戒）

第二十九条　職員が次の各号の一に該当する場合においては、これに対し懲戒処分として戒告、減給、停職

又は免職の処分をすることができる。

一　この法律若しくは第五十七条に規定する特例を定めた法律又はこれに基く条例、地方公共団体の規則若しくは地方公共団体の機関の定める規程に違反した場合

二　職務上の義務に違反し、又は職務を怠つた場合

三　全体の奉仕者たるにふさわしくない非行のあつた場合

2　職員が、任命権者の要請に応じ当該地方公共団体の特別職に属する地方公務員、他の地方公共団体若しくは特定地方独立行政法人の地方公務員、国家公務員又は地方公社（地方住宅供給公社、地方道路公社及び土地開発公社をいう。）その他その業務が地方公共団体若しくは国の事務若しくは事業と密接な関連を有する法人のうち条例で定めるものに使用される者（以下この項において「特別職地方公務員等」という。）となるため退職し、引き続き特別職地方公務員等として在職した後、引き続いて当該退職を前提として職員として採用された場合（一の特別職地方公務員等として在職した後、引き続き一以上の特別職地方公務員等として在職し、引き続いて当該退職を前提として職員として採用された場合を含む。）において、当該退職までの引き続く職員としての在職期間（当該退職前に同様の退職（以下この項において「先の退職」という。）、特別職地方公務員等としての在職及び職員としての採用がある場合には、当該先の退職までの引き続く職員としての在職期間を含む。次項において「要請に応じた退職前の在職期間」という。）中に前項各号のいずれかに該当したときは、これに対し同項に規定する懲戒処分を行うことができる。

3　職員が、第二十八条の四第一項又は第二十八条の五第一項の規定により採用された場合において、定年退職者等となつた日までの引き続く職員としての在職期間（要請に応じた退職前の在職期間を含む。）又はこれらの規定によりかつて採用されて職員として在職していた期間中に前項各号の一に該当したときは、これに対し同項に規定する懲戒処分を行うことができる。

4　職員の懲戒の手続及び効果は、法律に特別の定がある場合を除く外、条例で定めなければならない。

（服務の根本基準）

第三十条　すべて職員は、全体の奉仕者として公共の利益のために勤務し、且つ、職務の遂行に当つては、全力を挙げてこれに専念しなければならない。

（服務の宣誓）

第三十一条　職員は、条例の定めるところにより、服務の宣誓をしなければならない。

（法令等及び上司の職務上の命令に従う義務）

第三十二条　職員は、その職務を遂行するに当つて、法令、条例、地方公共団体の規則及び地方公共団体の機関の定める規程に従い、且つ、上司の職務上の命令

に忠実に従わなければならない。

（信用失墜行為の禁止）
第三十三条　職員は、その職の信用を傷つけ、又は職員の職全体の不名誉となるような行為をしてはならない。

（秘密を守る義務）
第三十四条　職員は、職務上知り得た秘密を漏らしてはならない。その職を退いた後も、また、同様とする。
2　法令による証人、鑑定人等となり、職務上の秘密に属する事項を発表する場合においては、任命権者（退職者については、その退職した又はこれに相当する職に係る任命権者）の許可を受けなければならない。
3　前項の許可は、法律に特別の定がある場合を除く外、拒むことができない。

（職務に専念する義務）
第三十五条　職員は、法律又は条例に特別の定がある場合を除く外、その勤務時間及び職務上の注意力のすべてをその職責遂行のために用い、当該地方公共団体がなすべき責を有する職務にのみ従事しなければならない。

（政治的行為の制限）
第三十六条　職員は、政党その他の政治的団体の結成に関与し、若しくはこれらの団体の役員となつてはならず、又はこれらの団体の構成員となるように、若しくはならないように勧誘運動をしてはならない。
2　職員は、特定の政党その他の政治的団体又は特定の内閣若しくは地方公共団体の執行機関を支持し、又はこれに反対する目的をもつて、あるいは公の選挙又は投票において特定の人又は事件を支持し、又はこれに反対する目的をもつて、次に掲げる政治的行為をしてはならない。ただし、当該職員の属する地方公共団体の区域（当該職員が都道府県の支庁若しくは地方事務所又は地方自治法第二百五十二条の十九第一項の指定都市の区若しくは総合区に勤務する者であるときは、当該支庁若しくは地方事務所又は区若しくは総合区の所管区域）外において、第一号から第三号まで及び第五号に掲げる政治的行為をすることができる。
一　公の選挙又は投票において投票をするように、又はしないように勧誘運動をすること。
二　署名運動を企画し、又は主宰する等これに積極的に関与すること。
三　寄附金その他の金品の募集に関与すること。
四　文書又は図画を地方公共団体又は特定地方独立行政法人の庁舎（特定地方独立行政法人にあつては、事務所。以下この号において同じ。）、施設等に掲示し、又は掲示させ、その他地方公共団体又は特定地方独立行政法人の庁舎、施設、資材又は資金を利用し、又は利用させること。
五　前各号に定めるものを除く外、条例で定める政治的行為

3　何人も前二項に規定する政治的行為を行うよう職員に求め、職員をそそのかし、若しくはあおつてはならず、又は職員が前二項に規定する政治的行為をなし、若しくはなさないことに対する代償若しくは報復として、任用、職務、給与その他職員の地位に関してなんらかの利益若しくは不利益を与え、与えようと企て、若しくは約束してはならない。
4　職員は、前項に規定する違法な行為に応じなかつたことの故をもつて不利益な取扱を受けることはない。
5　本条の規定は、職員の政治的中立性を保障することにより、地方公共団体の行政及び特定地方独立行政法人の業務の公正な運営を確保するとともに職員の利益を保護することを目的とするものであるという趣旨において解釈され、及び運用されなければならない。

（争議行為等の禁止）
第三十七条　職員は、地方公共団体の機関が代表する使用者としての住民に対して同盟罷業、怠業その他の争議行為をし、又は地方公共団体の機関の活動能率を低下させる怠業的行為をしてはならない。又、何人も、このような違法な行為を企て、又はその遂行を共謀し、そそのかし、若しくはあおつてはならない。
2　職員で前項の規定に違反する行為をしたものは、その行為の開始とともに、地方公共団体に対し、法令又は条例、地方公共団体の規則若しくは地方公共団体の機関の定める規程に基いて保有する任命上又は雇用上の権利をもつて対抗することができなくなるものとする。

（営利企業への従事等の制限）
第三十八条　職員は、任命権者の許可を受けなければ、商業、工業又は金融業その他営利を目的とする私企業（以下この項及び次条第一項において「営利企業」という。）を営むことを目的とする会社その他の団体の役員その他人事委員会規則（人事委員会を置かない地方公共団体においては、地方公共団体の規則）で定める地位を兼ね、若しくは自ら営利企業を営み、又は報酬を得ていかなる事業若しくは事務にも従事してはならない。
2　人事委員会は、人事委員会規則により前項の場合における任命権者の許可の基準を定めることができる。

第六節の二　退職管理

（再就職者による依頼等の規制）
第三十八条の二　職員（臨時的に任用された職員、条件付採用期間中の職員及び非常勤職員（第二十八条の五第一項に規定する短時間勤務の職を占める職員を除く。）を除く。以下この節、第六十条及び第六十三条において同じ。）であつた者であつて離職後に営利企業等（営利企業及び営利企業以外の法人（国、国際機関、地方公共団体、独立行政法人通則法（平成十一年法律第

百三号）第二条第四項に規定する行政執行法人及び特定地方独立行政法人を除く。）をいう。以下同じ。）の地位に就いている者（退職手当通算予定職員であつた者であつて引き続いて退職手当通算法人の地位に就いている者及び公益的法人等への一般職の地方公務員の派遣等に関する法律（平成十二年法律第五十号）第十条第二項に規定する退職派遣者を除く。以下「再就職者」という。）は、離職前五年間に在職していた地方公共団体の執行機関の組織（当該執行機関（当該執行機関の附属機関を含む。）の補助機関及び当該執行機関の管理に属する機関の総体をいう。第三十八条の七において同じ。）若しくは議会の事務局（事務局を置かない場合にあつては、これに準ずる組織。同条において同じ。）若しくは特定地方独立行政法人（以下「地方公共団体の執行機関の組織等」という。）の職員若しくは特定地方独立行政法人の役員（以下「役職員」という。）又はこれらに類する者として人事委員会規則（人事委員会を置かない地方公共団体においては、地方公共団体の規則。以下この条（第七項を除く。）、第三十八条の七、第六十条及び第六十四条において同じ。）で定めるものに対し、当該地方公共団体若しくは当該特定地方独立行政法人と当該営利企業等若しくはその子法人（国家公務員法（昭和二十二年法律第百二十号）第百六条の二第一項に規定する子法人の例を基準として人事委員会規則で定めるものをいう。以下同じ。）との間で締結される売買、貸借、請負その他の契約又は当該営利企業等若しくはその子法人に対して行われる行政手続法（平成五年法律第八十八号）第二条第二号に規定する処分に関する事務（以下「契約等事務」という。）であつて離職前五年間の職務に属するものに関し、離職後二年間、職務上の行為をするように、又はしないように要求し、又は依頼してはならない。

2　前項の「退職手当通算法人」とは、地方独立行政法人法第二条第一項に規定する地方独立行政法人その他その業務が地方公共団体又は国の事務又は事業と密接な関連を有する法人のうち人事委員会規則で定めるもの（退職手当（これに相当する給付を含む。）に関する規程において、職員が任命権者又はその委任を受けた者の要請に応じ、引き続いて当該法人の役員又は当該法人に使用される者となつた場合に、職員としての勤続期間を当該法人の役員又は当該法人に使用される者としての勤続期間に通算することと定められており、かつ、当該地方公共団体の条例において、当該法人の役員又は当該法人に使用される者として在職した後引き続いて再び職員となつた者の当該法人の役員又は当該法人に使用される者としての勤続期間を当該職員となつた者の職員としての勤続期間に通算することと定められている法人に限る。）をいう。

3　第一項の「退職手当通算予定職員」とは、任命権者又はその委任を受けた者の要請に応じ、引き続いて退職手当通算法人（前項に規定する退職手当通算法人をいう。以下同じ。）の役員又は退職手当通算法人に使

用される者となるため退職することとなる職員であつて、当該退職手当通算法人に在職した後、特別の事情がない限り引き続いて選考による採用が予定されている者のうち人事委員会規則で定めるものをいう。

4　第一項の規定によるもののほか、再就職者のうち、地方自治法第二百五十八条第一項に規定する普通地方公共団体の長の直近下位の内部組織の長又はこれに準ずる職であつて人事委員会規則で定めるものに離職した日の五年前の日より前に就いていた者は、当該職に就いていた時に在職していた地方公共団体の執行機関の組織等の役職員又はこれに類する者として人事委員会規則で定めるものに対し、契約等事務であつて離職した日の五年前の日より前の職務（当該職に就いていたときの職務に限る。）に属するものに関し、離職後二年間、職務上の行為をするように、又はしないように要求し、又は依頼してはならない。

5　第一項及び前項の規定によるもののほか、再就職者は、在職していた地方公共団体の執行機関の組織等の役職員又はこれに類する者として人事委員会規則で定めるものに対し、当該地方公共団体若しくは当該特定地方独立行政法人と営利企業等（当該再就職者が現にその地位に就いているものに限る。）若しくはその子法人との間の契約であつて当該地方公共団体若しくは当該特定地方独立行政法人においてその締結について自らが決定したもの又は当該地方公共団体若しくは当該特定地方独立行政法人による当該営利企業等若しくはその子法人に対する行政手続法第二条第二号に規定する処分であつて自らが決定したものに関し、職務上の行為をするように、又はしないように要求し、又は依頼してはならない。

6　第一項及び前二項の規定（第八項の規定に基づく条例が定められているときは、当該条例の規定を含む。）は、次に掲げる場合には適用しない。

一　試験、検査、検定その他の行政上の事務であつて、法律の規定に基づく行政庁による指定若しくは登録その他の処分（以下「指定等」という。）を受けた者が行う当該指定等に係るもの若しくは行政庁から委託を受けた者が行う当該委託に係るものを遂行するために必要な場合、又は地方公共団体若しくは国の事務若しくは事業と密接な関連を有する業務として人事委員会規則で定めるものを行うために必要な場合

二　行政庁に対する権利若しくは義務を定めている法令の規定若しくは地方公共団体若しくは特定地方独立行政法人との間で締結された契約に基づき、権利を行使し、若しくは義務を履行する場合、行政庁の処分により課された義務を履行する場合又はこれらに類する場合として人事委員会規則で定める場合

三　行政手続法第二条第三号に規定する申請又は同条第七号に規定する届出を行う場合

四　地方自治法第二百三十四条第一項に規定する一般競争入札若しくはせり売りの手続又は特定地方独立行政法人が公告して申込みをさせることによる競争の手

続に従い、売買、貸借、請負その他の契約を締結するために必要な場合

五　法令の規定により又は慣行として公にされ、又は公にすることが予定されている情報の提供を求める場合（一定の日以降に公にすることが予定されている情報を同日前に開示するよう求める場合を除く。）

六　再就職者が役職員（これに類する者を含む。以下この号において同じ。）に対し、契約等事務に関し、職務上の行為をするように、又はしないように要求し、又は依頼することにより公務の公正性の確保に支障が生じないと認められる場合として人事委員会規則で定める場合において、人事委員会規則で定める手続により任命権者の承認を得て、再就職者が当該承認に係る役職員に対し、当該承認に係る契約等事務に関し、職務上の行為をするように、又はしないように要求し、又は依頼する場合

7　職員は、前項各号に掲げる場合を除き、再就職者から第一項、第四項又は第五項の規定（次項の規定に基づく条例が定められているときは、当該条例の規定を含む。）により禁止される要求又は依頼を受けたとき（地方独立行政法人法第五十条の二において準用する第一項、第四項又は第五項の規定（同条において準用する次項の規定に基づく条例が定められているときは、当該条例の規定を含む。）により禁止される要求又は依頼を受けたときを含む。）は、人事委員会規則又は公平委員会規則で定めるところにより、人事委員会又は公平委員会にその旨を届け出なければならない。

8　地方公共団体は、その組織の規模その他の事情に照らして必要があると認めるときは、再就職者のうち、国家行政組織法（昭和二十三年法律第百二十号）第二十一条第一項に規定する部長又は課長の職に相当する職として人事委員会規則で定めるものに離職した日の五年前の日より前に就いていた者について、当該職に就いていた時に在職していた地方公共団体の執行機関の組織等の役職員又はこれに類する者として人事委員会規則で定めるものに対し、契約等事務であって離職した日の五年前の日より前のものに関し、離職後二年間、職務上の行為をするように、又はしないように要求し、又は依頼してはならないことを条例により定めることができる。

（違反行為の疑いに係る任命権者の報告）
第三十八条の三　任命権者は、職員又は職員であった者に前条の規定（同条第八項の規定に基づく条例が定められているときは、当該条例の規定を含む。）に違反する行為（以下「規制違反行為」という。）を行った疑いがあると思料するときは、その旨を人事委員会又は公平委員会に報告しなければならない。

（任命権者による調査）
第三十八条の四　任命権者は、職員又は職員であった者に規制違反行為を行った疑いがあると思料して当該規制違反行為に関して調査を行おうとするときは、人事委員会又は公平委員会にその旨を通知しなければならない。

2　人事委員会又は公平委員会は、任命権者が行う前項の調査の経過について、報告を求め、又は意見を述べることができる。

3　任命権者は、第一項の調査を終了したときは、遅滞なく、人事委員会又は公平委員会に対し、当該調査の結果を報告しなければならない。

（任命権者に対する調査の要求等）
第三十八条の五　人事委員会又は公平委員会は、第三十八条の二第七項の届出、第三十八条の三の報告又はその他の事由により職員又は職員であった者に規制違反行為を行った疑いがあると思料するときは、任命権者に対し、当該規制違反行為に関する調査を行うよう求めることができる。

2　前条第二項及び第三項の規定は、前項の規定により行われる調査について準用する。

（地方公共団体の講ずる措置）
第三十八条の六　地方公共団体は、国家公務員法中退職管理に関する規定の趣旨及び当該地方公共団体の職員の離職後の就職の状況を勘案し、退職管理の適正を確保するために必要と認められる措置を講ずるものとする。

2　地方公共団体は、第三十八条の二の規定の円滑な実施を図り、又は前項の規定による措置を講ずるため必要と認めるときは、条例で定めるところにより、職員であった者で条例で定めるものが、条例で定める法人の役員その他の地位であって条例で定めるものに就こうとする場合又は就いた場合には、離職後条例で定める期間、条例で定める事項を条例で定める者に届け出させることができる。

（廃置分合に係る特例）
第三十八条の七　職員であった者が在職していた地方公共団体（この条の規定により当該職員であった者が在職していた地方公共団体とみなされる地方公共団体を含む。）の廃置分合により当該職員であった者が在職していた地方公共団体（以下この条において「元在職団体」という。）の事務が他の地方公共団体に承継された場合には、当該他の地方公共団体を当該元在職団体と、当該他の地方公共団体の執行機関の組織若しくは議会の事務局で当該元在職団体の執行機関の組織若しくは議会の事務局に相当するものの職員又はこれに類する者として当該他の地方公共団体の人事委員会規則で定めるものを当該元在職団体の執行機関の組織若しくは議会の事務局の職員又はこれに類する者として当該元在職団体の人事委員会規則で定めるものと、それぞれみなして、第三十八条の二から前条までの規定（第

三十八条の二第八項の規定に基づく条例が定められているときは当該条例の規定を含み、これらの規定に係る罰則を含む。）並びに第六十条第四号から第八号まで及び第六十三条の規定を適用する。

第七節　研修

（研修）
第三十九条　職員には、その勤務能率の発揮及び増進のために、研修を受ける機会が与えられなければならない。

2　前項の研修は、任命権者が行うものとする。

3　地方公共団体は、研修の目標、研修に関する計画の指針となるべき事項その他研修に関する基本的な方針を定めるものとする。

4　人事委員会は、研修に関する計画の立案その他研修の方法について任命権者に勧告することができる。

（職員団体）
第五十二条　この法律において「職員団体」とは、職員がその勤務条件の維持改善を図ることを目的として組織する団体又はその連合体をいう。

2　前項の「職員」とは、第五項に規定する職員以外の職員をいう。

3　職員は、職員団体を結成し、若しくは結成せず、又はこれに加入し、若しくは加入しないことができる。ただし、重要な行政上の決定を行う職員、重要な行政上の決定に参画する管理的地位にある職員、職員の任免に関して直接の権限を持つ監督的地位にある職員、職員の任免、分限、懲戒若しくは服務、職員の給与その他の勤務条件又は職員団体との関係についての当局の計画及び方針に関する機密の事項に接し、そのためにその職務上の義務と責任とが職員団体の構成員としての誠意と責任とに直接に抵触すると認められる監督的地位にある職員その他職員団体との関係において当局の立場に立つて遂行すべき職務を担当する職員（以下「管理職員等」という。）と管理職員等以外の職員とは、同一の職員団体を組織することができず、管理職員等と管理職員等以外の職員とが組織する団体は、この法律にいう「職員団体」ではない。

4　前項ただし書に規定する管理職員等の範囲は、人事委員会規則又は公平委員会規則で定める。

5　警察職員及び消防職員は、職員の勤務条件の維持改善を図ることを目的とし、かつ、地方公共団体の当局と交渉する団体を結成し、又はこれに加入してはならない。

児童福祉法

第六条の三　この法律で、児童自立生活援助事業とは、次に掲げる者に対しこれらの者が共同生活を営むべき住居における相談その他の日常生活上の援助及び生活指導並びに就業の支援（以下「児童自立生活援助」という。）を行い、あわせて児童自立生活援助の実施を解除された者に対し相談その他の援助を行う事業をいう。

一　義務教育を終了した児童又は児童以外の満二十歳に満たない者であつて、措置解除者等（第二十七条第一項第三号に規定する措置（政令で定めるものに限る。）を解除された者その他政令で定める者をいう。次号において同じ。）であるもの（以下「満二十歳未満義務教育終了児童等」という。）

二　学校教育法第五十条に規定する高等学校の生徒、同法第八十三条に規定する大学の学生その他の厚生労働省令で定める者であつて、満二十歳に達した日から満二十二歳に達する日の属する年度の末日までの間にあるもの（満二十歳に達する日の前日において児童自立生活援助が行われていた満二十歳未満義務教育終了児童等であつたものに限る。）のうち、措置解除者等であるもの（以下「満二十歳以上義務教育終了児童等」という。）

2　この法律で、放課後児童健全育成事業とは、小学校に就学している児童であつて、その保護者が労働等により昼間家庭にいないものに、授業の終了後に児童厚生施設等の施設を利用して適切な遊び及び生活の場を与えて、その健全な育成を図る事業をいう。

3　この法律で、子育て短期支援事業とは、保護者の疾病その他の理由により家庭において養育を受けることが一時的に困難となつた児童について、厚生労働省令で定めるところにより、児童養護施設その他の厚生労働省令で定める施設に入所させ、その者につき必要な保護を行う事業をいう。

4　この法律で、乳児家庭全戸訪問事業とは、一の市町村の区域内における原則として全ての乳児のいる家庭を訪問することにより、厚生労働省令で定めるところにより、子育てに関する情報の提供並びに乳児及びその保護者の心身の状況及び養育環境の把握を行うほか、養育についての相談に応じ、助言その他の援助を行う事業をいう。

5　この法律で、養育支援訪問事業とは、厚生労働省令で定めるところにより、乳児家庭全戸訪問事業の実施その他により把握した保護者の養育を支援することが特に必要と認められる児童（第八項に規定する要保護児童に該当するものを除く。以下「要支援児童」という。）若しくは保護者に監護させることが不適当であると認められる児童及びその保護者又は出産後の養育について出産前において支援を行うことが特に必要と認められる妊婦（以下「特定妊婦」という。）（以下「要支援児童等」という。）に対し、その養育が適切に行われるよう、当該要支援児童等の居宅において、養育に関する相談、指導、助言その他必要な支援を行う事業をいう。

6　この法律で、地域子育て支援拠点事業とは、厚生労働省令で定めるところにより、乳児又は幼児及びその保護者が相互の交流を行う場所を開設し、子育てに

ついての相談、情報の提供、助言その他の援助を行う事業をいう。

7　この法律で、一時預かり事業とは、家庭において保育（養護及び教育（第三十九条の二第一項に規定する満三歳以上の幼児に対する教育を除く。）を行うことをいう。以下同じ。）を受けることが一時的に困難となつた乳児又は幼児について、厚生労働省令で定めるところにより、主として昼間において、保育所、認定こども園（就学前の子どもに関する教育、保育等の総合的な提供の推進に関する法律（平成十八年法律第七十七号。以下「認定こども園法」という。）第二条第六項に規定する認定こども園をいい、保育所であるものを除く。第二十四条第二項を除き、以下同じ。）その他の場所において、一時的に預かり、必要な保護を行う事業をいう。

8　この法律で、小規模住居型児童養育事業とは、第二十七条第一項第三号の措置に係る児童について、厚生労働省令で定めるところにより、保護者のない児童又は保護者に監護させることが不適当であると認められる児童（以下「要保護児童」という。）の養育に関し相当の経験を有する者その他の厚生労働省令で定める者（次条に規定する里親を除く。）の住居において養育を行う事業をいう。

9　この法律で、家庭的保育事業とは、次に掲げる事業をいう。

一　子ども・子育て支援法（平成二十四年法律第六十五号）第十九条第一項第二号の内閣府令で定める事由により家庭において必要な保育を受けることが困難である乳児又は幼児（以下「保育を必要とする乳児・幼児」という。）であつて満三歳未満のものについて、家庭的保育者（市町村長（特別区の区長を含む。以下同じ。）が行う研修を修了した保育士その他の厚生労働省令で定める者であつて、当該保育を必要とする乳児・幼児の保育を行う者として市町村長が適当と認めるものをいう。以下同じ。）の居宅その他の場所（当該保育を必要とする乳児・幼児の居宅を除く。）において、家庭的保育者による保育を行う事業（利用定員が五人以下であるものに限る。次号において同じ。）

二　満三歳以上の幼児に係る保育の体制の整備の状況その他の地域の事情を勘案して、保育が必要と認められる児童であつて満三歳以上のものについて、家庭的保育者の居宅その他の場所（当該保育が必要と認められる児童の居宅を除く。）において、家庭的保育者による保育を行う事業

10　この法律で、小規模保育事業とは、次に掲げる事業をいう。

一　保育を必要とする乳児・幼児であつて満三歳未満のものについて、当該保育を必要とする乳児・幼児を保育することを目的とする施設（利用定員が六人以上十九人以下であるものに限る。）において、保育を行う事業

二　満三歳以上の幼児に係る保育の体制の整備の状況

その他の地域の事情を勘案して、保育が必要と認められる児童であつて満三歳以上のものについて、前号に規定する施設において、保育を行う事業

11　この法律で、居宅訪問型保育事業とは、次に掲げる事業をいう。

一　保育を必要とする乳児・幼児であつて満三歳未満のものについて、当該保育を必要とする乳児・幼児の居宅において家庭的保育者による保育を行う事業

二　満三歳以上の幼児に係る保育の体制の整備の状況その他の地域の事情を勘案して、保育が必要と認められる児童であつて満三歳以上のものについて、当該保育が必要と認められる児童の居宅において家庭的保育者による保育を行う事業

12　この法律で、事業所内保育事業とは、次に掲げる事業をいう。

一　保育を必要とする乳児・幼児であつて満三歳未満のものについて、次に掲げる施設において、保育を行う事業

イ　事業主がその雇用する労働者の監護する乳児若しくは幼児及びその他の乳児若しくは幼児を保育するために自ら設置する施設又は事業主から委託を受けて当該事業主が雇用する労働者の監護する乳児若しくは幼児及びその他の乳児若しくは幼児の保育を実施する施設

ロ　事業主団体がその構成員である事業主の雇用する労働者の監護する乳児若しくは幼児及びその他の乳児若しくは幼児を保育するために自ら設置する施設又は事業主団体から委託を受けてその構成員である事業主の雇用する労働者の監護する乳児若しくは幼児及びその他の乳児若しくは幼児の保育を実施する施設

ハ　地方公務員等共済組合法（昭和三十七年法律第百五十二号）の規定に基づく共済組合その他の厚生労働省令で定める組合（以下ハにおいて「共済組合等」という。）が当該共済組合等の構成員として厚生労働省令で定める者（以下ハにおいて「共済組合等の構成員」という。）の監護する乳児若しくは幼児及びその他の乳児若しくは幼児を保育するために自ら設置する施設又は共済組合等から委託を受けて当該共済組合等の構成員の監護する乳児若しくは幼児及びその他の乳児若しくは幼児の保育を実施する施設

二　満三歳以上の幼児に係る保育の体制の整備の状況その他の地域の事情を勘案して、保育が必要と認められる児童であつて満三歳以上のものについて、前号に規定する施設において、保育を行う事業

13　この法律で、病児保育事業とは、保育を必要とする乳児・幼児又は保護者の労働若しくは疾病その他の事由により家庭において保育を受けることが困難となつた小学校に就学している児童であつて、疾病にかかつているものについて、保育所、認定こども園、病院、診療所その他厚生労働省令で定める施設において、保育を行う事業をいう。

14　この法律で、子育て援助活動支援事業とは、厚生労働省令で定めるところにより、次に掲げる援助のい

ずれか又は全てを受けることを希望する者と当該援助
を行うことを希望する者（個人に限る。以下この項に
おいて「援助希望者」という。）との連絡及び調整並び
に援助希望者への講習の実施その他の必要な支援を行
う事業をいう。
一　児童を一時的に預かり、必要な保護（宿泊を伴つ
て行うものを含む。）を行うこと。
二　児童が円滑に外出することができるよう、その移
動を支援すること。

第二十一条の九　市町村は、児童の健全な育成に資す
るため、その区域内において、放課後児童健全育成事業、
子育て短期支援事業、乳児家庭全戸訪問事業、養育支
援訪問事業、地域子育て支援拠点事業、一時預かり事業、
病児保育事業及び子育て援助活動支援事業並びに次に
掲げる事業であつて主務省令で定めるもの（以下「子
育て支援事業」という。）が着実に実施されるよう、必
要な措置の実施に努めなければならない。
一　児童及びその保護者又はその他の者の居宅におい
て保護者の児童の養育を支援する事業
二　保育所その他の施設において保護者の児童の養育
を支援する事業
三　地域の児童の養育に関する各般の問題につき、保
護者からの相談に応じ、必要な情報の提供及び助言を
行う事業

第二十一条の十　市町村は、児童の健全な育成に資す
るため、地域の実情に応じた放課後児童健全育成事業
を行うとともに、当該市町村以外の放課後児童健全育
成事業を行う者との連携を図る等により、第六条の三
第二項に規定する児童の放課後児童健全育成事業の利
用の促進に努めなければならない。

第二十一条の十の二　市町村は、児童の健全な育成に
資するため、乳児家庭全戸訪問事業及び養育支援訪問
事業を行うよう努めるとともに、乳児家庭全戸訪問事
業により要支援児童等（特定妊婦を除く。）を把握した
とき又は当該市町村の長が第二十六条第一項第三号の
規定による送致若しくは同項第八号の規定による通知
若しくは児童虐待の防止等に関する法律（平成十二年
法律第八十二号）第八条第二項第二号の規定による送
致若しくは同項第四号の規定による通知を受けたとき
は、養育支援訪問事業の実施その他の必要な支援を行
うものとする。
2　市町村は、母子保健法（昭和四十年法律第百四十一
号）第十条、第十一条第一項若しくは第二項（同法第
十九条第二項において準用する場合を含む。）、第十七
条第一項又は第十九条第一項の指導に併せて、乳児家
庭全戸訪問事業を行うことができる。
3　市町村は、乳児家庭全戸訪問事業又は養育支援訪
問事業の事務の全部又は一部を当該市町村以外の厚生
労働省令で定める者に委託することができる。

4　前項の規定により行われる乳児家庭全戸訪問事業
又は養育支援訪問事業の事務に従事する者又は従事し
ていた者は、その事務に関して知り得た秘密を漏らし
てはならない。

第二十一条の十の三　市町村は、乳児家庭全戸訪問事
業又は養育支援訪問事業の実施に当たつては、母子保
健法に基づく母子保健に関する事業との連携及び調和
の確保に努めなければならない。

第二十一条の十の四　都道府県知事は、母子保健法に
基づく母子保健に関する事業又は事務の実施に際して
要支援児童等と思われる者を把握したときは、これを
当該者の現在地の市町村長に通知するものとする。

第二十一条の十の五　病院、診療所、児童福祉施設、
学校その他児童又は妊産婦の医療、福祉又は教育に関
する機関及び医師、看護師、児童福祉施設の職員、学
校の教職員その他児童又は妊産婦の医療、福祉又は教
育に関連する職務に従事する者は、要支援児童等と思
われる者を把握したときは、当該者の情報をその現在
地の市町村に提供するよう努めなければならない。
2　刑法の秘密漏示罪の規定その他の守秘義務に関す
る法律の規定は、前項の規定による情報の提供をする
ことを妨げるものと解釈してはならない。

第二十一条の十一　市町村は、子育て支援事業に関し
必要な情報の収集及び提供を行うとともに、保護者か
ら求めがあつたときは、当該保護者の希望、その児童
の養育の状況、当該児童に必要な支援の内容その他の
事情を勘案し、当該保護者が最も適切な子育て支援事
業の利用ができるよう、相談に応じ、必要な助言を行
うものとする。
2　市町村は、前項の助言を受けた保護者から求めが
あつた場合には、必要に応じて、子育て支援事業の利
用についてあつせん又は調整を行うとともに、子育て
支援事業を行う者に対し、当該保護者の利用の要請を
行うものとする。
3　市町村は、第一項の情報の収集及び提供、相談並
びに助言並びに前項のあつせん、調整及び要請の事務
を当該市町村以外の者に委託することができる。
4　子育て支援事業を行う者は、前三項の規定により
行われる情報の収集、あつせん、調整及び要請に対し、
できる限り協力しなければならない。

第三十四条　何人も、次に掲げる行為をしてはならない。
一　身体に障害又は形態上の異常がある児童を公衆の
観覧に供する行為
二　児童にこじきをさせ、又は児童を利用してこじき
をする行為
三　公衆の娯楽を目的として、満十五歳に満たない児
童にかるわざ又は曲馬をさせる行為

四　満十五歳に満たない児童に戸々について、又は道路その他これに準ずる場所で歌謡、遊芸その他の演技を業務としてさせる行為

四の二　児童に午後十時から午前三時までの間、戸々について、又は道路その他これに準ずる場所で物品の販売、配布、展示若しくは拾集又は役務の提供を業務としてさせる行為

四の三　戸々について、又は道路その他これに準ずる場所で物品の販売、配布、展示若しくは拾集又は役務の提供を業務として行う満十五歳に満たない児童を、当該業務を行うために、風俗営業等の規制及び業務の適正化等に関する法律（昭和二十三年法律第百二十二号）第二条第四項の接待飲食等営業、同条第六項の店舗型性風俗特殊営業及び同条第九項の店舗型電話異性紹介営業に該当する営業を営む場所に立ち入らせる行為

五　満十五歳に満たない児童に酒席に侍する行為を業務としてさせる行為

六　児童に淫行をさせる行為

七　前各号に掲げる行為をするおそれのある者その他児童に対し、刑罰法令に触れる行為をなすおそれのある者に、情を知つて、児童を引き渡す行為及び当該引渡し行為のなされるおそれがあるの情を知つて、他人に児童を引き渡す行為

八　成人及び児童のための正当な職業紹介の機関以外の者が、営利を目的として、児童の養育をあつせんする行為

九　児童の心身に有害な影響を与える行為をさせる目的をもつて、これを自己の支配下に置く行為

2　児童養護施設、障害児入所施設、児童発達支援センター又は児童自立支援施設においては、それぞれ第四十一条から第四十三条まで及び第四十四条に規定する目的に反して、入所した児童を酷使してはならない。

第三十四条の二　この法律に定めるもののほか、福祉の保障に関し必要な事項は、政令でこれを定める。

第三章　事業、養育里親及び養子縁組里親並びに施設

第三十四条の三　都道府県は、障害児通所支援事業又は障害児相談支援事業（以下「障害児通所支援事業等」という。）を行うことができる。

2　国及び都道府県以外の者は、厚生労働省令で定めるところにより、あらかじめ、厚生労働省令で定める事項を都道府県知事に届け出て、障害児通所支援事業等を行うことができる。

3　国及び都道府県以外の者は、前項の規定により届け出た事項に変更が生じたときは、変更の日から一月以内に、その旨を都道府県知事に届け出なければならない。

4　国及び都道府県以外の者は、障害児通所支援事業等を廃止し、又は休止しようとするときは、あらかじめ、厚生労働省令で定める事項を都道府県知事に届け出な

ければならない。

第三十四条の四　国及び都道府県以外の者は、厚生労働省令の定めるところにより、あらかじめ、厚生労働省令で定める事項を都道府県知事に届け出て、児童自立生活援助事業又は小規模住居型児童養育事業を行うことができる。

2　国及び都道府県以外の者は、前項の規定により届け出た事項に変更を生じたときは、変更の日から一月以内に、その旨を都道府県知事に届け出なければならない。

3　国及び都道府県以外の者は、児童自立生活援助事業又は小規模住居型児童養育事業を廃止し、又は休止しようとするときは、あらかじめ、厚生労働省令で定める事項を都道府県知事に届け出なければならない。

第三十四条の五　都道府県知事は、児童の福祉のために必要があると認めるときは、障害児通所支援事業等、児童自立生活援助事業若しくは小規模住居型児童養育事業を行う者に対して、必要と認める事項の報告を求め、又は当該職員に、関係者に対して質問させ、若しくはその事務所若しくは施設に立ち入り、設備、帳簿書類その他の物件を検査させることができる。

2　第十八条の十六第二項及び第三項の規定は、前項の場合について準用する。

第三十四条の六　都道府県知事は、障害児通所支援事業等、児童自立生活援助事業又は小規模住居型児童養育事業を行う者が、この法律若しくはこれに基づく命令若しくはこれらに基づいてする処分に違反したとき、その事業に関し不当に営利を図り、若しくはその事業に係る児童の処遇につき不当な行為をしたとき、又は障害児通所支援事業者が第二十一条の七の規定に違反したときは、その者に対し、その事業の制限又は停止を命ずることができる。

第三十四条の七　障害者等相談支援事業、小規模住居型児童養育事業又は児童自立生活援助事業を行う者は、第二十六条第一項第二号、第二十七条第一項第二号若しくは第三号又は第三十三条の六第一項（同条第六項において準用する場合を含む。）の規定による委託を受けたときは、正当な理由がない限り、これを拒んではならない。

第三十四条の八　市町村は、放課後児童健全育成事業を行うことができる。

2　国、都道府県及び市町村以外の者は、厚生労働省令で定めるところにより、あらかじめ、厚生労働省令で定める事項を市町村長に届け出て、放課後児童健全育成事業を行うことができる。

3　国、都道府県及び市町村以外の者は、前項の規定により届け出た事項に変更を生じたときは、変更の日

から一月以内に、その旨を市町村長に届け出なければならない。

4　国、都道府県及び市町村以外の者は、放課後児童健全育成事業を廃止し、又は休止しようとするときは、あらかじめ、厚生労働省令で定める事項を市町村長に届け出なければならない。

第三十四条の八の二　市町村は、放課後児童健全育成事業の設備及び運営について、条例で基準を定めなければならない。この場合において、その基準は、児童の身体的、精神的及び社会的な発達のために必要な水準を確保するものでなければならない。

2　市町村が前項の条例を定めるに当たつては、放課後児童健全育成事業に従事する者及びその員数については厚生労働省令で定める基準に従い定めるものとし、その他の事項については厚生労働省令で定める基準を参酌するものとする。

3　放課後児童健全育成事業を行う者は、第一項の基準を遵守しなければならない。

第三十四条の八の三　市町村長は、前条第一項の基準を維持するため、放課後児童健全育成事業を行う者に対して、必要と認める事項の報告を求め、又は当該職員に、関係者に対して質問させ、若しくはその事業を行う場所に立ち入り、設備、帳簿書類その他の物件を検査させることができる。

2　第十八条の十六第二項及び第三項の規定は、前項の場合について準用する。

3　市町村長は、放課後児童健全育成事業が前条第一項の基準に適合しないと認められるに至つたときは、その事業を行う者に対し、当該基準に適合するために必要な措置を採るべき旨を命ずることができる。

4　市町村長は、放課後児童健全育成事業を行う者が、この法律若しくはこれに基づく命令若しくはこれらに基づいてする処分に違反したとき、又はその事業に関し不当に営利を図り、若しくはその事業に係る児童の処遇につき不当な行為をしたときは、その者に対し、その事業の制限又は停止を命ずることができる。

第三十四条の九　市町村は、厚生労働省令で定めるところにより、子育て短期支援事業を行うことができる。

第三十四条の十　市町村は、第二十一条の十の二第一項の規定により乳児家庭全戸訪問事業又は養育支援訪問事業を行う場合には、社会福祉法の定めるところにより行うものとする。

第三十四条の十一　市町村、社会福祉法人その他の者は、社会福祉法の定めるところにより、地域子育て支援拠点事業を行うことができる。

2　地域子育て支援拠点事業に従事する者は、その職務を遂行するに当たつては、個人の身上に関する秘密を守らなければならない。

第三十四条の十二　市町村、社会福祉法人その他の者は、厚生労働省令の定めるところにより、あらかじめ、厚生労働省令で定める事項を都道府県知事に届け出て、一時預かり事業を行うことができる。

2　市町村、社会福祉法人その他の者は、前項の規定により届け出た事項に変更を生じたときは、変更の日から一月以内に、その旨を都道府県知事に届け出なければならない。

3　市町村、社会福祉法人その他の者は、一時預かり事業を廃止し、又は休止しようとするときは、あらかじめ、厚生労働省令で定める事項を都道府県知事に届け出なければならない。

第三十四条の十三　一時預かり事業を行う者は、その事業を実施するために必要なものとして厚生労働省令で定める基準を遵守しなければならない。

第三十四条の十四　都道府県知事は、前条の基準を維持するため、一時預かり事業を行う者に対して、必要と認める事項の報告を求め、又は当該職員に、関係者に対して質問させ、若しくはその事業を行う場所に立ち入り、設備、帳簿書類その他の物件を検査させることができる。

2　第十八条の十六第二項及び第三項の規定は、前項の場合について準用する。

3　都道府県知事は、一時預かり事業が前条の基準に適合しないと認められるに至つたときは、その事業を行う者に対し、当該基準に適合するために必要な措置を採るべき旨を命ずることができる。

4　都道府県知事は、一時預かり事業を行う者が、この法律若しくはこれに基づく命令若しくはこれらに基づいてする処分に違反したとき、又はその事業に関し不当に営利を図り、若しくはその事業に係る乳児若しくは幼児の処遇につき不当な行為をしたときは、その者に対し、その事業の制限又は停止を命ずることができる。

第三十四条の十五　市町村は、家庭的保育事業等を行うことができる。

2　国、都道府県及び市町村以外の者は、厚生労働省令の定めるところにより、市町村長の認可を得て、家庭的保育事業等を行うことができる。

3　市町村長は、家庭的保育事業等に関する前項の認可の申請があつたときは、次条第一項の条例で定める基準に適合するかどうかを審査するほか、次に掲げる基準（当該認可の申請をした者が社会福祉法人又は学校法人である場合にあつては、第四号に掲げる基準に限る。）によつて、その申請を審査しなければならない。

一　当該家庭的保育事業等を行うために必要な経済的基礎があること。

二　当該家庭的保育事業等を行う者（その者が法人である場合にあつては、経営担当役員（業務を執行する社員、取締役、執行役又はこれらに準ずる者をいう。第三十五条第五項第二号において同じ。）とする。）が社会的信望を有すること。

三　実務を担当する幹部職員が社会福祉事業に関する知識又は経験を有すること。

四　次のいずれにも該当しないこと。

イ　申請者が、禁錮以上の刑に処せられ、その執行を終わり、又は執行を受けることがなくなるまでの者であるとき。

ロ　申請者が、この法律その他国民の福祉に関する法律で政令で定めるものの規定により罰金の刑に処せられ、その執行を終わり、又は執行を受けることがなくなるまでの者であるとき。

ハ　申請者が、労働に関する法律の規定であつて政令で定めるものにより罰金の刑に処せられ、その執行を終わり、又は執行を受けることがなくなるまでの者であるとき。

ニ　申請者が、第五十八条第二項の規定により認可を取り消され、その取消しの日から起算して五年を経過しない（当該認可を取り消された者が法人である場合においては、当該取消しの処分に係る行政手続法第十五条の規定による通知があつた日前六十日以内に当該法人の役員（業務を執行する社員、取締役、執行役又はこれらに準ずる者をいい、相談役、顧問その他いかなる名称を有する者であるかを問わず、法人に対し業務を執行する社員、取締役、執行役又はこれらに準ずる者と同等以上の支配力を有するものと認められる者を含む。ホにおいて同じ。）又はその事業を管理する者その他の政令で定める使用人（以下この号及び第三十五条第五項第四号において「役員等」という。）であつた者で当該取消しの日から起算して五年を経過しないものを含み、当該認可を取り消された者が法人でない場合においては、当該通知があつた日前六十日以内に当該事業を行う者の管理者であつた者で当該取消しの日から起算して五年を経過しないものを含む。）であるとき。ただし、当該認可の取消しが、家庭的保育事業等の認可の取消しのうち当該認可の取消しの処分の理由となつた事実及び当該事実の発生を防止するための当該家庭的保育事業等を行う者による業務管理体制の整備についての取組の状況その他の当該事実に関して当該家庭的保育事業等を行う者が有していた責任の程度を考慮して、ニ本文に規定する認可の取消しに該当しないこととすることが相当であると認められるものとして厚生労働省令で定めるものに該当する場合を除く。

ホ　申請者と密接な関係を有する者（申請者（法人に限る。以下ホにおいて同じ。）の役員に占めるその役員の割合が二分の一を超え、若しくは当該申請者の株式の所有その他の事由を通じて当該申請者の事業を実質的に支配し、若しくはその事業に重要な影響を与える

関係にある者として厚生労働省令で定めるもの（以下ホにおいて「申請者の親会社等」という。）、申請者の親会社等の役員と同一の者がその役員に占める割合が二分の一を超え、若しくは申請者の親会社等が株式の所有その他の事由を通じてその事業を実質的に支配し、若しくはその事業に重要な影響を与える関係にある者として厚生労働省令で定めるもの又は当該申請者の役員と同一の者がその役員に占める割合が二分の一を超え、若しくは当該申請者が株式の所有その他の事由を通じてその事業を実質的に支配し、若しくはその事業に重要な影響を与える関係にある者として厚生労働省令で定めるもののうち、当該申請者と厚生労働省令で定める密接な関係を有する法人をいう。第三十五条第五項第四号ホにおいて同じ。）が、第五十八条第二項の規定により認可を取り消され、その取消しの日から起算して五年を経過していないとき。ただし、当該認可の取消しが、家庭的保育事業等の認可の取消しのうち当該認可の取消しの処分の理由となつた事実及び当該事実の発生を防止するための当該家庭的保育事業等を行う者による業務管理体制の整備についての取組の状況その他の当該事実に関して当該家庭的保育事業等を行う者が有していた責任の程度を考慮して、ホ本文に規定する認可の取消しに該当しないこととすることが相当であると認められるものとして厚生労働省令で定めるものに該当する場合を除く。

ヘ　申請者が、第五十八条第二項の規定による認可の取消しの処分に係る行政手続法第十五条の規定による通知があつた日から当該処分をする日又は処分をしないことを決定する日までの間に第七項の規定による事業の廃止をした者（当該廃止について相当の理由がある者を除く。）で、当該事業の廃止の承認の日から起算して五年を経過しないものであるとき。

ト　申請者が、第三十四条の十七第一項の規定による検査が行われた日から聴聞決定予定日（当該検査の結果に基づき第五十八条第二項の規定による認可の取消しの処分に係る聴聞を行うか否かの決定をすることが見込まれる日として厚生労働省令で定めるところにより市町村長が当該申請者に当該検査が行われた日から十日以内に特定の日を通知した場合における当該特定の日をいう。）までの間に第七項の規定による事業の廃止をした者（当該廃止について相当の理由がある者を除く。）で、当該事業の廃止の承認の日から起算して五年を経過しないものであるとき。

チ　ヘに規定する期間内に第七項の規定による事業の廃止の承認の申請があつた場合において、申請者が、ヘの通知の日前六十日以内に当該申請に係る法人（当該事業の廃止について相当の理由がある法人を除く。）の役員等又は当該申請に係る法人でない事業を行う者（当該事業の廃止について相当の理由があるものを除く。）の管理者であつた者で、当該事業の廃止の承認の日から起算して五年を経過しないものであるとき。

リ　申請者が、認可の申請前五年以内に保育に関し不

正又は著しく不当な行為をした者であるとき。

ヌ　申請者が、法人で、その役員等のうちにイからニまで又はヘからリまでのいずれかに該当する者のあるものであるとき。

ル　申請者が、法人でない者で、その管理者がイからニまで又はヘからリまでのいずれかに該当する者であるとき。

4　市町村長は、第二項の認可をしようとするときは、あらかじめ、市町村児童福祉審議会を設置している場合にあつてはその意見を、その他の場合にあつては児童の保護者その他児童福祉に係る当事者の意見を聴かなければならない。

5　市町村長は、第三項に基づく審査の結果、その申請が次条第一項の条例で定める基準に適合しており、かつ、その事業を行う者が第三項各号に掲げる基準（その者が社会福祉法人又は学校法人である場合にあつては、同項第四号に掲げる基準に限る。）に該当すると認めるときは、第二項の認可をするものとする。ただし、市町村長は、当該申請に係る家庭的保育事業等の所在地を含む教育・保育提供区域（子ども・子育て支援法第六十一条第二項第一号の規定により当該市町村が定める教育・保育提供区域とする。以下この項において同じ。）における特定地域型保育事業所（同法第二十九条第三項第一号に規定する特定地域型保育事業所をいい、事業所内保育事業における同法第四十三条第一項に規定する労働者等の監護する小学校就学前子どもに係る部分を除く。以下この項において同じ。）の利用定員の総数（同法第十九条第一項第三号に掲げる小学校就学前子どもの区分に係るものに限る。）が、同法第六十一条第一項の規定により当該市町村が定める市町村子ども・子育て支援事業計画において定める当該教育・保育提供区域の特定地域型保育事業所に係る必要利用定員総数（同法第十九条第一項第三号に掲げる小学校就学前子どもの区分に係るものに限る。）に既に達しているか、又は当該申請に係る家庭的保育事業等の開始によつてこれを超えることになると認めるとき、その他の当該市町村子ども・子育て支援事業計画の達成に支障を生ずるおそれがある場合として厚生労働省令で定める場合に該当すると認めるときは、第二項の認可をしないことができる。

6　市町村長は、家庭的保育事業等に関する第二項の申請に係る認可をしないときは、速やかにその旨及び理由を通知しなければならない。

7　国、都道府県及び市町村以外の者は、家庭的保育事業等を廃止し、又は休止しようとするときは、厚生労働省令の定めるところにより、市町村長の承認を受けなければならない。

第三十四条の十六　市町村は、家庭的保育事業等の設備及び運営について、条例で基準を定めなければならない。この場合において、その基準は、児童の身体的、精神的及び社会的な発達のために必要な保育の水準を確保するものでなければならない。

2　市町村が前項の条例を定めるに当たつては、次に掲げる事項については厚生労働省令で定める基準に従い定めるものとし、その他の事項については厚生労働省令で定める基準を参酌するものとする。

一　家庭的保育事業等に従事する者及びその員数

二　家庭的保育事業等の運営に関する事項であつて、児童の適切な処遇の確保及び秘密の保持並びに児童の健全な発達に密接に関連するものとして厚生労働省令で定めるもの

3　家庭的保育事業等を行う者は、第一項の基準を遵守しなければならない。

第三十四条の十七　市町村長は、前条第一項の基準を維持するため、家庭的保育事業等を行う者に対して、必要と認める事項の報告を求め、又は当該職員に、関係者に対して質問させ、若しくは家庭的保育事業等を行う場所に立ち入り、設備、帳簿書類その他の物件を検査させることができる。

2　第十八条の十六第二項及び第三項の規定は、前項の場合について準用する。

3　市町村長は、家庭的保育事業等が前条第一項の基準に適合しないと認められるに至つたときは、その事業を行う者に対し、当該基準に適合するために必要な措置を採るべき旨を勧告し、又はその事業を行う者がその勧告に従わず、かつ、児童福祉に有害であると認められるときは、必要な改善を命ずることができる。

4　市町村長は、家庭的保育事業等が、前条第一項の基準に適合せず、かつ、児童福祉に著しく有害であると認められるときは、その事業を行う者に対し、その事業の制限又は停止を命ずることができる。

第三十四条の十八　国及び都道府県以外の者は、厚生労働省令で定めるところにより、あらかじめ、厚生労働省令で定める事項を都道府県知事に届け出て、病児保育事業を行うことができる。

2　国及び都道府県以外の者は、前項の規定により届け出た事項に変更を生じたときは、変更の日から一月以内に、その旨を都道府県知事に届け出なければならない。

3　国及び都道府県以外の者は、病児保育事業を廃止し、又は休止しようとするときは、あらかじめ、厚生労働省令で定める事項を都道府県知事に届け出なければならない。

第三十四条の十八の二　都道府県知事は、児童の福祉のために必要があると認めるときは、病児保育事業を行う者に対して、必要と認める事項の報告を求め、又は当該職員に、関係者に対して質問させ、若しくはその事業を行う場所に立ち入り、設備、帳簿書類その他の物件を検査させることができる。

2　第十八条の十六第二項及び第三項の規定は、前項

の場合について準用する。

3　都道府県知事は、病児保育事業を行う者が、この法律若しくはこれに基づく命令若しくはこれらに基づいてする処分に違反したとき、又はその事業に関し不当に営利を図り、若しくはその事業に係る児童の処遇につき不当な行為をしたときは、その者に対し、その事業の制限又は停止を命ずることができる。

第三十四条の十八の三　国及び都道府県以外の者は、社会福祉法の定めるところにより、子育て援助活動支援事業を行うことができる。
2　子育て援助活動支援事業に従事する者は、その職務を遂行するに当たつては、個人の身上に関する秘密を守らなければならない。

第三十四条の十九　都道府県知事は、第二十七条第一項第三号の規定により児童を委託するため、厚生労働省令で定めるところにより、養育里親名簿及び養子縁組里親名簿を作成しておかなければならない。

第三十四条の二十　本人又はその同居人が次の各号（同居人にあつては、第一号を除く。）のいずれかに該当する者は、養育里親及び養子縁組里親となることができない。
一　成年被後見人又は被保佐人
二　禁錮以上の刑に処せられ、その執行を終わり、又は執行を受けることがなくなるまでの者
三　この法律、児童買春、児童ポルノに係る行為等の規制及び処罰並びに児童の保護等に関する法律（平成十一年法律第五十二号）その他国民の福祉に関する法律で政令で定めるものの規定により罰金の刑に処せられ、その執行を終わり、又は執行を受けることがなくなるまでの者
四　児童虐待の防止等に関する法律第二条に規定する児童虐待又は被措置児童等虐待を行つた者その他児童の福祉に関し著しく不適当な行為をした者
2　都道府県知事は、養育里親若しくは養子縁組里親又はその同居人が前項各号（同居人にあつては、同項第一号を除く。）のいずれかに該当するに至つたときは、当該養育里親又は養子縁組里親を直ちに養育里親名簿又は養子縁組里親名簿から抹消しなければならない。

第三十四条の二十一　この法律に定めるもののほか、養育里親名簿又は養子縁組里親名簿の登録のための手続その他養育里親又は養子縁組里親に関し必要な事項は、厚生労働省令で定める。

障害者基本法

（目的）
第一条　この法律は、全ての国民が、障害の有無にかかわらず、等しく基本的人権を享有するかけがえのない個人として尊重されるものであるとの理念にのつとり、全ての国民が、障害の有無によつて分け隔てられることなく、相互に人格と個性を尊重し合いながら共生する社会を実現するため、障害者の自立及び社会参加の支援等のための施策に関し、基本原則を定め、及び国、地方公共団体等の責務を明らかにするとともに、障害者の自立及び社会参加の支援等のための施策の基本となる事項を定めること等により、障害者の自立及び社会参加の支援等のための施策を総合的かつ計画的に推進することを目的とする。

（定義）
第二条　この法律において、次の各号に掲げる用語の意義は、それぞれ当該各号に定めるところによる。
一　障害者　身体障害、知的障害、精神障害（発達障害を含む。）その他の心身の機能の障害（以下「障害」と総称する。）がある者であつて、障害及び社会的障壁により継続的に日常生活又は社会生活に相当な制限を受ける状態にあるものをいう。
二　社会的障壁　障害がある者にとつて日常生活又は社会生活を営む上で障壁となるような社会における事物、制度、慣行、観念その他一切のものをいう。

（地域社会における共生等）
第三条　第一条に規定する社会の実現は、全ての障害者が、障害者でない者と等しく、基本的人権を享有する個人としてその尊厳が重んぜられ、その尊厳にふさわしい生活を保障される権利を有することを前提としつつ、次に掲げる事項を旨として図られなければならない。
一　全て障害者は、社会を構成する一員として社会、経済、文化その他あらゆる分野の活動に参加する機会が確保されること。
二　全て障害者は、可能な限り、どこで誰と生活するかについての選択の機会が確保され、地域社会において他の人々と共生することを妨げられないこと。
三　全て障害者は、可能な限り、言語（手話を含む。）その他の意思疎通のための手段についての選択の機会が確保されるとともに、情報の取得又は利用のための手段についての選択の機会の拡大が図られること。

（障害者基本計画等）
第十一条　政府は、障害者の自立及び社会参加の支援等のための施策の総合的かつ計画的な推進を図るため、障害者のための施策に関する基本的な計画（以下「障害者基本計画」という。）を策定しなければならない。
2　都道府県は、障害者基本計画を基本とするとともに、当該都道府県における障害者の状況等を踏まえ、当該都道府県における障害者のための施策に関する基本的な計画（以下「都道府県障害者計画」という。）を策定しなければならない。
3　市町村は、障害者基本計画及び都道府県障害者計

画を基本とするとともに、当該市町村における障害者の状況等を踏まえ、当該市町村における障害者のための施策に関する基本的な計画（以下「市町村障害者計画」という。）を策定しなければならない。

4　内閣総理大臣は、関係行政機関の長に協議するとともに、障害者政策委員会の意見を聴いて、障害者基本計画の案を作成し、閣議の決定を求めなければならない。

5　都道府県は、都道府県障害者計画を策定するに当たつては、第三十六条第一項の合議制の機関の意見を聴かなければならない。

6　市町村は、市町村障害者計画を策定するに当たつては、第三十六条第四項の合議制の機関を設置している場合にあつてはその意見を、その他の場合にあつては障害者その他の関係者の意見を聴かなければならない。

7　政府は、障害者基本計画を策定したときは、これを国会に報告するとともに、その要旨を公表しなければならない。

8　第二項又は第三項の規定により都道府県障害者計画又は市町村障害者計画が策定されたときは、都道府県知事又は市町村長は、これを当該都道府県の議会又は当該市町村の議会に報告するとともに、その要旨を公表しなければならない。

9　第四項及び第七項の規定は障害者基本計画の変更について、第五項及び前項の規定は都道府県障害者計画の変更について、第六項及び前項の規定は市町村障害者計画の変更について準用する。

いじめ防止対策推進法

（定義）
第二条　この法律において「いじめ」とは、児童等に対して、当該児童等が在籍する学校に在籍している等当該児童等と一定の人的関係にある他の児童等が行う心理的又は物理的な影響を与える行為（インターネットを通じて行われるものを含む。）であって、当該行為の対象となった児童等が心身の苦痛を感じているものをいう。

2　この法律において「学校」とは、学校教育法（昭和二十二年法律第二十六号）第一条に規定する小学校、中学校、義務教育学校、高等学校、中等教育学校及び特別支援学校（幼稚部を除く。）をいう。

3　この法律において「児童等」とは、学校に在籍する児童又は生徒をいう。

4　この法律において「保護者」とは、親権を行う者（親権を行う者のないときは、未成年後見人）をいう。

（基本理念）
第三条　いじめの防止等のための対策は、いじめが全ての児童等に関係する問題であることに鑑み、児童等が安心して学習その他の活動に取り組むことができるよう、学校の内外を問わずいじめが行われなくなるよ

うにすることを旨として行われなければならない。

2　いじめの防止等のための対策は、全ての児童等がいじめを行わず、及び他の児童等に対して行われるいじめを認識しながらこれを放置することがないようにするため、いじめが児童等の心身に及ぼす影響その他のいじめの問題に関する児童等の理解を深めることを旨として行われなければならない。

3　いじめの防止等のための対策は、いじめを受けた児童等の生命及び心身を保護することが特に重要であることを認識しつつ、国、地方公共団体、学校、地域住民、家庭その他の関係者の連携の下、いじめの問題を克服することを目指して行われなければならない。

人権教育及び人権啓発の推進に関する法律

（定義）
第二条　この法律において、人権教育とは、人権尊重の精神の涵養（かん）を目的とする教育活動をいい、人権啓発とは、国民の間に人権尊重の理念を普及させ、及びそれに対する国民の理解を深めることを目的とする広報その他の啓発活動（人権教育を除く。）をいう。

（基本理念）
第三条　国及び地方公共団体が行う人権教育及び人権啓発は、学校、地域、家庭、職域その他の様々な場を通じて、国民が、その発達段階に応じ、人権尊重の理念に対する理解を深め、これを体得することができるよう、多様な機会の提供、効果的な手法の採用、国民の自主性の尊重及び実施機関の中立性の確保を旨として行われなければならない。

（国の責務）
第四条　国は、前条に定める人権教育及び人権啓発の基本理念（以下「基本理念」という。）にのっとり、人権教育及び人権啓発に関する施策を策定し、及び実施する責務を有する。

（地方公共団体の責務）
第五条　地方公共団体は、基本理念にのっとり、国との連携を図りつつ、その地域の実情を踏まえ、人権教育及び人権啓発に関する施策を策定し、及び実施する責務を有する。

（国民の責務）
第六条　国民は、人権尊重の精神の涵養に努めるとともに、人権が尊重される社会の実現に寄与するよう努めなければならない。

部落差別の解消の推進に関する法律

（目的）
第一条　この法律は、現在もなお部落差別が存在するとともに、情報化の進展に伴って部落差別に関する状況の変化が生じていることを踏まえ、全ての国民に基本的人権の享有を保障する日本国憲法の理念にのっとり、部落差別は許されないものであるとの認識の下にこれを解消することが重要な課題であることに鑑み、部落差別の解消に関し、基本理念を定め、並びに国及び地方公共団体の責務を明らかにするとともに、相談体制の充実等について定めることにより、部落差別の解消を推進し、もって部落差別のない社会を実現することを目的とする。

（基本理念）
第二条　部落差別の解消に関する施策は、全ての国民が等しく基本的人権を享有するかけがえのない個人として尊重されるものであるとの理念にのっとり、部落差別を解消する必要性に対する国民一人一人の理解を深めるよう努めることにより、部落差別のない社会を実現することを旨として、行われなければならない。

（教育及び啓発）
第五条　国は、部落差別を解消するため、必要な教育及び啓発を行うものとする。
2　地方公共団体は、国との適切な役割分担を踏まえて、その地域の実情に応じ、部落差別を解消するため、必要な教育及び啓発を行うよう努めるものとする。

学校保健安全法

（学校保健に関する学校の設置者の責務）
第四条　学校の設置者は、その設置する学校の児童生徒等及び職員の心身の健康の保持増進を図るため、当該学校の施設及び設備並びに管理運営体制の整備充実その他の必要な措置を講ずるよう努めるものとする。

（学校保健計画の策定等）
第五条　学校においては、児童生徒等及び職員の心身の健康の保持増進を図るため、児童生徒等及び職員の健康診断、環境衛生検査、児童生徒等に対する指導その他保健に関する事項について計画を策定し、これを実施しなければならない。

（学校環境衛生基準）
第六条
3　校長は、学校環境衛生基準に照らし、学校の環境衛生に関し適正を欠く事項があると認めた場合には、遅滞なく、その改善のために必要な措置を講じ、又は当該措置を講ずることができないときは、当該学校の設置者に対し、その旨を申し出るものとする。

（保健指導）

第九条　養護教諭その他の職員は、相互に連携して、健康相談又は児童生徒等の健康状態の日常的な観察により、児童生徒等の心身の状況を把握し、健康上の問題があると認めるときは、遅滞なく、当該児童生徒等に対して必要な指導を行うとともに、必要に応じ、その保護者（学校教育法第十六条に規定する保護者をいう。第二十四条及び第三十条において同じ。）に対して必要な助言を行うものとする。

（就学時の健康診断）
第十一条　市（特別区を含む。以下同じ。）町村の教育委員会は、学校教育法第十七条第一項の規定により翌学年の初めから同項に規定する学校に就学させるべき者で、当該市町村の区域内に住所を有するものの就学に当たつて、その健康診断を行わなければならない。

第十二条　市町村の教育委員会は、前条の健康診断の結果に基づき、治療を勧告し、保健上必要な助言を行い、及び学校教育法第十七条第一項に規定する義務の猶予若しくは免除又は特別支援学校への就学に関し指導を行う等適切な措置をとらなければならない。

（地方公共団体の援助）
第二十四条　地方公共団体は、その設置する小学校、中学校、義務教育学校、中等教育学校の前期課程又は特別支援学校の小学部若しくは中学部の児童又は生徒が、感染性又は学習に支障を生ずるおそれのある疾病で政令で定めるものにかかり、学校において治療の指示を受けたときは、当該児童又は生徒の保護者で次の各号のいずれかに該当するものに対して、その疾病の治療のための医療に要する費用について必要な援助を行うものとする。
一　生活保護法（昭和二十五年法律第百四十四号）第六条第二項に規定する要保護者
二　生活保護法第六条第二項に規定する要保護者に準ずる程度に困窮している者で政令で定めるもの

（国の補助）
第二十五条　国は、地方公共団体が前条の規定により同条第一号に掲げる者に対して援助を行う場合には、予算の範囲内において、その援助に要する経費の一部を補助することができる。
2　前項の規定により国が補助を行う場合の補助の基準については、政令で定める。

独立行政法人日本スポーツ振興センター法

（センターの目的）
第三条　独立行政法人日本スポーツ振興センター（以下「センター」という。）は、スポーツの振興及び児童、生徒、学生又は幼児（以下「児童生徒等」という。）の

健康の保持増進を図るため、その設置するスポーツ施設の適切かつ効率的な運営、スポーツの振興のために必要な援助、小学校、中学校、義務教育学校、高等学校、中等教育学校、高等専門学校、特別支援学校、幼稚園又は幼保連携型認定こども園（第十五条第一項第八号を除き、以下「学校」と総称する。）の管理下における児童生徒等の災害に関する必要な給付その他スポーツ及び児童生徒等の健康の保持増進に関する調査研究並びに資料の収集及び提供等を行い、もって国民の心身の健全な発達に寄与することを目的とする。

（中期目標管理法人）
第三条の二　センターは、通則法第二条第二項に規定する中期目標管理法人とする。

学校給食法

（学校給食の目標）
第二条　学校給食を実施するに当たつては、義務教育諸学校における教育の目的を実現するために、次に掲げる目標が達成されるよう努めなければならない。
一　適切な栄養の摂取による健康の保持増進を図ること。
二　日常生活における食事について正しい理解を深め、健全な食生活を営むことができる判断力を培い、及び望ましい食習慣を養うこと。
三　学校生活を豊かにし、明るい社交性及び協同の精神を養うこと。
四　食生活が自然の恩恵の上に成り立つものであることについての理解を深め、生命及び自然を尊重する精神並びに環境の保全に寄与する態度を養うこと。
五　食生活が食にかかわる人々の様々な活動に支えられていることについての理解を深め、勤労を重んずる態度を養うこと。
六　我が国や各地域の優れた伝統的な食文化についての理解を深めること。
七　食料の生産、流通及び消費について、正しい理解に導くこと。

（国の補助）
第十二条　国は、私立の義務教育諸学校の設置者に対し、政令で定めるところにより、予算の範囲内において、学校給食の開設に必要な施設又は設備に要する経費の一部を補助することができる。
2　国は、公立の小学校、中学校、義務教育学校又は中等教育学校の設置者が、学校給食を受ける児童又は生徒の学校教育法第十六条に規定する保護者（以下この項において「保護者」という。）で生活保護法（昭和二十五年法律第百四十四号）第六条第二項に規定する要保護者（その児童又は生徒について、同法第十三条の規定による教育扶助で学校給食費に関するものが行われている場合の保護者である者を除く。）であるものに対して、学校給食費の全部又は一部を補助する場合

には、当該設置者に対し、当分の間、政令で定めるところにより、予算の範囲内において、これに要する経費の一部を補助することができる。

食育基本法

（国民の心身の健康の増進と豊かな人間形成）
第二条　食育は、食に関する適切な判断力を養い、生涯にわたって健全な食生活を実現することにより、国民の心身の健康の増進と豊かな人間形成に資することを旨として、行われなければならない。

（食に関する感謝の念と理解）
第三条　食育の推進に当たっては、国民の食生活が、自然の恩恵の上に成り立っており、また、食に関わる人々の様々な活動に支えられていることについて、感謝の念や理解が深まるよう配慮されなければならない。

（食育推進運動の展開）
第四条　食育を推進するための活動は、国民、民間団体等の自発的意思を尊重し、地域の特性に配慮し、地域住民その他の社会を構成する多様な主体の参加と協力を得るものとするとともに、その連携を図りつつ、あまねく全国において展開されなければならない。

（子どもの食育における保護者、教育関係者等の役割）
第五条　食育は、父母その他の保護者にあっては、家庭が食育において重要な役割を有していることを認識するとともに、子どもの教育、保育等を行う者にあっては、教育、保育等における食育の重要性を十分自覚し、積極的に子どもの食育の推進に関する活動に取り組むこととなるよう、行われなければならない。

（食に関する体験活動と食育推進活動の実践）
第六条　食育は、広く国民が家庭、学校、保育所、地域その他のあらゆる機会とあらゆる場所を利用して、食料の生産から消費等に至るまでの食に関する様々な体験活動を行うとともに、自ら食育の推進のための活動を実践することにより、食に関する理解を深めることを旨として、行われなければならない。

（伝統的な食文化、環境と調和した生産等への配慮及び農山漁村の活性化と食料自給率の向上への貢献）
第七条　食育は、我が国の伝統のある優れた食文化、地域の特性を生かした食生活、環境と調和のとれた食料の生産とその消費等に配慮し、我が国の食料の需要及び供給の状況についての国民の理解を深めるとともに、食料の生産者と消費者との交流等を図ることにより、農山漁村の活性化と我が国の食料自給率の向上に資するよう、推進されなければならない。

（食品の安全性の確保等における食育の役割）

第八条　食育は、食品の安全性が確保され安心して消費できることが健全な食生活の基礎であることにかんがみ、食品の安全性をはじめとする食に関する幅広い情報の提供及びこれについての意見交換が、食に関する知識と理解を深め、国民の適切な食生活の実践に資することを旨として、国際的な連携を図りつつ積極的に行われなければならない。

私立学校法

第三条　この法律において「学校法人」とは、私立学校の設置を目的として、この法律の定めるところにより設立される法人をいう。

（資産）
第二十五条　学校法人は、その設置する私立学校に必要な施設及び設備又はこれらに要する資金並びにその設置する私立学校の経営に必要な財産を有しなければならない。

社会教育法

（社会教育の定義）
第二条　この法律において「社会教育」とは、学校教育法（昭和二十二年法律第二十六号）又は就学前の子どもに関する教育、保育等の総合的な提供の推進に関する法律（平成十八年法律第七十七号）に基づき、学校の教育課程として行われる教育活動を除き、主として青少年及び成人に対して行われる組織的な教育活動（体育及びレクリエーションの活動を含む。）をいう。

（国及び地方公共団体の任務）
第三条　国及び地方公共団体は、この法律及び他の法令の定めるところにより、社会教育の奨励に必要な施設の設置及び運営、集会の開催、資料の作製、頒布その他の方法により、すべての国民があらゆる機会、あらゆる場所を利用して、自ら実際生活に即する文化的教養を高め得るような環境を醸成するように努めなければならない。
2　国及び地方公共団体は、前項の任務を行うに当つては、国民の学習に対する多様な需要を踏まえ、これに適切に対応するために必要な学習の機会の提供及びその奨励を行うことにより、生涯学習の振興に寄与することとなるよう努めるものとする。
3　国及び地方公共団体は、第一項の任務を行うに当つては、社会教育が学校教育及び家庭教育との密接な関連性を有することにかんがみ、学校教育との連携の確保に努め、及び家庭教育の向上に資することとなるよう必要な配慮をするとともに、学校、家庭及び地域住民その他の関係者相互間の連携及び協力の促進に資することとなるよう努めるものとする。

（市町村の教育委員会の事務）
第五条　市（特別区を含む。以下同じ。）町村の教育委員会は、社会教育に関し、当該地方の必要に応じ、予算の範囲内において、次の事務を行う。
一　社会教育に必要な援助を行うこと。
二　社会教育委員の委嘱に関すること。
三　公民館の設置及び管理に関すること。
四　所管に属する図書館、博物館、青年の家その他の社会教育施設の設置及び管理に関すること。
五　所管に属する学校の行う社会教育のための講座の開設及びその奨励に関すること。
六　講座の開設及び討論会、講習会、講演会、展示会その他の集会の開催並びにこれらの奨励に関すること。
七　家庭教育に関する学習の機会を提供するための講座の開設及び集会の開催並びに家庭教育に関する情報の提供並びにこれらの奨励に関すること。
八　職業教育及び産業に関する科学技術指導のための集会の開催並びにその奨励に関すること。
九　生活の科学化の指導のための集会の開催及びその奨励に関すること。
十　情報化の進展に対応して情報の収集及び利用を円滑かつ適正に行うために必要な知識又は技能に関する学習の機会を提供するための講座の開設及び集会の開催並びにこれらの奨励に関すること。
十一　運動会、競技会その他体育指導のための集会の開催及びその奨励に関すること。
十二　音楽、演劇、美術その他芸術の発表会等の開催及びその奨励に関すること。
十三　主として学齢児童及び学齢生徒（それぞれ学校教育法第十八条に規定する学齢児童及び学齢生徒をいう。）に対し、学校の授業の終了後又は休業日において学校、社会教育施設その他適切な施設を利用して行う学習その他の活動の機会を提供する事業の実施並びにその奨励に関すること。
十四　青少年に対しボランティア活動など社会奉仕体験活動、自然体験活動その他の体験活動の機会を提供する事業の実施及びその奨励に関すること。
十五　社会教育における学習の機会を利用して行つた学習の成果を活用して学校、社会教育施設その他地域において行う教育活動その他の活動の機会を提供する事業の実施及びその奨励に関すること。
十六　社会教育に関する情報の収集、整理及び提供に関すること。
十七　視聴覚教育、体育及びレクリエーションに必要な設備、器材及び資料の提供に関すること。
十八　情報の交換及び調査研究に関すること。
十九　その他第三条第一項の任務を達成するために必要な事務
2　市町村の教育委員会は、前項第十三号から第十五号までに規定する活動であつて地域住民その他の関係者（以下この項及び第九条の七第二項において「地域住民等」という。）が学校と協働して行うもの（以下「地

域学校協働活動」という。）の機会を提供する事業を実施するに当たつては、地域住民等の積極的な参加を得て当該地域学校協働活動が学校との適切な連携の下に円滑かつ効果的に実施されるよう、地域住民等と学校との連携協力体制の整備、地域学校協働活動に関する普及啓発その他の必要な措置を講ずるものとする。

（図書館及び博物館）
第九条　図書館及び博物館は、社会教育のための機関とする。
2　図書館及び博物館に関し必要な事項は、別に法律をもつて定める。

第二章　社会教育主事等

（社会教育主事及び社会教育主事補の設置）
第九条の二　都道府県及び市町村の教育委員会の事務局に、社会教育主事を置く。
2　都道府県及び市町村の教育委員会の事務局に、社会教育主事補を置くことができる。

（社会教育主事及び社会教育主事補の職務）
第九条の三　社会教育主事は、社会教育を行う者に専門的技術的な助言と指導を与える。ただし、命令及び監督をしてはならない。
2　社会教育主事は、学校が社会教育関係団体、地域住民その他の関係者の協力を得て教育活動を行う場合には、その求めに応じて、必要な助言を行うことができる。
3　社会教育主事補は、社会教育主事の職務を助ける。

（社会教育主事の資格）
第九条の四　次の各号のいずれかに該当する者は、社会教育主事となる資格を有する。
一　大学に二年以上在学して六十二単位以上を修得し、又は高等専門学校を卒業し、かつ、次に掲げる期間を通算した期間が三年以上になる者で、次条の規定による社会教育主事の講習を修了したもの
イ　社会教育主事補の職にあつた期間
ロ　官公署、学校、社会教育施設又は社会教育関係団体における職で司書、学芸員その他の社会教育主事補の職と同等以上の職として文部科学大臣の指定するものにあつた期間
ハ　官公署、学校、社会教育施設又は社会教育関係団体が実施する社会教育に関係のある事業における業務であつて、社会教育主事として必要な知識又は技能の習得に資するものとして文部科学大臣が指定するものに従事した期間（イ又はロに掲げる期間に該当する期間を除く。）
二　教育職員の普通免許状を有し、かつ、五年以上文部科学大臣の指定する教育に関する職にあつた者で、次条の規定による社会教育主事の講習を修了したもの

三　大学に二年以上在学して、六十二単位以上を修得し、かつ、大学において文部科学省令で定める社会教育に関する科目の単位を修得した者で、第一号イからハまでに掲げる期間を通算した期間が一年以上になるもの
四　次条の規定による社会教育主事の講習を修了した者（第一号及び第二号に掲げる者を除く。）で、社会教育に関する専門的事項について前三号に掲げる者に相当する教養と経験があると都道府県の教育委員会が認定したもの

（社会教育主事の講習）
第九条の五　社会教育主事の講習は、文部科学大臣の委嘱を受けた大学その他の教育機関が行う。
2　受講資格その他社会教育主事の講習に関し必要な事項は、文部科学省令で定める。

（社会教育主事及び社会教育主事補の研修）
第九条の六　社会教育主事及び社会教育主事補の研修は、任命権者が行うもののほか、文部科学大臣及び都道府県が行う。

（地域学校協働活動推進員）
第九条の七　教育委員会は、地域学校協働活動の円滑かつ効果的な実施を図るため、社会的信望があり、かつ、地域学校協働活動の推進に熱意と識見を有する者のうちから、地域学校協働活動推進員を委嘱することができる。
2　地域学校協働活動推進員は、地域学校協働活動に関する事項につき、教育委員会の施策に協力して、地域住民等と学校との間の情報の共有を図るとともに、地域学校協働活動を行う地域住民等に対する助言その他の援助を行う。

（社会教育関係団体の定義）
第十条　この法律で「社会教育関係団体」とは、法人であると否とを問わず、公の支配に属しない団体で社会教育に関する事業を行うことを主たる目的とするものをいう。

（文部科学大臣及び教育委員会との関係）
第十一条　文部科学大臣及び教育委員会は、社会教育関係団体の求めに応じ、これに対し、専門的技術的指導又は助言を与えることができる。
2　文部科学大臣及び教育委員会は、社会教育関係団体の求めに応じ、これに対し、社会教育に関する事業に必要な物資の確保につき援助を行う。

（国及び地方公共団体との関係）
第十二条　国及び地方公共団体は、社会教育関係団体に対し、いかなる方法によつても、不当に統制的支配を及ぼし、又はその事業に干渉を加えてはならない。

（社会教育委員の設置）
第十五条　都道府県及び市町村に社会教育委員を置くことができる。
2　社会教育委員は、教育委員会が委嘱する。

（社会教育委員の職務）
第十七条　社会教育委員は、社会教育に関し教育委員会に助言するため、次の職務を行う。
一　社会教育に関する諸計画を立案すること。
二　定時又は臨時に会議を開き、教育委員会の諮問に応じ、これに対して、意見を述べること。
三　前二号の職務を行うために必要な研究調査を行うこと。
2　社会教育委員は、教育委員会の会議に出席して社会教育に関し意見を述べることができる。
3　市町村の社会教育委員は、当該市町村の教育委員会から委嘱を受けた青少年教育に関する特定の事項について、社会教育関係団体、社会教育指導者その他関係者に対し、助言と指導を与えることができる。

（目的）
第二十条　公民館は、市町村その他一定区域内の住民のために、実際生活に即する教育、学術及び文化に関する各種の事業を行い、もつて住民の教養の向上、健康の増進、情操の純化を図り、生活文化の振興、社会福祉の増進に寄与することを目的とする。

（公民館の設置者）
第二十一条　公民館は、市町村が設置する。
2　前項の場合を除くほか、公民館は、公民館の設置を目的とする一般社団法人又は一般財団法人（以下この章において「法人」という。）でなければ設置することができない。
3　公民館の事業の運営上必要があるときは、公民館に分館を設けることができる。

（学校施設利用の許可）
第四十五条　社会教育のために学校の施設を利用しようとする者は、当該学校の管理機関の許可を受けなければならない。
2　前項の規定により、学校の管理機関が学校施設の利用を許可しようとするときは、あらかじめ、学校の長の意見を聞かなければならない。

第四十六条　国又は地方公共団体が社会教育のために、学校の施設を利用しようとするときは、前条の規定にかかわらず、当該学校の管理機関と協議するものとする。

第四十七条　第四十五条の規定による学校施設の利用が一時的である場合には、学校の管理機関は、同条第一項の許可に関する権限を学校の長に委任することが

できる。
2　前項の権限の委任その他学校施設の利用に関し必要な事項は、学校の管理機関が定める。

生涯学習の振興のための施策の推進体制等の整備に関する法律

（生涯学習の振興に資するための都道府県の事業）
第三条　都道府県の教育委員会は、生涯学習の振興に資するため、おおむね次の各号に掲げる事業について、これらを相互に連携させつつ推進するために必要な体制の整備を図りつつ、これらを一体的かつ効果的に実施するよう努めるものとする。
一　学校教育及び社会教育に係る学習（体育に係るものを含む。以下この項において「学習」という。）並びに文化活動の機会に関する情報を収集し、整理し、及び提供すること。
二　住民の学習に対する需要及び学習の成果の評価に関し、調査研究を行うこと。
三　地域の実情に即した学習の方法の開発を行うこと。
四　住民の学習に関する指導者及び助言者に対する研修を行うこと。
五　地域における学校教育、社会教育及び文化に関する機関及び団体に対し、これらの機関及び団体相互の連携に関し、照会及び相談に応じ、並びに助言その他の援助を行うこと。
六　前各号に掲げるもののほか、社会教育のための講座の開設その他の住民の学習の機会の提供に関し必要な事業を行うこと。
2　都道府県の教育委員会は、前項に規定する事業を行うに当たっては、社会教育関係団体その他の地域において生涯学習に資する事業を行う機関及び団体との連携に努めるものとする。

（地域生涯学習振興基本構想）
第五条　都道府県は、当該都道府県内の特定の地区において、当該地区及びその周辺の相当程度広範囲の地域における住民の生涯学習の振興に資するため、社会教育に係る学習（体育に係るものを含む。）及び文化活動その他の生涯学習に資する諸活動の多様な機会の総合的な提供を民間事業者の能力を活用しつつ行うことに関する基本的な構想（以下「基本構想」という。）を作成することができる。
2　基本構想においては、次に掲げる事項について定めるものとする。
一　前項に規定する多様な機会（以下「生涯学習に係る機会」という。）の総合的な提供の方針に関する事項
二　前項に規定する地区の区域に関する事項
三　総合的な提供を行うべき生涯学習に係る機会（民間事業者により提供されるものを含む。）の種類及び内容に関する基本的な事項
四　前号に規定する民間事業者に対する資金の融通の

円滑化その他の前項に規定する地区において行われる生涯学習に係る機会の総合的な提供に必要な業務であって政令で定めるものを行う者及び当該業務の運営に関する事項

五　その他生涯学習に係る機会の総合的な提供に関する重要事項

3　都道府県は、基本構想を作成しようとするときは、あらかじめ、関係市町村に協議しなければならない。

4　都道府県は、基本構想を作成しようとするときは、前項の規定による協議を経た後、文部科学大臣及び経済産業大臣に協議することができる。

（都道府県生涯学習審議会）

第十条　都道府県に、都道府県生涯学習審議会（以下「都道府県審議会」という。）を置くことができる。

2　都道府県審議会は、都道府県の教育委員会又は知事の諮問に応じ、当該都道府県の処理する事務に関し、生涯学習に資するための施策の総合的な推進に関する重要事項を調査審議する。

3　都道府県審議会は、前項に規定する事項に関し必要と認める事項を当該都道府県の教育委員会又は知事に建議することができる。

4　前三項に定めるもののほか、都道府県審議会の組織及び運営に関し必要な事項は、条例で定める。

音楽文化の振興のための学習環境の整備等に関する法律

（定義）

第二条　この法律において「音楽文化」とは、音楽の創作及び演奏、音楽の鑑賞その他の音楽に係る国民娯楽、音楽に係る文化財保護法（昭和二十五年法律第二百十四号）に規定する文化財、出版及び著作権その他の著作権法（昭和四十五年法律第四十八号）に規定する権利並びにこれらに関する国民の文化的生活向上のための活動をいう。

2　この法律において「音楽学習」とは、学校教育に係る学習、家庭教育に係る学習、社会教育に係る学習、文化活動その他の生涯学習の諸活動であって、音楽に係るものをいう。

3　この法律において「学習環境」とは、音楽学習を行うために必要な施設（設備を含む。以下同じ。）等の物的条件、指導者、助言者等の人的条件その他円滑な音楽学習を行うための諸条件をいう。

第七条　国民の間に広く音楽についての関心と理解を深め、積極的に音楽学習を行う意欲を高揚するとともに、国際連合教育科学文化機関憲章（昭和二十六年条約第四号）の精神にのっとり音楽を通じた国際相互理解の促進に資する活動が行われるようにするため、国際音楽の日を設ける。

2　国際音楽の日は、十月一日とする。

図書館法

（定義）

第二条　この法律において「図書館」とは、図書、記録その他必要な資料を収集し、整理し、保存して、一般公衆の利用に供し、その教養、調査研究、レクリエーション等に資することを目的とする施設で、地方公共団体、日本赤十字社又は一般社団法人若しくは一般財団法人が設置するもの（学校に附属する図書館又は図書室を除く。）をいう。

2　前項の図書館のうち、地方公共団体の設置する図書館を公立図書館といい、日本赤十字社又は一般社団法人若しくは一般財団法人の設置する図書館を私立図書館という。

（図書館奉仕）

第三条　図書館は、図書館奉仕のため、土地の事情及び一般公衆の希望に沿い、更に学校教育を援助し、及び家庭教育の向上に資することとなるように留意し、おおむね次に掲げる事項の実施に努めなければならない。

一　郷土資料、地方行政資料、美術品、レコード及びフィルムの収集にも十分留意して、図書、記録、視聴覚教育の資料その他必要な資料（電磁的記録（電子的方式、磁気的方式その他人の知覚によつては認識することができない方式で作られた記録をいう。）を含む。以下「図書館資料」という。）を収集し、一般公衆の利用に供すること。

二　図書館資料の分類排列を適切にし、及びその目録を整備すること。

三　図書館の職員が図書館資料について十分な知識を持ち、その利用のための相談に応ずるようにすること。

四　他の図書館、国立国会図書館、地方公共団体の議会に附置する図書室及び学校に附属する図書館又は図書室と緊密に連絡し、協力し、図書館資料の相互貸借を行うこと。

五　分館、閲覧所、配本所等を設置し、及び自動車文庫、貸出文庫の巡回を行うこと。

六　読書会、研究会、鑑賞会、映写会、資料展示会等を主催し、及びこれらの開催を奨励すること。

七　時事に関する情報及び参考資料を紹介し、及び提供すること。

八　社会教育における学習の機会を利用して行つた学習の成果を活用して行う教育活動その他の活動の機会を提供し、及びその提供を奨励すること。

九　学校、博物館、公民館、研究所等と緊密に連絡し、協力すること。

（司書及び司書補）

第四条　図書館に置かれる専門的職員を司書及び司書補と称する。

2　司書は、図書館の専門的事務に従事する。

3　司書補は、司書の職務を助ける。

博物館法

（定義）

第二条　この法律において「博物館」とは、歴史、芸術、民俗、産業、自然科学等に関する資料を収集し、保管（育成を含む。以下同じ。）し、展示して教育的配慮の下に一般公衆の利用に供し、その教養、調査研究、レクリエーション等に資するために必要な事業を行い、あわせてこれらの資料に関する調査研究をすることを目的とする機関（社会教育法による公民館及び図書館法（昭和二十五年法律第百十八号）による図書館を除く。）のうち、地方公共団体、一般社団法人若しくは一般財団法人、宗教法人又は政令で定めるその他の法人（独立行政法人（独立行政法人通則法（平成十一年法律第百三号）第二条第一項に規定する独立行政法人をいう。第二十九条において同じ。）を除く。）が設置するもので次章の規定による登録を受けたものをいう。

2　この法律において、「公立博物館」とは、地方公共団体の設置する博物館をいい、「私立博物館」とは、一般社団法人若しくは一般財団法人、宗教法人又は前項の政令で定める法人の設置する博物館をいう。

3　この法律において「博物館資料」とは、博物館が収集し、保管し、又は展示する資料（電磁的記録（電子的方式、磁気的方式その他人の知覚によっては認識することができない方式で作られた記録をいう。）を含む。）をいう。

（博物館の事業）

第三条　博物館は、前条第一項に規定する目的を達成するため、おおむね次に掲げる事業を行う。

一　実物、標本、模写、模型、文献、図表、写真、フィルム、レコード等の博物館資料を豊富に収集し、保管し、及び展示すること。

二　分館を設置し、又は博物館資料を当該博物館外で展示すること。

三　一般公衆に対して、博物館資料の利用に関し必要な説明、助言、指導等を行い、又は研究室、実験室、工作室、図書室等を設置してこれを利用させること。

四　博物館資料に関する専門的、技術的な調査研究を行うこと。

五　博物館資料の保管及び展示等に関する技術的研究を行うこと。

六　博物館資料に関する案内書、解説書、目録、図録、年報、調査研究の報告書等を作成し、及び頒布すること。

七　博物館資料に関する講演会、講習会、映写会、研究会等を主催し、及びその開催を援助すること。

八　当該博物館の所在地又はその周辺にある文化財保護法（昭和二十五年法律第二百十四号）の適用を受ける文化財について、解説書又は目録を作成する等一般公衆の当該文化財の利用の便を図ること。

九　社会教育における学習の機会を利用して行つた学習の成果を活用して行う教育活動その他の活動の機会を提供し、及びその提供を奨励すること。

十　他の博物館、博物館と同一の目的を有する国の施設等と緊密に連絡し、協力し、刊行物及び情報の交換、博物館資料の相互貸借等を行うこと。

十一　学校、図書館、研究所、公民館等の教育、学術又は文化に関する諸施設と協力し、その活動を援助すること。

2　博物館は、その事業を行うに当つては、土地の事情を考慮し、国民の実生活の向上に資し、更に学校教育を援助し得るようにも留意しなければならない。

（館長、学芸員その他の職員）

第四条　博物館に、館長を置く。

2　館長は、館務を掌理し、所属職員を監督して、博物館の任務の達成に努める。

3　博物館に、専門的職員として学芸員を置く。

4　学芸員は、博物館資料の収集、保管、展示及び調査研究その他これと関連する事業についての専門的事項をつかさどる。

5　博物館に、館長及び学芸員のほか、学芸員補その他の職員を置くことができる。

6　学芸員補は、学芸員の職務を助ける。

（博物館協議会）

第二十条　公立博物館に、博物館協議会を置くことができる。

2　博物館協議会は、博物館の運営に関し館長の諮問に応ずるとともに、館長に対して意見を述べる機関とする。

学校図書館法

（定義）

第二条　この法律において「学校図書館」とは、小学校（義務教育学校の前期課程及び特別支援学校の小学部を含む。）、中学校（義務教育学校の後期課程、中等教育学校の前期課程及び特別支援学校の中学部を含む。）及び高等学校（中等教育学校の後期課程及び特別支援学校の高等部を含む。）（以下「学校」という。）において、図書、視覚聴覚教育の資料その他学校教育に必要な資料（以下「図書館資料」という。）を収集し、整理し、及び保存し、これを児童又は生徒及び教員の利用に供することによつて、学校の教育課程の展開に寄与するとともに、児童又は生徒の健全な教養を育成することを目的として設けられる学校の設備をいう。

（設置義務）

第三条　学校には、学校図書館を設けなければならない。

（学校図書館の運営）

第四条　学校は、おおむね左の各号に掲げるような方法によって、学校図書館を児童又は生徒及び教員の利用に供するものとする。

一　図書館資料を収集し、児童又は生徒及び教員の利用に供すること。

二　図書館資料の分類排列を適切にし、及びその目録を整備すること。

三　読書会、研究会、鑑賞会、映写会、資料展示会等を行うこと。

四　図書館資料の利用その他学校図書館の利用に関し、児童又は生徒に対し指導を行うこと。

五　他の学校の学校図書館、図書館、博物館、公民館等と緊密に連絡し、及び協力すること。

2　学校図書館は、その目的を達成するのに支障のない限度において、一般公衆に利用させることができる。

（司書教諭）

第五条　学校には、学校図書館の専門的職務を掌らせるため、司書教諭を置かなければならない。

2　前項の司書教諭は、主幹教諭（養護又は栄養の指導及び管理をつかさどる主幹教諭を除く。）、指導教諭又は教諭（以下この項において「主幹教諭等」という。）をもって充てる。この場合において、当該主幹教諭等は、司書教諭の講習を修了した者でなければならない。

（学校司書）

第六条　学校には、前条第一項の司書教諭のほか、学校図書館の運営の改善及び向上を図り、児童又は生徒及び教員による学校図書館の利用の一層の促進に資するため、専ら学校図書館の職務に従事する職員（次項において「学校司書」という。）を置くよう努めなければならない。

2　国及び地方公共団体は、学校司書の資質の向上を図るため、研修の実施その他の必要な措置を講ずるよう努めなければならない。

子どもの読書活動の推進に関する法律

（目的）

第一条　この法律は、子どもの読書活動の推進に関し、基本理念を定め、並びに国及び地方公共団体の責務等を明らかにするとともに、子どもの読書活動の推進に関する必要な事項を定めることにより、子どもの読書活動の推進に関する施策を総合的かつ計画的に推進し、もって子どもの健やかな成長に資することを目的とする。

第十条

2　子ども読書の日は、四月二十三日とする。

スポーツ基本法

（目的）

第一条　この法律は、スポーツに関し、基本理念を定め、並びに国及び地方公共団体の責務並びにスポーツ団体の努力等を明らかにするとともに、スポーツに関する施策の基本となる事項を定めることにより、スポーツに関する施策を総合的かつ計画的に推進し、もって国民の心身の健全な発達、明るく豊かな国民生活の形成、活力ある社会の実現及び国際社会の調和ある発展に寄与することを目的とする。

（スポーツ基本計画）

第九条　文部科学大臣は、スポーツに関する施策の総合的かつ計画的な推進を図るため、スポーツの推進に関する基本的な計画（以下「スポーツ基本計画」という。）を定めなければならない。

文化芸術基本法

（基本理念）

第二条　文化芸術に関する施策の推進に当たっては、文化芸術活動を行う者の自主性が十分に尊重されなければならない。

2　文化芸術に関する施策の推進に当たっては、文化芸術活動を行う者の創造性が十分に尊重されるとともに、その地位の向上が図られ、その能力が十分に発揮されるよう考慮されなければならない。

3　文化芸術に関する施策の推進に当たっては、文化芸術を創造し、享受することが人々の生まれながらの権利であることに鑑み、国民がその年齢、障害の有無、経済的な状況又は居住する地域にかかわらず等しく、文化芸術を鑑賞し、これに参加し、又はこれを創造することができるような環境の整備が図られなければならない。

4　文化芸術に関する施策の推進に当たっては、我が国及び世界において文化芸術活動が活発に行われるような環境を醸成することを旨として文化芸術の発展が図られるよう考慮されなければならない。

5　文化芸術に関する施策の推進に当たっては、多様な文化芸術の保護及び発展が図られなければならない。

6　文化芸術に関する施策の推進に当たっては、地域の人々により主体的に文化芸術活動が行われるよう配慮するとともに、各地域の歴史、風土等を反映した特色ある文化芸術の発展が図られなければならない。

7　文化芸術に関する施策の推進に当たっては、我が国の文化芸術が広く世界へ発信されるよう、文化芸術に係る国際的な交流及び貢献の推進が図られなければならない。

8　文化芸術に関する施策の推進に当たっては、乳幼児、児童、生徒等に対する文化芸術に関する教育の重要性に鑑み、学校等、文化芸術活動を行う団体（以下「文化芸術団体」という。）、家庭及び地域における活動の相互の連携が図られるよう配慮されなければならない。

9　文化芸術に関する施策の推進に当たっては、文化芸術活動を行う者その他広く国民の意見が反映されるよう十分配慮されなければならない。

10　文化芸術に関する施策の推進に当たっては、文化芸術により生み出される様々な価値を文化芸術の継承、発展及び創造に活用することが重要であることに鑑み、文化芸術の固有の意義と価値を尊重しつつ、観光、まちづくり、国際交流、福祉、教育、産業その他の各関連分野における施策との有機的な連携が図られるよう配慮されなければならない。

（国の責務）
第三条　国は、前条の基本理念（以下「基本理念」という。）にのっとり、文化芸術に関する施策を総合的に策定し、及び実施する責務を有する。

（地方公共団体の責務）
第四条　地方公共団体は、基本理念にのっとり、文化芸術に関し、国との連携を図りつつ、自主的かつ主体的に、その地域の特性に応じた施策を策定し、及び実施する責務を有する。

文字・活字文化振興法

（目的）
第一条　この法律は、文字・活字文化が、人類が長い歴史の中で蓄積してきた知識及び知恵の継承及び向上、豊かな人間性の涵養並びに健全な民主主義の発達に欠くことのできないものであることにかんがみ、文字・活字文化の振興に関する基本理念を定め、並びに国及び地方公共団体の責務を明らかにするとともに、文字・活字文化の振興に関する必要な事項を定めることにより、我が国における文字・活字文化の振興に関する施策の総合的な推進を図り、もって知的で心豊かな国民生活及び活力ある社会の実現に寄与することを目的とする。

（定義）
第二条　この法律において「文字・活字文化」とは、活字その他の文字を用いて表現されたもの（以下この条において「文章」という。）を読み、及び書くことを中心として行われる精神的な活動、出版活動その他の文章を人に提供するための活動並びに出版物その他のこれらの活動の文化的所産をいう。

（基本理念）
第三条　文字・活字文化の振興に関する施策の推進は、すべての国民が、その自主性を尊重されつつ、生涯にわたり、地域、学校、家庭その他の様々な場において、居住する地域、身体的な条件その他の要因にかかわらず、等しく豊かな文字・活字文化の恵沢を享受できる環境を整備することを旨として、行われなければならない。

ない。

児童虐待の防止等に関する法律

（目的）
第一条　この法律は、児童虐待が児童の人権を著しく侵害し、その心身の成長及び人格の形成に重大な影響を与えるとともに、我が国における将来の世代の育成にも懸念を及ぼすことにかんがみ、児童に対する虐待の禁止、児童虐待の予防及び早期発見その他の児童虐待の防止に関する国及び地方公共団体の責務、児童虐待を受けた児童の保護及び自立の支援のための措置等を定めることにより、児童虐待の防止等に関する施策を促進し、もって児童の権利利益の擁護に資することを目的とする。

（児童虐待の定義）
第二条　この法律において、「児童虐待」とは、保護者（親権を行う者、未成年後見人その他の者で、児童を現に監護するものをいう。以下同じ。）がその監護する児童（十八歳に満たない者をいう。以下同じ。）について行う次に掲げる行為をいう。
一　児童の身体に外傷が生じ、又は生じるおそれのある暴行を加えること。
二　児童にわいせつな行為をすること又は児童をしてわいせつな行為をさせること。
三　児童の心身の正常な発達を妨げるような著しい減食又は長時間の放置、保護者以外の同居人による前二号又は次号に掲げる行為と同様の行為の放置その他の保護者としての監護を著しく怠ること。
四　児童に対する著しい暴言又は著しく拒絶的な対応、児童が同居する家庭における配偶者に対する暴力（配偶者（婚姻の届出をしていないが、事実上婚姻関係と同様の事情にある者を含む。）の身体に対する不法な攻撃であって生命又は身体に危害を及ぼすもの及びこれに準ずる心身に有害な影響を及ぼす言動をいう。）その他の児童に著しい心理的外傷を与える言動を行うこと。

（児童に対する虐待の禁止）
第三条　何人も、児童に対し、虐待をしてはならない。

（国及び地方公共団体の責務等）
第四条　国及び地方公共団体は、児童虐待の予防及び早期発見、迅速かつ適切な児童虐待を受けた児童の保護及び自立の支援（児童虐待を受けた後十八歳となった者に対する自立の支援を含む。第三項及び次条第二項において同じ。）並びに児童虐待を行った保護者に対する親子の再統合の促進への配慮その他の児童虐待を受けた児童が良好な家庭的環境で生活するために必要な配慮をした適切な指導及び支援を行うため、関係省庁相互間その他関係機関及び民間団体の間の連携の強化、民間団体の支援、医療の提供体制の整備その他児

童虐待の防止等のために必要な体制の整備に努めなければならない。

2　国及び地方公共団体は、児童相談所等関係機関の職員及び学校の教職員、児童福祉施設の職員、医師、保健師、弁護士その他児童の福祉に職務上関係のある者が児童虐待を早期に発見し、その他児童虐待の防止に寄与することができるよう、研修等必要な措置を講ずるものとする。

3　国及び地方公共団体は、児童虐待を受けた児童の保護及び自立の支援を専門的知識に基づき適切に行うことができるよう、児童相談所等関係機関の職員、学校の教職員、児童福祉施設の職員その他児童虐待を受けた児童の保護及び自立の支援の職務に携わる者の人材の確保及び資質の向上を図るため、研修等必要な措置を講ずるものとする。

4　国及び地方公共団体は、児童虐待の防止に資するため、児童の人権、児童虐待が児童に及ぼす影響、児童虐待に係る通告義務等について必要な広報その他の啓発活動に努めなければならない。

5　国及び地方公共団体は、児童虐待を受けた児童がその心身に著しく重大な被害を受けた事例の分析を行うとともに、児童虐待の予防及び早期発見のための方策、児童虐待を受けた児童のケア並びに児童虐待を行った保護者の指導及び支援のあり方、学校の教職員及び児童福祉施設の職員が児童虐待の防止に果たすべき役割その他児童虐待の防止等のために必要な事項についての調査研究及び検証を行うものとする。

6　児童の親権を行う者は、児童を心身ともに健やかに育成することについて第一義的責任を有するものであって、親権を行うに当たっては、できる限り児童の利益を尊重するよう努めなければならない。

7　何人も、児童の健全な成長のために、良好な家庭的環境及び近隣社会の連帯が求められていることに留意しなければならない。

（児童虐待の早期発見等）

第五条　学校、児童福祉施設、病院その他児童の福祉に業務上関係のある団体及び学校の教職員、児童福祉施設の職員、医師、保健師、弁護士その他児童の福祉に職務上関係のある者は、児童虐待を発見しやすい立場にあることを自覚し、児童虐待の早期発見に努めなければならない。

2　前項に規定する者は、児童虐待の予防その他の児童虐待の防止並びに児童虐待を受けた児童の保護及び自立の支援に関する国及び地方公共団体の施策に協力するよう努めなければならない。

3　学校及び児童福祉施設は、児童及び保護者に対して、児童虐待の防止のための教育又は啓発に努めなければならない。

（児童虐待に係る通告）

第六条　児童虐待を受けたと思われる児童を発見した者は、速やかに、これを市町村、都道府県の設置する福祉事務所若しくは児童相談所又は児童委員を介して市町村、都道府県の設置する福祉事務所若しくは児童相談所に通告しなければならない。

2　前項の規定による通告は、児童福祉法（昭和二十二年法律第百六十四号）第二十五条の規定による通告とみなして、同法の規定を適用する。

3　刑法（明治四十年法律第四十五号）の秘密漏示罪の規定その他の守秘義務に関する法律の規定は、第一項の規定による通告をする義務の遵守を妨げるものと解釈してはならない。

第七条　市町村、都道府県の設置する福祉事務所又は児童相談所が前条第一項の規定による通告を受けた場合においては、当該通告を受けた市町村、都道府県の設置する福祉事務所又は児童相談所の所長、所員その他の職員及び当該通告を仲介した児童委員は、その職務上知り得た事項であって当該通告をした者を特定させるものを漏らしてはならない。

（通告又は送致を受けた場合の措置）

第八条　市町村又は都道府県の設置する福祉事務所が第六条第一項の規定による通告を受けたときは、市町村又は福祉事務所の長は、必要に応じ近隣住民、学校の教職員、児童福祉施設の職員その他の者の協力を得つつ、当該児童との面会その他の当該児童の安全の確認を行うための措置を講ずるとともに、必要に応じ次に掲げる措置を採るものとする。

一　児童福祉法第二十五条の七第一項第一号 若しくは第二項第一号 又は第二十五条の八第一号の規定により当該児童を児童相談所に送致すること。

二　当該児童のうち次条第一項の規定による出頭の求め及び調査若しくは質問、第九条第一項の規定による立入り及び調査若しくは質問又は児童福祉法第三十三条第一項 若しくは第二項の規定による一時保護の実施が適当であると認めるものを都道府県知事又は児童相談所長へ通知すること。

2　児童相談所が第六条第一項の規定による通告又は児童福祉法第二十五条の七第一項第一号 若しくは第二項第一号又は第二十五条の八第一号 の規定による送致を受けたときは、児童相談所長は、必要に応じ近隣住民、学校の教職員、児童福祉施設の職員その他の者の協力を得つつ、当該児童との面会その他の当該児童の安全の確認を行うための措置を講ずるとともに、必要に応じ同法第三十三条第一項の規定による一時保護を行うものとする。

3　前二項の児童の安全の確認を行うための措置、児童相談所への送致又は一時保護を行う者は、速やかにこれを行うものとする。

編著者

古川 治 （ふるかわ おさむ）
元甲南大学　教授

今西 幸蔵 （いまにし こうぞう）
高野山大学　特任教授

五百住 満 （いおずみ みつる）
元関西学院大学　教授

執筆者紹介 （執筆順）

冨江 英俊 （とみえ ひでとし）
関西学院大学　教授

松井 典夫 （まつい のりお）
奈良学園大学　教授

岡邑 衛 （おかむら えい）
千里金蘭大学　准教授

中村 豊 （なかむら ゆたか）
東京理科大学　教授

八木 眞由美 （やぎ まゆみ）
甲南大学　教授

藤本 裕人 （ふじもと ひろと）
帝京平成大学　教授

藤田 敏和 （ふじた としかず）
関西大学・神戸学院大学・武庫川女子大学　非常勤講師

編集協力：株式会社桂樹社グループ
本文デザイン：株式会社桂樹社グループ

教師のための教育法規・教育行政入門

2018 年 3 月 30 日　初版第 1 刷発行　　　　　　　〈検印省略〉
2025 年 3 月 30 日　初版第 2 刷発行

定価はカバーに
表示しています

編著者　　古　川　　　治
　　　　　今　西　幸　蔵
　　　　　五　百　住　満

発行者　　杉　田　啓　三

印刷者　　藤　森　英　夫

発行所　　株式
　　　　　会社　ミネルヴァ書房

607-8494　京都市山科区日ノ岡堤谷町 1
電話代表（075）581 - 5191
振替口座 01020 - 0 - 8076

亜細亜印刷

ISBN978-4-623-08341-1

Printed in Japan

MINERVA はじめて学ぶ教科教育

監修　吉田武男

全10巻＋別巻 1

◆　B5 判／美装カバー／各巻定価2200円　　別巻定価2800円（税別）　◆

【姉妹編】
MINERVA はじめて学ぶ教職　全20巻＋別巻 1

監修 吉田武男　B5判／美装カバー／各巻定価2200円　別巻定価2600円（税別）

ミネルヴァ書房

https://www.minervashobo.co.jp/